中央编译局文库编辑委员会

主　　任：贾高建
副 主 任：魏海生　柴方国　季正聚　崔友平
委　　员（按姓氏笔画排序）：
　　　　　冯　雷　牟建君　杨雪冬　沈红文　张凤宝
　　　　　陈家刚　胡长栓　郗卫东　葛海彦

马克思主义经典著作研究读本

主　编　杨金海　李惠斌

马克思《路易斯·亨·摩尔根〈古代社会〉一书摘要》研究读本

李义天　田毅松

中央编译出版社
Central Compilation & Translation Press

《马克思主义经典著作研究读本》顾问委员会

贾高建　俞可平　顾锦屏　庄福龄　陈先达　赵家祥　詹汝琮
李洙泗　张钟朴　冯文光　安启念　韩庆祥　李小兵　张曙光

《马克思主义经典著作研究读本》编委会

主　编　杨金海　李惠斌
副主编　薛晓源　林进平
编　委　（按姓氏拼音排序）
　　　　　曹典顺　韩立新　江　洋　李百玲　吕梁山
　　　　　苗永姝　聂锦芳　闫月梅　杨学功　姚　颖
　　　　　张　盾　张云飞　郑　锦

总　序

呈献给读者的这套"马克思主义经典著作研究读本"丛书，旨在立足于21世纪中国和世界发展的现实，对马克思、恩格斯、列宁重要著作以及有关专题思想重新进行较为深入的研究和解读，供广大读者特别是致力于深入研究马克思主义经典作家原著的读者阅读使用。计划出版40种，三年内陆续完成编写和出版工作。

马克思主义经典著作是学习和研究马克思主义理论的基础文本，历来为人们所重视。在我国学术史上，曾编写和出版过不少关于经典著作的读本，包括各种注释性读本和导读性读本，对学习和研究马克思主义理论发挥过重要作用。然而，随着时代的发展，这些读本也越来越显出历史局限性。比如，以往对经典著作的解读视角较旧，对马克思主义理解不够全面；解读的经典著作范围较小，视野有限；解读所依据的文献不足，深度不够等。进入新世纪以来，特别是自2004年中央实施马克思主义理论研究和建设工程以来，马克思主义经典著作的教学、研究以及普及工作不断加强，这就迫切要求对经典著作重新进行解读。

同时，这些年我国学界有关经典著作的翻译和研究成果不断推出，为更好地解读经典著作提供了可能。改革开放以来，特别是进入新世纪以来，随着我国社会主义现代化建设以及人类文明的深入推进，我们对马克思主义的理解以及对经典著作的研究不断深化，解读视角发生重大转变，对马克思主义的理解更加全面。例如，以往由于受革命实践的影响，我们较多地从社会主义"革命"视角去解读，而较少从社会主义"建设"视角去解读，因此，较多地注重研究其中的阶级斗争、无产阶级革命和无产阶级专政等理论，而较少研究社会和谐发展、人的全面发展等思想。革命胜利后,仍然沿袭了这种解读模式。这就造成了对马克思主义理解的片面性。实际上,马克思主义经典著作中有丰富的新社会建设思想,恰恰是这些长期被忽视的思想对我们今天的社会主义建设实践来说更有意义。近些年来,我国学者自觉地从"建设"视角研究经典著作基本观点,取得了一系列可喜成就。又如,过去对经典著作的解读主要限于对若干重要经典著作的解读,如对《共产党宣言》等五六部名著有较为详细的解读,对其他著作的解读不多。即使有收文较多的导读性读本,但常常由于篇幅所限,也只能对这些著作进行简要介绍,不可能对每一部著作展开研究。近些年来,这种情况在逐步发生变化。研究经典著作的专题成果越来越多。再如,近年来新的经典著作编译成果和相关研究成果不断推出,大大拓宽了人们对经典著作基本观点的理解。加之这些年我国学界一大批优秀的中青年学者成长起来,他们的外语水平较高,知识储备较多,研究方法较新等,对经典著作的研究和理解也更有新意。这些都为更好地解读经典著作提供了新的时代条件。

为了继承前人研究的成果,弥补以往研究的不足,总结这些年我国学界编译、研究经典著作的成果和经验,比较全面系统地解读和阐释经典著作的基本观点,中央编译局专门成立了"马克思主义经典著作及其重大理论问题研究"课题组,并对该项研究提供了基金资助。课题组不仅在局内组织力量进行研究,而且向社会公开招标,争取到社会力量的支持,一批有造诣的中青年专家参与到课题研究中来。经过课题组同仁两年多努力,已经形成一批研究成果,并将继续补充、完善并陆续推出。这套"马克思主义经典著作研究读本"丛书就是这些成果的集中体现。

本丛书力求体现如下特点,这也是丛书编著工作所力求遵循的原则:第一,体现全面性和系统性。本丛书不仅对经典作家的名著进行解读,也对其他重要著作进行解读,还要对经典作家的一些重要思想,如马克思的人类学思想、列宁的新经济政策理论等,进行专题梳理和解读。不仅从"革命"视角,而且从"建设"视角,全面、系统地梳理经典作家的思想观点。力求使这套丛书成为收文最全面、解读最系统、最能够反映经典作家著作全貌的学术成果。第二，突出文献性和考证性。每一研究读本的写作，力求充分反映国内外有关研究成果，特别是要充分反映我国新时期在经典著作翻译和研究方面所发现的新文献、取得的新成果。在此基础上，要对经典著作形成的历史背景、国内外传播、原著重要思想观点及其流变，以及后人对这些观点的理解等，进行考证研究。如果说过去的解读主要是"注"的话，那么，这套读本则要进一步体现"疏"的特点。通过这种"注疏"性考据研究，不仅使读者知其然，也知其所以然。这样，也能够为学界进一步研究提供尽可能丰富的文献资料。第三，力求权威性和准确性。一方面，研究读本所依据的经典著作文本力求具有权威性和准确性。主要依据中央编译局所编译的最新译本，如《马克思恩格斯全集》第二版、《马克思恩格斯文集》、《列宁全集》第二版、《列宁文集》等。对还没有新译文的文本，可以采用旧译文。同时，适当参照外文版本，进行比较研究。另一方面，所依据的其他文献资料，也力求具有权威性和准确性。要选择国内外在该研究领域最具权威性的专家学者的最具代表性的观点和最有影响力的文章。

基于上述考虑，本丛书采取大致统一的研究和写作框架。除导论外，各个读本均有五个部分组成。一是历史考证部分，其中包括写作背景、国内外主要版本和传播考证等；二是研究状况部分，包括对国内外已有的研究情况进行梳理；三是当代解读部分，包括对经典著作的内容简介，对已有研究观点的疏正，对重要理论观点及其当代意义的阐述；四是原著选编部分，根据经典著作的不同情况，或采取全选的形式，或采取节选的形式，均采用中央编译局的最新译本，个别读本同时选编原著的旧文本，以方便比较研读；五是附录部分，包括3到5篇关于本著作的国内外有一定权威性的研究文章，以及进一步研究需要参考和阅读的文献资料。

需要说明的是，对于经典著作的研究，往往会有仁者见仁、智者见智的情况。所以，尽管我们在组织编写工作中努力体现上述原则，但这些读本的观点不一定都具有代表性，更不可能与每一位读者的观点完全一致。加之作者研究角度不同，水平各异，每一读本的结构、篇章、内容、观点都不尽相同，其权威性程度也不尽一致。其中很可能有疏漏和错误之处，谨请读者批评指正。

该丛书在编写和出版过程中，得到了各个方面的大力支持。中央编译局对此项工作高度重视，始终给予鼎力支持。国家出版基金将该丛书列入2012年资助项目。中央编译出版社为该丛书申报国家出版基金项目并最终立项，以及为丛书出版做了大量工作。本丛书中收入的译著和文章的译者、作者和出版者同意我们使用相关的著作版权。该项目顾问委员会的专家对丛书的编写工作给予热情指导，编委会成员和课题组同仁为丛书的编写付出了辛勤劳动。在此一并致以衷心的谢意！

《马克思主义经典著作研究读本》
编辑委员会
2013年6月16日

目 录

导 论 ………………………………………………………………… 1

第一部分 历史考证 ……………………………………………… 11

第一章 马克思的思想历程与《摘要》的写作背景 …………… 13
一 马克思晚年的思想历程 ……………………………………… 14
二 《摘要》的写作背景 ………………………………………… 16
三 马克思与摩尔根的相遇 ……………………………………… 20

第二章 《摘要》在国外的出版与传播 ………………………… 24
一 《摘要》在苏联（俄）的编辑出版情况 …………………… 24
二 《摘要》在其他国家的译介、出版和传播 ………………… 26

第三章 《摘要》在国内的译介和传播 ………………………… 29
一 最初的中文版本 ……………………………………………… 29
二 《摘要》的中文版本出版 …………………………………… 30

第二部分 研究状况 ……………………………………………… 33

第四章 《摘要》的国外研究概况 ……………………………… 35
一 苏东对《摘要》的研究 ……………………………………… 35
二 西方"马克思学"的研究路向 ……………………………… 37
三 西方马克思主义的研究路向 ………………………………… 41

第五章　《摘要》的国内研究概况 ············· 44

第三部分　当代解读 ····························· 47
　第六章　《摘要》的基本结构和内容 ············· 49
　　一　《摘要》的整体结构 ····················· 49
　　二　《摘要》的唯物史观立场 ················· 51
　　三　《摘要》的命名及其整体定性 ············· 53
　第七章　《摘要》的重要理论观点 ··············· 56
　　一　从 societas 到 civitas ················· 56
　　二　家庭与依附关系 ························· 58
　　三　父权制的双重支配 ······················· 60
　　四　法律的起源及其功用 ····················· 62
　　五　私有制与国家的起源 ····················· 64
　第八章　《摘要》的当代阐释 ··················· 67
　　一　从哲学人类学到经验人类学 ··············· 67
　　二　唯物史观与世界史观 ····················· 70
　　三　马克思晚年思想的"再发展" ············· 72

第四部分　经典著作选编 ······················· 77
　马克思　路易斯·亨·摩尔根《古代社会》
　　　　一书摘要（节选） ······················· 79

第五部分　附　录 ····························· 211
　附录Ⅰ　研究文献精选 ························· 213
　　一　〔美〕劳·克拉德：《马克思和恩格斯在民族学著作
　　　　方面的比较》（节选） ··················· 213
　　二　〔美〕凯文·安德森：《马克思关于非西方和前资本

主义社会的晚期著作》……………………………………… 225

三　〔苏〕古拉姆·科拉纳施维利：《摩尔根对马克思的
　　　影响：亚细亚社会问题》…………………………………… 238

四　〔英〕莫里斯·布洛赫：《马克思主义与人类学》
　　　（节选）……………………………………………………… 244

五　〔美〕拉娅·杜娜叶夫斯卡娅：《马克思的晚年著作》…… 251

附录Ⅱ　延伸阅读书目 ………………………………………… 259

导　论

必须承认的一个事实是，马克思晚年的"民族学笔记"和"历史学笔记"等著作长期以来未能得到足够的重视。且不说与马克思（恩格斯）的标志性著作《共产党宣言》、《〈政治经济学批判〉序言》、《资本论》相比，就是与所谓的马克思不成熟时期的著作——比如《黑格尔法哲学批判》、《论犹太人问题》及《1844年经济学哲学手稿》等——相比，马克思晚年的这些笔记亦如同一个蜷缩在角落里的灰姑娘，很难引起人们研究的兴趣。在大多数人眼里，马克思晚年的这些工作似乎微不足道，因为它们主要是"摘录"而非马克思自己的论述，似乎缺少理论上的价值。

客观地讲，马克思晚年的笔记确实以摘录为主。也就是说，马克思非常"忠实地"再现着他所研究的文本内容，而他本人的评述少之又少，这在一定程度上阻碍了人们对这些文本进行深度挖掘。从研究的角度而言，这些文本本身内容的"非马克思性"也对研究者提出了更高的要求。因为马克思在这些著作中的思想就像珍珠，或隐或现地散落在他所摘录的内容中，而要想把这些散落在沙滩上的珍珠用一根金线穿成一串项链，则是非常困难的事情。那么，这些文本是否真的意义或价值不大？定下这样的结论显然是武断的。

一　马克思：一架思想永动机

在马克思主义发展史中，对社会主义实践影响深远的著作主要是马克思恩格斯的几部代表作，如《共产党宣言》的阶级斗争思想，《〈政治经济学批判〉序言》对唯物史观的集中论述,尤其是对社会发展形态的高度概括,当然还有《资本论》及其手稿对劳动价值论和剩余价值论的说明。但是,在理论上影响深远的除了这些著作外,其手稿、笔记、札记以及书信等都不能被忽视。最著名的就是马克思早期的两部著作,《1844年经济学哲学手稿》和《德意志意识形态》。《1844年经济学哲学手稿》对20世纪西方学术界的影响是有目共睹的。因为,如果说对"正统马克思主义"(orthodox Marxism)的怀疑以及马克思主义自身的内在张力导致了西方马克思主义的产生,那么,《1844年经济学哲学手稿》则直接促使西方马克思主义成为一个在西方影响巨大的哲学流派,直接促使"人道主义的马克思主义"出现。正是在此意义上,美国实用主义哲学家悉尼·胡克(Sidney Hook)提出了"马克思的第二次降世"这种看似突兀的说法:"马克思在第二次降世的时候,不是以《资本论》的作者、风尘仆仆的经济学家的姿态出现,也不是以革命的无裤党、具有鼓舞力量的《共产党宣言》的作者出现。他穿着哲学家和道德家的外衣走出来,宣告关于超越阶级、政党或派别的狭隘界线的人类自由的消息。"①《德意志意识形态》也是如此。这本马克思恩格斯生前几乎没有发表过的论著,对于界定马克思恩格斯的思想发展阶段乃至整个马克思主义发展进程的影响不容小觑。② 在一定程度上,它甚至直接影响着人们对马克思思想发展的判断。比如,作为最早研究马克思国家理论的作者之一,张效敏(Sherman H. M. Chang)在他的《马克思的国家理论》(*The Marxian Theory of the State*)中认为,马克思恩格斯对历史唯物主义系统论述最早是在1847年,其中他重点提到的文本是法文版的《哲学的贫困》。之所以得出这种"错

---

① 《西方学者论〈一八四四年经济学—哲学手稿〉》,上海:复旦大学出版社1983年版,第5页。

② 根据考证,《德意志意识形态》第二卷的"五 '霍尔斯坦的格奥尔格·库尔曼博士'或'真正的社会主义'的预言"这一部分实际上是赫斯写的,因为手稿的撰写人魏德迈在这部分末尾加上了"M. Hess"这样的标志。参见张一兵:《赫斯:一个马克思恩格斯的重要思想先行者和同路人》,载〔德〕赫斯:《赫斯精粹》,南京:南京大学出版社2010年版,"代译序"第3页。

误"结论,关键就在于当时《德意志意识形态》尚未发表。所以,即使他们注意到马克思恩格斯在 1844 年左右已经开始论述历史唯物主义,但因为缺少文本依据而不得不仍然将历史唯物主义的出现限定在 1847 年。①

与这些早期作品相比,马克思的《路易斯·亨·摩尔根〈古代社会〉一书摘要》(以下简称《摘要》)在一定程度上经历着同样的命运。但不同的是,它对马克思主义发展及其对实践的影响,可能因其本身的性质而比前者更加波折。毕竟,早期手稿所要表达的思想内容是明确的、相对容易把握的,而马克思在《摘要》中的内容则是模糊的、难以梳理的。也许,我们对马克思的大多数著作都能够通过掌握部分内容而写出一篇不错的文章甚或著作,但是,面对这部摘要性的作品,就算是通读全文,恐怕也很难准确把握马克思所要表达的系统的理论。此外,我们还要甄别梳理摩尔根与马克思各自的思想内容及其差别,解读出摩尔根与马克思各自文字背后的内容。层层困难必然影响我们对马克思思想主旨的整体把握。

也许,正是这种别具特色的"马克思式的"论述方式,让人们不厌其烦了。他遭到了各种各样的质疑和非难。除了我们将要在正文中论述的来自马克思的学生和战友的所谓"慢性死亡说",我们还会看到像以赛亚·伯林(Isaiah Berlin)这种自由主义者的彻底否定态度。在伯林所著的《马克思传》中,马克思没有得到应有的承认和尊重。在他眼里,马克思的很多著作都是在病人呓语、痴人说梦。最重要的是,伯林在《最后十年》这部分提到,马克思把过多的时间花费在阅读著作和学习外语上,这影响到他的创作,使得他只留下了堆积如山但却杂乱无章的手稿和笔记。②

客观而言,伯林对马克思以及马克思主义存在着严重的意识形态偏

---

① Sherman H. M. Chang, *The Marxian Theory of the State*, John Spencer, Inc., Chaster, Pa, 1931, p. 24.

② Isaiah Berlin, *Karl Marx: His Life and Environment*, Oxford University Press, 1978, p. 205.

见，而且他本人也似乎对此毫不讳言。在他看来，马克思的一些手稿（尤其是那些早期手稿）的出版，只是为了借助马克思的原初文本而把马克思主义与斯大林主义区分开。但是，马克思主义学者的努力并没有得到伯林的认可。他仍然将马克思本人视为一个主要在阅读和摘抄的、并不高明的思想家。

科拉科夫斯基，一位研究马克思主义的著名专家，在其深刻影响西方马克思主义理论研究的著作中，也没有提及马克思的晚年笔记。在一定意义上，似乎可以认为他几乎忽视了马克思晚年思想的发展和深化。① 但是，这并不能否认马克思晚年思想的原创性。因为科拉科夫斯基在研究阶级起源等问题时，大量借助了恩格斯的《家庭、私有制和国家的起源》一书。而众所周知的是，恩格斯自己也承认，这本书在很大程度上得益于马克思的人类学笔记。

就此而言，马克思的思想并没有停滞。相反，他就像一架永不停息的永动机，不断通过理论的和实践的、思辨的和实证的数据与素材来开拓新的研究领域，论证自己的理论。

二　《路易斯·亨·摩尔根〈古代社会〉一书摘要》：一座资源丰富的理论矿藏

与马克思早期文本得到极大重视不同的是，马克思晚年笔记在"慢性死亡论"的阴影下被遮蔽了起来。根据笔者收集的现有文献，真正以马克思的晚年笔记作为研究对象的，无论数量还是质量都不能与马克思的其他著作或手稿相比。尽管《摘要》在系统的理论阐述上确实存在着一些先天不足，但它的影响不能因此而受到忽视。相反，我们应该对

---

① Leszek Kolakowski, *Main Currents of Marxism: Its Rise, Growth and Dissolution* (Vol. I), transed. by P. S. Falla, Oxford: Clarendon Press, 1978. 关于这部著作的影响，艾耶尔在《二十世纪哲学》中明确说，他自己之所以没有在著作中涉及马克思主义，原因在于科拉科夫斯基的杰出研究使得他很难再做出更好的成果。〔英〕艾耶尔：《二十世纪哲学》，李步楼等译，上海：上海译文出版社1987年版。

其影响进行多方位的挖掘。《摘要》至少在以下几个方面产生了较大影响。

首先，对"正统马克思主义"的影响。《摘要》最直接也是最重要的影响，就是恩格斯在此书的基础上写就的《家庭、私有制和国家的起源》。尽管人们认为恩格斯在一定程度上偏离了马克思的思想，但这两个文本之间的亲缘性是毋庸置疑的。只不过，恩格斯所开启的正确道路并未得到很好的继承。因为，客观而言，苏联学者对《摘要》的重视不够，并且对社会主义国家（包括中国）的马克思主义研究产生了一些不利影响。但随着马克思主义研究的逐渐规范化，尤其是马克思主义哲学史学科的建立，《摘要》作为马克思主义发展的一个重要环节得到了应有的重视。在黄楠森等人编写的《马克思主义哲学史》中，《摘要》和其他晚年笔记一起，作为第3卷的重要内容得到了较系统的阐述。此后，国内学者延续了黄楠森先生的这一研究进路，并进行了新的理论探索、争论和发展。①

其次，对西方"马克思学"的影响。西方"马克思学"研究的重点文本不仅仅是早期的《1844年经济学哲学手稿》和《德意志意识形态》等，而且包括《摘要》等人类学笔记。比如，尽管这些笔记最初是在《马克思恩格斯文库》中发表的，但真正以原始面貌出现却是在1972年劳伦斯·克拉德（Laurence Krader）编辑出版的《卡尔·马克思的民族学笔记》中。可以说，克拉德的研究在一定程度上开启了对《摘要》进行"马克思学"研究的先河。随着MEGA²项目的启动，《摘要》更是成为"马克思学"研究的重要文本之一。本书中所收录的凯文·安德森的文章摘译，就是这种研究的体现。

最后，对西方马克思主义的影响。毋庸置疑，西方马克思主义最为重视并且受益最多的，主要是马克思的《1844年经济学哲学手稿》和《德意志意识形态》，前者所开启的人本主义的西方马克思主义理论倾

---

① 这方面的推进主要体现在王东等人试图对《摘要》等人类学笔记的重新命名方面。相关研究参见本书第二部分第五章的论述。

向，后者对阿尔都塞的启发并使其直接提出马克思思想发展"断裂说"，几乎成为马克思主义研究者的公认事实。但是，马克思的《摘要》也同样对西方马克思主义的发展产生了重要影响，这些影响甚至直接涉及晚近西方马克思主义的推进。美国著名学者杜娜叶夫斯卡娅（Raya Dunayevskaya）的学说，就反映了人本主义的西方马克思主义的一种新进展。弗洛姆在其《马克思关于人的概念》中明确指出："在美国，打开马克思的人本主义的通道的最重要著作是马尔库塞的《理性与革命》，而杜娜叶夫斯卡娅的《马克思主义和自由》一书也对马克思主义的人本主义思想作了有意义的补充。"[①] 杜娜叶夫斯卡娅在她的《罗萨·卢森堡、妇女解放与马克思的革命哲学》一书中大篇幅地分析了《摘要》。[②] 而这本著作不但属于人本主义的西方马克思主义的重要文献，而且还直接开启了女性主义的马克思主义思想流派。

综上而言，《摘要》的影响是广泛的。因此，重视并从多个维度研究马克思的这一文本，应该成为今后马克思主义研究的一个重要领域。

三 历史唯物主义：一条不变的思想主线

在关于《摘要》的最新研究成果中仍有一个存在争议的问题，即，《摘要》的主题究竟是什么？或者说，马克思写作《摘要》的目的是什么？

关于这一问题，我们要断然反对考茨基、伯林等人对《摘要》的忽视或贬低，认为《摘要》只不过是材料的堆积。但同时，我们也不赞同对其进行"过度诠释"，认为马克思在这里提出了所谓的"世界史观"，并认为这种历史观超越了唯物史观的局限，使其适用范围从一国走向了世界。

---

① 《西方学者论〈一八四四年经济学哲学手稿〉》，上海：复旦大学出版社1983年版，第81页。
② 相关内容参见本书第三章第三节的相关内容。还可参见《西方学者论〈一八四四年经济学哲学手稿〉》的相关论述以及俞吾金、陈学明编写的《国外马克思主义新版·西方马克思主义卷》的相关内容。

实际上，我们只要对《资本论》的创作史有所了解就能确定，自从马克思明确提出唯物史观之后，这一思想就没有动摇过。在恩格斯所指出的马克思的两大发现——唯物史观和剩余价值理论——中，前者是毋庸置疑的基本原理，而后者则可被看做是对唯物史观的某种论证。我们似乎可以提出这样的理论假设，即剩余价值理论是对唯物史观的经济学证明，而《摘要》等晚年人类学笔记和历史学笔记则是对唯物史观的历史证明。

所谓的世界史观，只不过是对唯物史观的具体应用。换言之，唯物史观的适用范围不仅局限于一国，而且适用于世界。世界史观本质上就是唯物史观。马克思在《〈政治经济学批判〉序言》中提到："我考察资产阶级经济制度是按照以下的顺序：资本、土地所有制、雇佣劳动；国家、对外贸易、世界市场。"① 这就是说，马克思不是将唯物史观推向世界史观，而是唯物史观从微观走向宏观的适用范围的变化。实际上，如果我们对马克思的其他文本进行考察也不难发现，世界历史一直是马克思唯物史观的重要主题。通过对《摘要》、《资本论》甚至是《德意志意识形态》等著作的写作背景进行整体分析，我们认为，马克思在19世纪40年代已经形成的唯物史观，之后的著作主要是对这一观点的补充、完善和发展。换言之，马克思晚年的《资本论》写作计划表明，他试图构建一个体系完备、规模宏大的唯物史观理论体系，《资本论》是他的整个体系的一部分，《摘要》同样也应该被认为是这个体系不可或缺的一部分。我们认为，如果说《资本论》及其手稿是对唯物史观的哲学论证，那么人们完全可以把《摘要》视为一种对唯物史观的经验人类学论证。

四 关于"研究读本"的说明

本书作为"马克思主义经典著作研究读本"系列之一，不是一本

---

① 《马克思恩格斯文集》第2卷，北京：人民出版社2009年版，第588页。

概览式的纯通俗读物，而是要面向学习者作为深入学习研究之用。因此，本书没有仅仅对《摘要》进行字面上的介绍，而是根据马克思的摘录，通过大量引用其他学者著作而展开阐述和论证。

作为导读性著作，本书首先关注《摘要》的写作背景。而要充分了解这一背景，首先应该了解马克思的思想发展。对此，我们对学术界关于马克思晚年思想发展状况的观点进行了介绍。其次，本书根据马克思的思想线索的发展证明，《摘要》是对唯物史观的进一步丰富和推进。此外，本书还介绍了梁赞诺夫和阿多拉茨基等人在进行文献编撰的过程中对马克思主义的发展作出的贡献。

导读性专著的基本任务之一，是让读者全面了解它的理论或学术影响。为此，我们分别介绍了国外学者的研究情况和国内学者的研究动态。在梳理国外文献的过程中，本书借助类型学的方法分别从苏东社会主义国家、西方"马克思学"以及西方马克思主义三个方面对其进行了提纲挈领式的说明。目前看来，苏东社会主义国家的学者在《摘要》的编译方面所做的工作是基础性的，但他们大多数对其学术价值持一种怀疑态度。像梁赞诺夫等著名的马克思主义理论家即认为，《资本论》是马克思思想发展的高峰，而《摘要》则被视为马克思晚年思想衰退的表现。与之类似的是西方马克思学。马克思的晚年著作大多都在他们的视野之外。不过值得庆幸的是，随着 MEGA^2 编辑工作的逐步推进，他们对马克思晚年著作的关注日益增强。至于国内学界的研究，则主要以一种相对客观的方式来分析《摘要》。比如黄楠森等人在《马克思主义哲学史》（八卷本）中就明确认为，《摘要》是对唯物史观的验证和发展。随着研究的积累，国内学者开始针对《摘要》提出自己的看法，认为马克思的晚年笔记不但是对唯物史观的证明，而且蕴含着一种新的具有黑格尔主义色彩的世界史观。

在文献梳理的基础上，本书尝试着对《摘要》进行了当代解读。在这一部分，我们从宏观和微观两个层面进行分析论证，其主要特征可表述为"一条主线、多元论证"。

所谓"一条主线"，是指《摘要》在整体上是对唯物史观的进一步论证和说明，是对唯物史观的丰富和发展。我们对摩尔根的《古代社会》和马克思的《摘要》进行了对比，认为马克思在摘录时对摩尔根著作结构的调整，实际上是为自己的唯物史观提供更加充分和科学的论证。所谓"多元论证"，是指在唯物史观的统领下，本书结合《摘要》与《资本论》及其手稿的关系，分别对《摘要》的整体结构和具体观点进行详细论证。马克思的唯物史观并非纯粹的脱离实践的理论，而是体现了逻辑与历史相统一的理论。在这一部分，我们分析了《摘要》中的一些重要术语（societas 和 civitas）和重要理论（依附理论与家庭之间的关系），提出家庭和依附关系的解体过程也是社会不断从史前史向市民社会的过渡过程。该部分涉及的其他内容——法律的产生以及私有制等问题——也是本书的一种探索。

为了方便读者阅读和对照原文，本书摘录了《摘要》的大部分内容。摩尔根的《古代社会》和马克思的《摘要》都包括关于（1）各种发明和发现以及由此带来的社会历史的发展、（2）各种家庭形式及其主要特征、（3）财产观念的发展（主要是关于继承法）方面的内容以及（4）管理观念的发展等四部分内容。但是，《摘要》没有完全按照摩尔根《古代社会》的写作顺序，而是根据马克思自己的思想原则对摩尔根的内容进行了重构，即由"各种发明和发现所体现的智力发展→政治观念的发展→家族观念的发展→财产观念的发展"调整为"各种发明和发现所体现的智力发展→家族观念的发展→财产观念的发展→政治观念的发展"。这些有意为之的重新编辑恰恰反映了马克思思想的科学性和系统性。

尽管关于《摘要》研究的文献并不多，但其中不乏优秀成果。为了让读者了解关于《摘要》的研究水平，我们选择了五篇代表性成果作为"附录"。这些研究成果大体上与前面提到的三种研究类型存在着一定的对应关系。劳伦斯·克拉德和凯文·安德森的文章，基本上可以看做是西方马克思学研究的代表，前者是首次按照马克思的原貌出版《摘要》及其他四本笔记的作者，后者是《摘要》收录其中的 MEGA^2 第四部分第 27 卷的编辑者之一。杜娜叶夫斯卡娅和莫里斯·布洛赫基本上是西方马克思主义研究者的代表人物，前者曾被诺曼·莱文视为西方马克思主义发展史的一个象征，后者则完全是从西方哲学和人类学的角度来分析《摘要》等晚年人类学笔记的。古拉姆·科拉纳施维利则基本上可以视为苏东社会主义者研究《摘要》的代表。在这五篇文献中，克拉德提出了马克思的研究方法从哲学人类学向经验人类学的转向；凯文·安德森则从前资本主义社会与资本主义社会之间的关系来分析《摘要》的内容；杜娜叶夫斯卡娅从《摘要》关于妇女地位的分析中发现妇女解放的影子；科拉纳施维利则分析出卡夫丁峡谷和亚细亚生产方式等问题。这再次表明，《摘要》是一座理论富矿。

马克思主义的著作往往篇幅较大，理论性强。如何通过一种相对便捷的方式让读者能顺利掌握马克思主义的一些基本原理，我们认为，研究性的导读文本无疑是一种选择。当然，本书并不仅仅是入门性的通俗著作，它还面向具有一定理论功底的研究者。在这二者之间，我们进行了一些探索，希望能够满足两方面的要求。

第一部分　历史考证

　　研究马克思的《路易斯·亨·摩尔根〈古代社会〉一书摘要》,了解它的写作背景,至少应该考虑两方面内容:一是考虑马克思写作《摘要》的时代的和实践的要求,二是考虑马克思当时的思想背景。前者所关注的是,马克思出于什么实践目的来写作这本著作;后者所关注的是,哪些思想或学术方面的因素直接促使马克思开始思考这一主题,以及马克思为什么会选择摩尔根的《古代社会》作为自己的摘录对象。

第一章 马克思的思想历程与《摘要》的写作背景

从马克思主义研究历史来看,无论是所谓的资产阶级学者还是一些社会主义国家的研究者,它们对马克思某些著作的态度让人难以琢磨。且不说西方学者,即便是苏联这个社会主义大国,虽然在马克思主义经典文献的编纂和研究中作出了重大贡献,但在对待马克思的文本时仍持一种"否定两端、肯定中间"的态度。在他们看来,马克思恩格斯的著作中可信的、科学的只有《资本论》及其相关手稿。对于马克思青年时期的著作,他们轻易地斥之为不成熟作品,忽略了它们在马克思恩格斯思想发展过程中的地位和作用;对于老年的马克思及其著作,他们则提出了"慢性死亡"这样的"猜想",进而否定他的晚期文献的价值和意义。客观地说,19世纪五六十年代是马克思的思想迸发期和创作旺盛期,在这段时间内,他集中完成了《资本论》及其手稿的创作,并为《资本论》第1卷的修改和出版呕心沥血。尽管由于"铁血宰相"俾斯麦的高压政策,《资本论》的出版受到了一定影响,但这种影响在马克思看来却是一件好事,因为他发现,"恰恰是在目前某些经济现象进入新的发展阶段,因此需要重新加以研究"[①]。但让人们不太理解的是,马克思并没有接着研究《资本论》,而是开始研究柯瓦列夫斯基、摩尔根、梅恩、拉伯克以及菲尔等人的著作,并写成了大量的、没什么"原创性"的笔记摘要。

---

① 《马克思恩格斯全集》第34卷,北京:人民出版社1972年版,第424页。

一　马克思晚年的思想历程

不可否认，马克思的"人类学笔记"和"历史学笔记"很容易造成这样一种假象，即马克思晚年在思想上基本上陷入了"慢性死亡"。马克思和恩格斯颇为器重的学生梅林就曾在其《马克思传》中提到过这样的观点。虽然在表面看来，梅林认为所谓的"慢性死亡"显得有些夸大其词，但是"公社失败以后的斗争确实严重地影响到了他的健康……这种慢性的大脑受压抑的状况使他不能工作，失去了写作的欲望"①。在梅林看来，马克思的创作力日渐衰退是不容否认的事实。他在描述马克思生命最后一年的时候，直接承认了马克思的"慢性死亡"："马克思比他的妻子只多活了十五个月。但是在这整个期间，他的生活只不过是一种'慢性死亡'。"② 而且，马克思在最后几年确实再也没有写出像《资本论》那种体系性、原创性的著作，他的晚年笔记和摘要几乎完全是摘抄，评语很少。这也似乎证明了"慢性死亡"这一"猜想"。但是，这种"猜想"背后的隐喻是，《资本论》的地位至高无上，是马克思的思想高峰，他晚年摘录的一系列笔记的价值和意义似乎变得可有可无了。从这个角度来看，"慢性死亡说"无疑割裂了马克思思想发展的连贯性，夸大了晚年笔记与《资本论》之间的差别，消解了这些文本之间的联系。

类似地，还有些学者将马克思的这一转变视为"放弃—中断"，认为马克思完全放弃了经济学研究而转向了人类学研究。这方面的代表人物是西方马克思学的领军人物劳伦斯·克拉德（Lawrence Krader）、莱文（Norman Levine）和唐纳德·凯利（Donald R. Kelley）。比如，凯利曾明确提出，马克思晚年思想仍很活跃，不断开拓新的研究领域，并在《资本论》写作过程中就"开始对人文科学的一个更大的领域发动新的

---

① 〔德〕梅林：《马克思传》，樊集译，北京：人民出版社1972年版，第619页。
② 同上书，第653页。

进攻,正因为被这一兴趣所吸引,马克思才未能——或许他从未打算完成他的《资本论》"①。

但是,这种猜想似乎同样忽视了马克思思想的连贯性。事实上,马克思对经验人类学的研究很早就已经开始。19世纪50年代初,马克思就开始关注东方问题,由此导致他的研究领域扩大。如果我们对目前公开出版的马克思的文献进行考察便不难发现,他在19世纪70年代之前的研究主要停留在欧洲,尤其是西欧的资本主义。但作为力图吸收英美哲学中的经验主义和实证主义倾向的学者,马克思超越了纯粹的理论建构,回到经验现实中,通过经验的考察来论证自己的唯物史观。因此,马克思晚年的学术兴趣除了《资本论》以外,主要集中在经验材料的考察上。而且,这些考察的针对性极强,即,都是为了论证唯物史观及其运用等问题。

一般说来,马克思晚年的主要工作具有双重目的,一是构建自己的理论体系,二是对这个理论体系进行论证。前一项工作是在《资本论》中完成的,后一项工作则是在《人类学笔记》中实现的。黄楠森等人明确指出,《人类学笔记》表示马克思通过摘抄大量资料,并"经过精心挑选、改造和补充,用以丰富唯物史观,确证、充实他对人类社会的论断"②。克拉德同样论证提出:"马克思的民族学手稿是对《政治经济学批判大纲》和《资本论》中的论点的补充,同时又是对他在1843—1845年期间所持立场的发展。"③ 黄楠森和克拉德等人的论断不仅反驳了"慢性死亡说"和"放弃中断论"等猜想的臆测性,也给我们提供了《摘要》写作背景的一些启示。那就是,对于马克思《摘要》的主旨思想及其意义,应该放在马克思主义发展史中、放在唯物史观的语境中进行考察,尤其应该放在《资本论》的写作语境中进行考察。

---

① 〔美〕唐纳德·凯利:《晚年马克思与人类学》,载《马克思主义来源研究论丛》1987年第8辑,第462页。

② 黄楠森等主编:《马克思主义哲学史》第3卷,北京:北京出版社1991年版,第338页。

③ 〔美〕克拉德:《马克思的民族学笔记》,载《马列主义研究资料》1985年第1辑,第195—196页。

二 《摘要》的写作背景

《摘要》的写作背景是《资本论》创作史的延伸。但是，在具体讨论《摘要》与《资本论》（包括它的手稿）的关系之前，首先需要思考一个问题，即马克思的思想发展是否存在中断或断裂？关于"中断说"，我们在上文已经进行了初步的反驳。关于"断裂说"，自从阿尔都塞提出这个理论之后就一直困扰着马克思主义的理论研究者。客观而言，在马克思早期（主要是指"巴黎时期"和"布鲁塞尔时期"）文本与成熟时期的文本之间确实存在着一些差异；即使是在某一个具体时期，马克思的各个文本之间也存在不小的区别。比如，阿尔都塞所说的《1844年经济学哲学手稿》与《德意志意识形态》之间的区别。在一定程度上，我们确实可以认为，马克思用一整套"科学的"话语体系代替了"意识形态的"话语体系，用生产力、交往、实践唯物主义等术语替代了异化、人道主义和自然主义等术语。有学者甚至认为，就算是在同一部著作中，比如《1844年经济学哲学手稿》中，也存在着断裂，即从劳动异化走向了交往异化，从费尔巴哈走向了黑格尔。①

但是，"断裂说"无疑夸大了马克思文本之间的差异，而没有注意到马克思思想发展的连续性（尽管非常具有活跃性，但绝不是跳跃性）。造成这种现象的原因，一方面在于马克思的手稿本身具有很大的解释空间和张力，另一方面在于每个人都带着自己的理论先见去"重构"马克思。这些早期作品是如此，马克思的晚期手稿和著作的命运也大体如此。在一定意义上，上文中提到的"慢性死亡"和"放弃中断"等猜想实际上就是"断裂说"的别样表述。实际上，马克思的思想就整体而言仍是融贯的，《1844年经济学哲学手稿》与《德意志意识形态》之间如此，马克思的《摘要》与《资本论》及其手稿等文本之间

---

① 这里需要注意，持这种观点的人把马克思的《詹姆斯·穆勒〈政治经济学原理〉一书摘要》视为《1844年经济学哲学手稿》的一部分。但从文献学上来看，这仍是一个悬而未决的问题。

也是如此。

如果《资本论》之于《摘要》的背景作用是可以理解的,那么,接下来的工作就是要解释《资本论》在什么意义上构成《摘要》的背景,马克思的思想发展以及他的写作计划其间发生了什么样的变化才使得马克思开始研究历史和人类学,并做了数百万字的笔记。显然,这需要回顾一下《资本论》的形成史。

众所周知,《资本论》的写作和形成是一项非常漫长的工程,而且这个工程的规划也一直处在变动之中。最初,马克思在《〈政治经济学批判〉导言》中的打算是完成一个"五篇计划"的资本论,即:"(1)一般的抽象的规定,因此它们或多或少属于一切社会形式,不过是在上面所分析过的意义上。(2)形成资产阶级社会内部结构并且成为基本阶级的依据的范畴。资本、雇佣劳动、土地所有制。它们相互之间的关系。城市和乡村。三大社会阶级。它们之间的交换。流通。信用事业(私的)。(3)资产阶级社会在国家形式上的概括。就它本身来考察。'非生产'阶级。税。国债。公的信用。人口。殖民地。向外国移民。(4)生产的国际关系。国际分工。国际交换。输出和输入。汇率。(5)世界市场和危机。"① 但在准备的过程中,马克思进行了调整,改为"六册结构"。在1858年2月22日给拉萨尔的信中,马克思说,对资产阶级经济学体系的批判应该以分册的形式出版,这样虽然会损害形式,但是它便于读者理解。"全部著作分成六个分册:(1)资本(包括一些绪论性的章节);(2)地产;(3)雇佣劳动;(4)国家;(5)国际贸易;(6)世界市场。"② 后来,这一计划在《〈政治经济学批判〉序言》中进行了更明确的说明:"我考察资产阶级经济制度是按照以下的顺序:**资本、土地所有制、雇佣劳动;国家、对外贸易、世界市场。**"③

虽然"六册计划"得到了非常明确的说明,但当这部巨著完成的

---

① 《马克思恩格斯文集》第8卷,北京:人民出版社2009年版,第32页。
② 《马克思恩格斯全集》第29卷,北京:人民出版社1972年版,第531页。
③ 《马克思恩格斯文集》第2卷,北京:人民出版社2009年版,第588页。

时候，已经变成了我们所看到的《资本论》四卷结构，即《资本论》第1、2、3卷和《剩余价值理论》。不过，只要将"五篇计划"、"六册计划"和"四卷结构"进行对比便不难发现，资本、土地所有制以及雇佣劳动等都或多或少地被整合到《资本论》之中，而"国家、对外贸易和世界市场"这三部分却消失了。因此，这里的问题是，马克思是不是放弃了这些内容？除了罗兹多尔斯基（Roman Rosdolsky）、曼德尔（Ernest Mandel）等人认为马克思确实放弃或修改了"六册计划"外，麦克莱伦（David Mclellan）、尼古拉斯（Martin Nicolaus）以及沃克雷（Allen Oakley）等人都认为马克思仍然保留"六册计划"。只不过，马克思由于疾病、贫困以及第一国际的活动等原因妨碍了自己的继续研究和创作。而且，马克思对论证材料要求的严格性，也使得他花费了大量精力阅读一些与《资本论》无关的素材。①

王东等人认为，《资本论》的形成史是理解《摘要》等马克思晚年笔记的一把钥匙，它实际上打开了我们深入理解马克思的历史唯物主义思想的大门。他们进一步提出，在把《资本论》视为对唯物史观的论证的同时，还应该把马克思的晚年笔记视为对"六册计划"中关于对外贸易和世界历史的论证，这个跨越实际上说明了马克思从唯物史观向世界史观的思想升华或发展。这确实是理解马克思思想发展的一条思路。但王东指出，国家这个部分一直没有得到充分的论述，甚至很少得到关注。在"六册结构"中，国家的研究顺序应该是置于对外贸易和世界市场之前的。因此，王东等人认为，包括《摘要》在内的《人类学笔记》应该是对《资本论》"六册结构"的完善和继续。换言之，上述思路必须经过针对国家的形成史及其本质的考察，并进而完善马克思的"六册结构"计划。②

值得指出的是，要解决这一问题，还应该拓展我们的思路，继续深

---

① 顾海良：《西方学者对〈资本论〉结构形成的研究》，载《马克思恩格斯研究》1986年第9期，第75页。
② 王东、贾向云：《马克思晚年哲学创新的思想升华——从唯物史观到世界史观》，载《教学与研究》2011年第3期，第6—9页。

挖马克思的文本背后的意蕴。确实，关于马克思的国家观，我们更多是在《德意志意识形态》、《1857—1858年经济学手稿》等手稿中看到了马克思关于国家的初步论述和一些研究计划，但马克思从来没有系统地研究过国家问题。更重要的是，如果我们直接把《资本论》的研究内容完全过渡到政治哲学，亦即国家的相关研究，那么其中过渡的逻辑环节又是什么呢？通过对马克思的思想发展整体考察，不难发现，这里实际上存在两条道路，或者说是两对矛盾体：一对是市民社会和国家，一对是市民社会和共同体。如果我们把共同体进行广义理解，就可以将这两对矛盾体简化为一对，即市民社会与共同体之间的矛盾。国家（在阶级社会）实际上就是一种政治共同体，或者说是虚假的共同体。早期，马克思的基本倾向是用市民社会来解释国家，认为要认识国家就要回到市民社会中来，因为其中的资产阶级的利益决定了国家的属性。但是，马克思的终极目的又是对市民社会（也就是资本主义社会）进行彻底的批判，从根本上确立人的自由地位。因为在市民社会中，个体的自由只不过是一种形式的、虚假的自由，市民社会本身由于私有制而制约了人的实质性自由。如何扬弃这种桎梏从而恢复人的自由，在马克思看来，就应该回归共同体，回归共产主义社会这种真正的共同体之中。

以人的自由为主线，基本上能够看到马克思思想发展的大体历程，即：原始的共同体→市民社会（资本主义社会）→真正的共同体。[①] 在这个序列中，马克思不仅仅是要解决资本主义社会向真正的共同体过渡的问题，还要解释社会历史是如何从原始共同体走向市民社会的问题，即，个体如何从完全的血缘性的依附关系中走向古代人的自由，进而走向"形式的"现代人的自由。既然马克思在其成熟时期的作品中已经论证了市民社会必然会因自身的逻辑发展而最终走向共产主义，实现人的真正自由，那么，对他来说，接下来需要解决的，似乎就应该是世界上各个地区的民族如何走向市民社会，从血缘、地缘等各种

---

① 《马克思恩格斯全集》第30卷，北京：人民出版社1995年版，第107—108、465—510页。

人身依附关系中摆脱出来，从古代人的自由走向现代人（近代人）的自由。这就是马克思晚年笔记的真正目的。正是这些目的构成了《摘要》等晚年笔记的思想背景。

三　马克思与摩尔根的相遇

根据马克思对《资本论》的整体构想，可以得出这样的结论，即，马克思晚年试图解决国家的产生问题，而这个问题又需要在共同体与市民社会的对立中进行考察。所以，马克思开始研究古代社会，因为在这里包含着原始共同体的真正内容——人身依附关系。在《1857—1858年经济学手稿》和《资本论》第1卷中，马克思曾试图说明，自由人（在资本主义条件下就是自由劳动或雇佣劳动）的发生史。① 但是，这些研究在当时还仅仅是一种理论假设，需要大量的经验材料来佐证。因此，古代社会（更准确地说是资本主义以前的社会）的研究资料必然进入马克思的摘录范围。恩格斯曾经在马克思的小传中也提到，马克思是一个为了研究而不断拓展自己阅读和摘录笔记范围的学者。"对于一个从历史起源和发展条件来考察每一件事物的人，一个问题自然是要引起一系列新的问题的。原始社会史、农艺学、俄国的和美国的土地关系、地质学，等等——这一切马克思都进行了彻底的研究，为的是把论地租的一章写得空前的完善。他能轻松自如地用日耳曼语系和罗曼语系的各种语言阅读，此外，他还研究古代斯拉夫语、俄语和塞尔维亚语。"②

马克思首先摘录的是柯瓦列夫斯基的《公社土地占有制，其解体的原因、进程和结果》。作为马克思的"学术朋友"，当柯瓦列夫斯基注

---

① 主要是《1857—1858年经济学手稿》中的"资本主义产生以前的各种形式"以及《资本论》中的"商品的拜物教性质及其秘密"等章节。参见《马克思恩格斯全集》第30、44卷，北京：人民出版社1995年版、2001年版。

② 恩格斯：《亨利希·卡尔·马克思》，《政治学词典》(Handwörterbuch für Staatswissenschaften, 耶拿，1892)。转引自〔德〕梅林：《马克思传》，樊集译，北京：人民出版社1972年版，第748页。

意到马克思的兴趣之后，毫不犹豫地向他推荐了摩尔根的这本像"达尔文的著作对于生物学那样具有决定意义的书"①。根据俄国学者列文（Л. А. Левин）的考证，当马克思知道了摩尔根《古代社会》一书后，立刻通过住在美国的弗里德里希·阿道夫·左尔格（Friedrich Adolph Sorge）订购了它。② 从摩尔根《古代社会》一书出版到马克思对其做大量笔记，时间不过三年。根据当时的条件，这么快掌握最新研究成果，既说明马克思对学术发展动态非常敏感，也说明马克思对这本书的期望很高，而他后来的行动也证明他对该书的重视。③

列文认为，马克思对这本书进行详细的摘录，目的是为了根据自己的唯物史观和科学上的最新成果来批判地阐述摩尔根的研究。④ 但这一结论过于宽泛了。更精确地说，马克思的目的是要对资本主义以前的社会生产方式及其人身关系进行剖析。1977 年，国际社会史研究所在出版马克思的《马·柯瓦列夫斯基〈公社土地占有制，其解体的原因、进程和结果〉（第一册，1879 年莫斯科版）一书摘要》时，所使用的书名就是《卡尔·马克思论前资本主义生产形式》（*Karl Marx über die Formen vorkapitalistischer Produktion*）。这个命名是比较恰当的，而且，这个名称不仅适用于关于柯瓦列夫斯基著作的笔记，也适用于《摘要》。

马克思作为历史学家理应关注历史上发生的重大事件，但为什么会对一部人类学著作感兴趣？作为历史学家的马克思与作为人类学家的摩尔根之所以会产生交集，其中原因大概可从以下几点展开分析。

首先，摩尔根在《古代社会》中所使用的田野调查方法与马克思

---

① 《马克思恩格斯文集》第 10 卷，北京：人民出版社 2009 年版，第 512 页。
② 弗里德里希·阿道夫·左尔格，国际工人运动和美国工人运动以及社会主义运动的著名活动家。德国 1848—1849 年革命的参加者，1852 年侨居美国，是第一国际美国各支部的组织者，联合会委员会书记，海牙代表大会（1872）代表，纽约总委员会总书记（1872—1874），北美社会主义工人党创始人（1876）之一，马克思主义的积极宣传家；马克思和恩格斯的朋友和战友。
③〔俄〕列文：《马克思恩格斯著作的发表和出版》，周维译，北京：生活·读书·新知三联书店 1976 年版，第 93 页。
④ 列文的观点可能源自恩格斯，请参见恩格斯：《家庭、私有制和国家的起源》，《马克思恩格斯文集》第 4 卷，北京：人民出版社 2009 年版，第 15 页。

的研究方法类似。根据《古代社会》，摩尔根对易洛魁部落联盟进行了详细的考察。他和印第安人之间建立了密切的关系，他甚至被该部落联盟中的鹰氏族认作义子。这样一来，摩尔根能够深入地观察分析这些氏族内部的运行机制、文化生活和风俗习惯。这种直接参与的研究方式非常符合经验主义传统，而不是先验地预设结论。因此，通过这种研究得到的数据和材料也是经验的、实证的。而马克思的研究方法则与此类似。实际上，马克思对经验材料的钟爱在其早期研究中就已经有所体现。克拉德考证指出，马克思在伦敦时期就已经开始对研究民族学的学者的著作感兴趣了。他不但阅读，而且还做了大量的相关笔记和摘要。[①] 而在《资本论》这样逻辑体系严密的著作中，在讨论英国工厂立法等内容时，马克思同样采用了大量的经验材料，其中甚至具体到一个健康成年工人的呼吸与健康之间的关系。至于工人当时的工作时间以及资本家对童工等的使用，无不是建立在经验材料之上的。它们实实在在地构成了马克思整个体系的血肉。[②]

其次，摩尔根的研究内容与马克思的理论兴趣相近。《古代社会》主要研究的是部落、氏族和家庭等古代社会的各种社会形态，而这些恰恰是马克思在此前所缺少的。虽然马克思在《德意志意识形态》中已经开始推测社会历史发展的进程，但这种推测由于没有得到经验证实而没有被马克思足够放心地使用。而他在后来的著作中很少讨论原始社会，也没有对所谓的"亚细亚生产方式"给出明确界说，其中的一个主要原因就在于材料不足，难以使他做出确定的结论。马克思和恩格斯在《共产党宣言》中的那段最著名的话——"至今一切社会的历史都是阶级斗争的历史"——之所以会遭到当时一些人的质疑，实际上就是由于材料不足所致。所以，当大量的经验材料出现后，恩格斯在1888年的英文版中予以限定和解释，即所谓的历史是指"有文字记载的全部

---

① 比如，他在1851年就对W.C.泰勒于1840出版的《野蛮和文明状态中的社会的自然史》进行了摘录。此后，马克思没有中断过这方面的阅读和研究。见〔美〕克拉德：《马克思和恩格斯在民族学著作方面的比较》，载《马列主义研究资料》1989年第3期，第185页。

② 《马克思恩格斯全集》第44卷，北京：人民出版社2001年版，第553—578页。

历史"。而之所以作出如此限定，恰是因为"在1847年，社会的史前史，成文史以前的社会组织，几乎还没有人知道"①。显然，摩尔根的著作正好弥补了这一不足，能够帮助马克思就其一直试图了解但未能直接进行的课题——即，古代社会的特征及其在社会进化中的地位和作用——展开说明。

第三，也是最重要的一点，摩尔根的著作不自觉地运用了唯物史观。在西方民族学史上，摩尔根对古代社会的划分并非无可挑剔，但这种科学的研究思想与马克思的唯物史观是相近的。此外，摩尔根通过科学方式来概括"由人类起源到比较晚近时代文化发展的实际过程"的做法是非常有价值的反宗教的尝试。通过自己的科学考察，摩尔根明确反对神学人类学，认为用"具有无限巨大形象"的上帝来解释创世说是非常荒谬的。②虽然这种论证与马克思早期对宗教的批判思路上不尽相同，但他们对待宗教的基本态度却是一致的。

马克思一生的学术兴趣及其价值取向，以及他的思想发展的内在逻辑，必然会使之彻底走向经验科学。而摩尔根的经验考察则正好为马克思提供了部分有价值的借鉴对象。两个从未谋面的作者终于在学术上"相遇"了。贺麟先生在第一次全国"马克思晚年人类学笔记学术研讨会"上的发言很好地总结了二人相遇的必然性。他说，"正是由于哲学基本点（历史唯物论）的相近，以及马克思迫切想扩充自己关于原始社会的结构及其演变等方面的知识"，使得马克思开始阅读《古代社会》并写下了这篇著名的《摘要》。③

---

① 《马克思恩格斯文集》第2卷，北京：人民出版社2009年版，第31页。
② 〔美〕怀特：《摩尔根生平及〈古代社会〉》，载《世界民族》1979年第2期，第6—7页。
③ 贺麟：《略论人类学从摩尔根到马克思》，载《马列主义研究资料》1987年第4辑，第10页。

第二章 《摘要》在国外的出版与传播

对于一本著作来说，其影响力的大小往往与它的出版和传播情况有关。反过来讲，其出版与传播在一定程度上扩大了它的影响。传世的经典著作即使是纯理论性的，也会有多个版本，且一般都被翻译为多种语言。对于马克思恩格斯这样的思想家而言，理论的主要目的是为了对实践进行指导，因此，他们著作的出版与传播在一定程度上影响着马克思主义实践的传播。

一 《摘要》在苏联（俄）的编辑出版情况

客观而言，苏联的成立为马克思恩格斯文献的编纂、出版以及马克思主义的传播作出了巨大贡献。虽然在此之前，马克思的亲人、学生和战友都为他的著作的出版出过力，但是真正将马克思恩格斯研究推向系统、规范和成规模的，是苏联共产党。苏维埃俄国成立后，随着国内形势的逐渐稳定，联共（布）迅速成立马克思恩格斯研究院收集、整理和研究马克思恩格斯的手稿和文献资料，并责成其编辑出版了《马克思恩格斯全集》俄文版。后来，马克思恩格斯研究院又吸收了列宁研究院，改制为马克思恩格斯列宁研究院。

在梁赞诺夫（David Rianzanov）和阿多拉茨基（В. Адоратский）的推动下，《马克思恩格斯全集》俄文版于1927年开始出版。最初，梁赞诺夫受列宁派遣，到战后的欧洲各地收集马克思恩格斯文稿。在1924—1931年，梁赞诺夫以学者敏锐的洞察力开始编纂《马克思恩格斯全集》的历史考证版（*Marx-Engels Historisch-Kritische Gesamtausgabe*），即 MEGA¹，它试图"以最大的准确性，有系统地再现马克思、恩格斯全部精神遗产"。因此，这个版本的编辑原则是"按照手稿原样出版"，也就是说，马克思恩格斯写作某一篇文章时用的是哪种文字，就用哪种文字出版，不再翻译为统一的文字。① 梁赞诺夫编辑这个版本的目的是为了方便研究人员使用。但不幸的是，随着梁赞诺夫被错误撤销马克思恩格斯研究院院长职务以及国内外形势的紧张和"左"的教条主义的抬头，MEGA¹ 的编辑出版工作于 1935 年戛然而止，马克思晚年的笔记没来得及收录其中。与 MEGA¹ 几乎同时进行的《马克思恩格斯全集》俄文第 1 版虽然对马克思恩格斯的著作进行了归纳梳理，但马克思的晚年笔记也仍然没有得到应有的关注。于是，马克思的晚年笔记是被这个《全集》版本的姊妹版——《马克思恩格斯文库》②——收录并公开发表的。

《马克思恩格斯文库》的编辑出版分为两个阶段。第一个阶段是 1924 年至 1930 年，共出版了 5 卷。马克思恩格斯列宁研究院成立之后，《马克思恩格斯文库》开始以新的形式出版，具体情况是：新出版的《马克思恩格斯文库》的 1—3 卷各有两个编号，第 1 卷（第 6 卷）、第 2 卷（第 7 卷）和第 3 卷（第 8 卷），由此接续前面出版的 5 卷。从新版第 4 卷开始，每卷的编号又恢复为一个，最后出版到了第 9 卷。也就是说，《马克思恩格斯文库》共出版了 14 卷，其中第一阶段出版 5 卷，第二阶段出版 9 卷。第二阶段出版的第 9 卷刊印于 1941 年，马克思的《摩尔根〈古代社会〉一书摘要》便收录其中。③

---

① 根据考证，马克思恩格斯的文献 60% 是用德文写作的，30% 是用英文写作的，5% 是用法文写作的，剩下的则是用西班牙文、意大利和拉丁文等文字写作。参见王东：《马克思学新奠基：马克思哲学新解读的方法论导言》，北京：北京大学出版社 2005 年版，第 397 页。
② 《马克思恩格斯文库》的最初定位是收录马克思恩格斯"写作著作的准备材料：计划、草稿、最初的方案，书籍摘要，对书籍的评语，笔记等等"。参见〔俄〕列文：《马克思恩格斯著作的发表和出版》，北京：生活·读书·新知三联书店 1976 年版，第 188 页。
③ 参见〔俄〕列文：《马克思恩格斯著作的发表和出版》，北京：生活·读书·新知三联书店 1976 年版，第 190 页。需要注意的是，中文 1 版《马克思恩格斯全集》第 45 卷第 571 页有这样一个注释："卡·马克思写于 1880 年底—1881 年 3 月初，第一次用俄文发表于《马克思恩格斯文库》1946 年版第 IX 卷。"这与列文的考证是矛盾的，因而更加确切的结论有待进一步考证。

《摘要》在俄国的出版形式一直是作为"丛书"的构成部分，而很少以单行本的形式出现。① 它除了被编辑在《马克思恩格斯文库》第9卷中，后又被收入50卷本的《马克思恩格斯全集》俄文第2版。该全集先期出版的39卷没有将《摘要》收录在内，而是在接下来以"补卷"的形式出版的第45卷中将《摘要》收录其中。

除了正式出版外，关于《摘要》的目录学也值得一提。严格从文献学和目录学的角度来整理马克思恩格斯的文献并梳理其内在关联的，首先是梁赞诺夫和阿多拉茨基。其中，阿多拉茨基编辑的《马克思著作索引》是第一部正式的马克思主义经典的目录索引。不过，它虽然内容较丰富，但没有收录《摘要》等晚年笔记，略显美中不足。《马克思恩格斯全集》俄文第1版的书目也没有收录这篇著作。最早收录《摘要》的是《马克思恩格斯全集》俄文第2版的书目。

二 《摘要》在其他国家的译介、出版和传播

尽管《摘要》首次发表的版本是俄文，但摩尔根的《古代社会》是用英文写成的，马克思在对该书进行摘录的时候，主要使用的语言也是英文，此外德语也占有相当的比重。

自从《摘要》在《马克思恩格斯全集》的俄文版刊行以来，该版本便作为"母本"，对此后各个国家的《马克思恩格斯全集》产生了重要影响。② 这一点在社会主义国家尤其明显。在一定程度上，可以说，

---

① 马克思很多笔记和摘要最初大多发表在苏联的学术刊物上，但最后都收入了《马克思恩格斯全集》。比如，"马克思关于柯瓦列夫斯基摘要的俄译本刊登在《苏联东方学》杂志1958年第3、4、5期以及《东方学问题》杂志1959年第1期和《亚非人民》杂志1962年第2期上，前后花了5年时间；马克思关于菲尔摘要的俄译本发表于《亚非人民》1964年第1期以及1965年第1期和1966年第5期上，前后花了3年时间"。不过最后都和《摘要》一起收入《马克思恩格斯全集》第45卷。参见俞吾金：《社会形态理论与中国发展道路》，载《上海师范大学学报（哲学社会科学版）》2011年第2期，第7页。

② 《摘要》最早发表于《马克思恩格斯文库》，但这是一种纯学术版，因此意义重要但影响较小。《马克思恩格斯全集》完全是从《马克思恩格斯文库》中照录下来的，虽然较晚但影响较大，成了《摘要》其他文字版本的"母本"。

《摘要》的各版本基本等于各种文字的《马克思恩格斯全集》版本。

苏联之外,《摘要》的较早版本应该是《马克思恩格斯全集》德文版。该版本是以俄文版为底本翻译的。由于德文版《全集》与俄文版《全集》在出版时间、编辑方针、文献来源、版本结构以及正卷和补卷等几方面均大同小异,因此,《摘要》在德文版的卷次也是《全集》"补卷"的第45卷。

日本的马克思主义者(包括研究者)在马克思主义传播史上起到过非常关键的传播作用。如果我们对马克思主义在中国的早期传播进行考察便不难发现,很多的马克思主义概念、方法、著作介绍等都是从日本转译过来的。从《马克思恩格斯全集》的传播情况来看,日文版也很快跟进《全集》的俄文版和德文版。在1928年至1935年间,《全集》出版了日文第1版。遗憾的是,日文版虽然在整体结构上也是"正卷+补卷+别卷",但很多论著,尤其是包括《摘要》在内的马克思晚年笔记没有被收录其中。日本马克思主义者对马克思著作的绝大多数研究,都停留在了《资本论》及其手稿。

与日文版相似,英文版《马克思恩格斯全集》也没有收录《摘要》。这显然妨碍了人们对它的研究,毕竟《摘要》的原始语言主要是英语。那么,《摘要》是在什么时候以原文形式发表呢?大概时间是1972年。根据《苏联民族学》(1978年第1期)介绍,《摘要》的英文版出现在一个和其他马克思晚年笔记一起刊行的单行本——即,《卡尔·马克思的民族学笔记》——中,它由美国人类学家克拉德在荷兰出版。[①] 该单行本包括马克思于1880—1882年间用英文摘录的4本书的笔记:(1)《摩尔根〈古代社会〉一书摘要》、(2)《菲尔〈印度和锡兰的雅利安人农村〉一书摘要》、(3)《梅恩〈古代制度史讲演录〉一书摘要》、以及(4)《拉伯克〈文明的起源和人的原始状态〉一书摘要》。这部单行本在英美等西方国家产生了一定影响,并于1974年再版,1976年又被译成德文出版。根据克拉德的说明,在《卡尔·马克

---

① Lawrence Krader (ed.), *The Ethnological Notebooks of Karl Marx*, Assen, 1972.

思的民族学笔记》中,《摘要》是篇幅最大的,占了大概 98 页,而关于菲尔、梅恩和拉伯克等人的笔记仅仅分别占 26 页、38 页和 8 页。① 可见,摩尔根的《古代社会》因为内容丰富、实证性强而成为马克思最重视的文本。但需要注意的是,这个版本并没有收录马克思于 1879—1880 年所写的《柯瓦列夫斯基〈公社土地占有制〉一书摘要》。②

当然,目前正在进行编辑的最完整的 MEGA² 也收集了《摘要》。MEGA² 总共包括四个部分,其中第一部分包括马克思恩格斯的一般论著,共 32 卷;第二部分收录的是《资本论》及其手稿 15 卷(23 册);第三部分主要是马克思恩格斯的书信,共 35 卷;最后一部分是马克思恩格斯的读书笔记,共 32 卷。马克思的《摘要》属于第四部分,估计将被编排在第 27 卷。但该卷的具体编辑和进程情况,还不得而知。

在说明各种版本之后,我们还可以对马克思恩格斯著作的书目学予以简单说明。目前看来,最能体现马克思恩格斯著作目录全貌的是荷兰阿姆斯特丹国际社会史研究所(International Institute of Social History)所编撰的书目《马克思手稿和读书笔记目录(荷兰阿姆斯特丹国际社会史研究所收藏)》。它是由该所德国组组长维尔纳·布卢门贝格(Werner Blumenberg)花费多年整理而成,共有两大部分,第一部分是马克思的 86 篇手稿,第二部分则是 155 种(篇)笔记。其中,将《摘要》编排为笔记本 146。由于这个书目的编纂非常忠实原著,所以,它既有"原始性、真实性和历史性"等特点,也有不够系统、缺少科学整理的不足。

---

① 〔美〕克拉德:《马克思和恩格斯在民族学著作方面的比较》,载《马列主义研究资料》1989 年第 3 期,第 184 页。

② 一尘:《荷兰出版〈马克思民族学笔记〉一书》,载《世界民族》1979 年第 1 期,第 81 页。

第三章 《摘要》在国内的译介和传播

相对于国外复杂的版本、翻译和传播之外,《摘要》在国内的翻译和出版线索比较简单。由于《摘要》的首次发表时间距离新中国的成立仅有数年,因此在新中国成立前后的一段时间内,《摘要》并没有在国内得到翻译和介绍。但是,随着我国社会主义制度的确立和巩固,《马克思恩格斯全集》的翻译工作也提上议事日程。在这种背景下,《摘要》的译介工作也开始出现。

一 最初的中文版本

《摘要》的第一个中文版本是中国科学院历史研究所于1965年翻译和出版的。它所依据的底本是俄文版的《马克思恩格斯文库》第9卷,译本被命名为《摩尔根〈古代社会〉一书摘要》。[①] 根据译者的介绍,这个版本的翻译尽管是直接参照俄文版的《摘要》,但它仍然大量"参考了杨东莼、张栗原和冯汉骥等先生译的《古代社会》一书的中译本(三联书店1957年版)"。

除了上述特点,该版《摘要》在内容编辑上还具有如下两个特点。首先,译者对版本的编辑技术进行了详细的说明:"在马克思的手稿中,凡是强调的地方,均有横线标出,加倍强调的地方,则划有两道横线。按照这种情况,中译文也用不同字体表示出来。凡是用仿宋体排印的,都是马克思强调的地方,马克思加倍强调的地方,则在仿宋体下面加重

---

① 这个版本在1978年再版一次。

点。"这样一来,马克思的意图就非常明显了。另外,为了防止混淆,译者还指出了手稿中一些符号的区别,比如:"方括弧 [ ] 和圆括弧 ( ) 是手稿中原有的。波状括弧 { } 里的字是俄文版编者加的。"① 由此,人们在研究时就能很好地分清马克思的语言和观点与编纂者的语言和观点,有效防止混淆。

其次,译者对一些重要术语进行辨析。比如在《译后记》中对"община"的讨论。译者看到了这个术语的多义性——既可以译为"公社",还可以译为"团体"和"社团"等。译者根据上下文,对此进行了适当处理——主要译为"公社",对于那些译为"团体"和"社团"的地方,"均附加原文"。毫无疑问,这是一种科学的态度。

二 《摘要》的中文版本出版

《摘要》的第一个版本在1978年再版之后,又出现了两个经过改进的版本。一个收录在1985年人民出版社《马克思恩格斯全集》中文第1版第45卷,还有一个收录在1996年8月人民出版社出版的《马克思古代社会史笔记》中。虽然整体上这两个版本并没有作根本改变,但在一些术语翻译上却进行了较大的改造。比如,对property的翻译,在最初的版本中,被译成了"所有权",但在《马克思恩格斯全集》和《马克思古代社会史笔记》的版本中,property则根据语境被翻译成了"财产权"。例证如下:

(1) 拉弓纳村落印第安部落中的传教师撒母耳·郭尔曼,在新墨西哥历史学会所作的报告中说道:"所有权属于家族的女方,而且是按照女系由母亲传给女儿……"②

---

① 马克思:《摩尔根〈古代社会〉一书摘要》,北京:人民出版社1978年版,第271页。这一点在后来出版的《马克思恩格斯全集》中文第1版第45卷中反而缺少。
② 马克思:《摩尔根〈古代社会〉一书摘要》,北京:人民出版社1978年版,第57页。

(2) **拉古纳村印第安人**中的传教士**赛米尔·戈尔曼牧师**在新墨西哥州历史学会所作的报告中说:"**财产权属于家庭中的女方,而且按女系由母亲传给女儿。……**"①

或许是由于篇幅的原因,2009年新近出版的《马克思恩格斯文集》并没有收录《摘要》。但《马克思恩格斯全集》中的《摘要》版本无疑在多个方面作了改进,有助于人们对《摘要》的准确理解。

对于《摘要》的索引和目录学研究,国内也取得了一定的成就。客观而言,中国马克思恩格斯著作的目录学著作起步是比较晚的,但是成就却不容忽视。中央编译局编译了《马克思恩格斯全集名目索引(第1至39卷)》和《马克思恩格斯全集目录、说明、索引(第40至50卷)》。② 这两本书基本囊括了已出版的马克思恩格斯主要的中文著作及其在《马克思恩格斯全集》中文第1版中的位置(卷次、页码范围等)。《摘要》的目次被编辑在了后一本书中。

除了对《摘要》的国内目录学研究之外,研究者还把国外的一些目录学研究成果译介过来。1980年前后,中国人民大学的李光谟、蔡云凌、丁菲娅、石霄和陈叔平等人,曾把布卢门贝格的《马克思手稿和读书笔记目录》翻译成中文。③ 此外,叶林、熊道光等人翻译了尤班克斯(Ceil L. Eubanks)的《马克思恩格斯著作目录和马克思主义参考书目》,其中就包含了克拉德所编辑的《卡尔·马克思的民族学笔记》。④

---

① 《马克思恩格斯全集》中文第1版第45卷第387页;马克思:《马克思古代社会史笔记》,北京:人民出版社1996年版,第181—182页。这两个版本的改进之处还包括人名和著作名称的翻译。
② 这两本书由人民出版社分别于1986年和1993年出版。
③ 王东:《马克思学新奠基》,北京:北京大学出版社2005年版,第275页。
④ 〔美〕尤班克斯:《马克思恩格斯著作目录和马克思主义参考书目》,叶林、熊道光等译,北京:书目文献出版社1987年版,第26页。

第二部分 研究状况

　　文本的出版、译介和传播情况能够反映其理论价值和意义,但除此之外,衡量的尺度还有一个,即人们对这个文本的研究情况。研究成果的多寡,除了能够说明该文本在理论(和实践)上的吸引力,更重要的,它还能反映出这个文本对理论发展和实践推进的影响程度,从而直接触及学术前沿。马克思的著作也是如此。对于《摘要》来说,要想真正了解其理论影响,准确把握其思想精髓,应该在文本分析的基础上,充分借鉴吸收前人的研究成果。

第四章 《摘要》的国外研究概况

相对于马克思的其他文本而言，《摘要》真正受到关注的时间更短。但就是在短短的几十年时间内，人们已经对《摘要》作出了各种各样的解释。我们将根据地域、学术流派以及意识形态等因素，从苏东社会主义国家的研究、西方马克思学的研究和西方马克思主义的研究三个角度对《摘要》在国外的研究进行初步的梳理和分析。

一 苏东对《摘要》的研究

苏联学者对《摘要》的定位是，该书是"马克思研究资本主义以前的各种社会形态历史问题的……著作……马克思从七十年代起开始研究这个问题，并主要重视原始公社瓦解的历史"[1]。这种定位具有尤其深刻的历史根源。梁赞诺夫曾于1923年作过一次关于马克思晚年笔记的报告，其中提到，"马克思在七十年代末期在封建主义和土地占有制的历史方面进行了许多研究"。谈到关于《古代社会》的笔记时，他认为，马克思虽然做了很多细致的研究工作，但这些工作只对马克思的传记作家有用，而且，这种翔实的摘记是难以理解的，充其量不过体现了一种"不可饶恕的学究气"[2]。因此，这种固定僵化的思维方式使得苏

---

[1] 《马克思恩格斯全集》俄文版第45卷的编者"前言"。转引自叶林、张显扬：《国外关于马克思晚年人类学笔记的研究》，载《马克思主义研究》1986年第3期，第81页。

[2] 〔苏〕梁赞诺夫：《马克思主义史概论》，1928年莫斯科增订版第2版第2卷第208页。转引自杜章智：《国外对马克思晚年人类学笔记的研究》，载《马列主义研究资料》1987年第1辑，第160页。

联的研究很少走出《马克思恩格斯文库》所确定的框架。在这方面，比较著名的苏联学者是苏共中央社会主义科学院的教授伊·列·安德烈也夫（И. Д. Андреев）。他在《马克思的最后手稿：历史和现实》中认为，马克思在这些笔记中"集中精力探讨了世界资本主义的资产阶级以前的（基本上是公社农民的）外围地区的社会经济发展的倾向和前景"[1]。在他看来，马克思的这些研究只不过是辩证唯物主义在世界历史进程中的应用，是马克思历史哲学的具体应用范围的扩大。如果说安德烈也夫有所创新，那就是他把这种应用视作为殖民地和东方社会等落后地区的社会主义发展指明了方向，从而论证马克思在欧洲所"发现"的历史规律，在非洲等落后地区也具有适用性。在此后的《马克思主义历史札记手稿》中，安德烈也夫进一步确认了这种观点，认为马克思晚年笔记是"马克思的科学兴趣转向对原始社会结构的专门研究，特别是对这些机制遭受殖民主义和资本主义摧残和破坏，以及对创立社会的社会主义改造的主观和客观先决条件过程前景的研究"[2]。尽管在具体解释方面有所差异，但把晚期笔记视为对唯物史观验证的观点，基本上在苏联学者的研究中占据着主导地位。苏联的另外一个学者诺赖尔·特尔-阿科皮扬（Norair Ter-Akopian）在研究社会发展形态时也坚持认为，马克思晚年人类学笔记是对早期不完善思想的一种补充。因为在马克思的早期研究中，"关于原始集体内部的最初联系的性质、关于原始公社的结构的问题是一个空白"，这个空白在马克思研究了摩尔根的《古代社会》之后无疑得到了改观。在阿科皮扬看来，马克思研究氏族制度实际上是为了揭示氏族的"瓦解和产生阶级及国家的原因"[3]。

苏联的这种由意识形态主导的研究思路影响到东欧地区（包括当时的民主德国）。民主德国的学者约·海尔曼（J. Hermann）在分析恩格

---

[1] 〔苏〕安德烈也夫：《马克思的最后手稿：历史和现实》，载《马列主义研究资料》1985年第1辑，第229页。

[2] 转引自叶林、张显扬：《国外关于马克思晚年人类学笔记的研究》，载《马克思主义研究》1986年第3期，第83页。

[3] 〔苏〕特尔-阿科皮扬：《关于"原始形态"概念的历史——马克思著作中的原始社会概念》，载《马列主义研究资料》1987年第2辑，第224页。

斯的《家庭、私有制和国家的起源》时谈到了马克思的《摘要》。他首先认为《古代社会》是"客观地、唯物地去认识历史",但摩尔根的资产阶级世界观导致他的研究成果只能是"唯心主义和进化论的",其最终依据是达尔文主义而非马克思主义。所以,不管是马克思还是马克思主义者的研究,都应该是对摩尔根的方法论基础的矫正。①

值得提出的是,由于《摘要》与恩格斯的《家庭、私有制和国家的起源》之间的联系非常密切,而且后者也更显系统和成熟,所以在苏东地区的研究中,直接针对马克思的《摘要》进行研究的论著很少,而且更多的是像海尔曼这样,将《摘要》视为《家庭、私有制和国家的起源》的准备性材料。

二 西方"马克思学"的研究路向

随着荷兰阿姆斯特丹国际社会史研究所的成立,西方学术界对马克思恩格斯的文献进行了比较深入的研究,而且影响也比较大。通过对马克思等人的文本出版情况进行梳理,我们不难发现,西方的"马克思学"已经成为一股非常重要的研究力量。不管是对《德意志意识形态》、《1844年经济学哲学手稿》还是对《资本论》及其手稿的研究,西方"马克思学"都起到了非常重要的作用。《摘要》的研究情况也是如此。我们看到,关于《摘要》的命名问题,西方"马克思学"的声音不但已经在西方学界产生巨大影响并占据主导地位,而且影响到苏东学术界。而对《摘要》内容的研究,在这个学术群体里也出现了不少值得关注的人物和研究成果。其中比较有代表性的人物有:《摘要》的原文(英文)编辑出版者劳伦斯·克拉德及其弟子西里尔·勒维特(Cyril Löwith),马克思学领域的学者诺曼·莱文(Norman Levine),拉·杜娜叶夫斯卡娅(Raya Dunayevskaya)以及社会学家奥多尔·汕宁

---

① 〔德〕海尔曼:《〈家庭、私有制和国家的起源〉的写作过程》,载《马列主义研究资料》1987年第4辑,第37页。

(Theodore Shanin)等人。

关于克拉德,如前所述,他对马克思晚年人类学笔记的整理出版做出重要的贡献。在一定意义上,这种编辑工作本身也是一种研究。除此之外,克拉德还编辑出版了《亚细亚生产方式》。对于这两本书,克拉德都为它们撰写了序言。克拉德后来还发表过《作为民族学家的马克思》和《马克思著作中的民族学和人类学》等两篇文章。他的研究目的都非常明确,就是为了证明马克思的思想应该作为一个整体来理解,而这个整体的主题就是人类学。当然,主题虽然一致,但研究方法有着较大差别。在克拉德看来,马克思的早期研究主要涉及哲学人类学,不管他的博士论文还是他在"克罗茨纳赫时期"和"德法年鉴时期"所写的文章,甚至是他对黑格尔、费尔巴哈以及蒲鲁东等人的批判,都是哲学人类学的内容。而到了晚年,马克思的研究对象转变为经验人类学。除了《摘要》,他的其他人类学笔记也属于这一范畴。[①] 作为克拉德的学生,勒维特在《马克思的人类学和进化论问题》中发挥了他的导师的观点,认为《摘要》等晚年经验性的人类学笔记中所体现的思想是对早期思想(哲学人类学)的一次重大超越和更高层次的回归,也可以说是"对《1844年经济学哲学手稿》为代表的哲学人类学的重大突破和发展"[②]。

诺曼·莱文也许是最具代表性的"马克思学"专家,他对马克思的《摘要》等文本非常关注,并写下了《马克思恩格斯思想中的人类学》和《辩证唯物主义和"村社"》等论著。在这些论文中,莱文对马克思的研究主题进行了大胆推测,认为马克思在1853年左右就已经开始对经济学丧失兴趣,随后转向的研究领域是人类学。这表明马克思的思想发生了重大变化。在他看来,马克思的人类学研究与历史唯物主义的社会形态理论关系密切,两者都涉及人类社会早期的形态问题。同

---

① 〔美〕克拉德:《马克思和恩格斯在民族学著作方面的比较》,载《马列主义研究资料》1989年第3辑,第183—184页。
② 江丹林:《西方关于马克思晚年"人类学笔记"主要观点论析》,载《北京大学学报》1990年第1期,第51页。

时，在这个问题上，莱文坚持自己的一贯看法，即，认为马克思的人类学与恩格斯的人类学有着重大差异。虽然马克思的《摘要》与恩格斯的《家庭、私有制和国家的起源》都关涉摩尔根及其《古代社会》，甚至可以说恩格斯是为了完成马克思的遗愿，但马克思的社会发展形态及其动因说是多层次的，而恩格斯的社会发展及其动因说是一维的。莱文通过地质学的地层说而论证指出，马克思的"社会形态"概念与地质学的"形成"概念是一样的，但在地质学中，地层之间并非截然分明，它会出现断裂，而且本不相邻的地层之间也会因为外力作用而连在一起。以此类推，不同社会形态之间也不必然是单线发展的，而是会出现多种可能性。但恩格斯的结论却是单线的，社会发展只能从原始社会向奴隶社会、封建社会和资本主义社会依次推进。①

美国的马克思学者杜娜叶夫斯卡娅认为，马克思在人类学笔记中指出了一条"新人道主义"道路。这条道路不仅与恩格斯的社会发展单线论不相容，而且与恩格斯的"女性具有世界历史意义的失败"这一观点有所区分。她的结论是，马克思晚年的人类学笔记是在继续完成"人类发展及其为争取自由而进行的斗争的思考"，其中包含的最革命的思想是确定男性和女性在历史上的关系的多元性，从而为她的妇女解放进行了论证。②

汕宁主要关注的是人类学笔记与俄国道路之间的关联。通过对马克思晚年笔记的分析，汕宁得出马克思思想"不平衡"发展的观点，并认为"俄国革命民粹主义"是马克思的三大思想来源之外的第四个来源。汕宁认为，马克思所说的走向"资本主义"道路绝非单线：马克思从早期的不成熟思想，走向中期的"多元论"（即，认为资本主义以前的社会形态和社会发展具有多种形式），最后在晚年确认了在资本主

---

① 叶林、张显扬：《国外关于马克思晚年人类学笔记的研究》，载《马克思主义研究》1986年第3期，第83页。
② 〔美〕杜娜叶夫斯卡娅：《马克思的"新人道主义"、"民族学笔记"和妇女解放》，载《马列主义研究资料》1987年第2辑，第195—197页。

义占统治地位、各种社会成分共存的条件下社会发展的无限可能性。①

唐纳德·凯利在论文《作为科学的人类学：论垂暮之年的马克思》中，把"人类学"放在马克思的整个学术历程中进行考察。凯利认为，"人类学"应该包括两种，一种是经验的人类学（empirical anthropology），一种是理论的人类学（theoretical anthropology）。马克思在青年时期主要关注后者，这毫无疑问与他当时身处黑格尔理论的根据地——柏林大学——的学习经历有关。当时，人类学囊括了所有学科，其中法律是人类学的重要内容之一。当马克思学习法律时，他接触到了历史学派的"法律人类学"的立场。但令他不满意的是，胡果等人对自然状态的设定实际上导致逻辑的不自洽。因为理论人类学所强调的理性在自然状态中恰恰是以人的非理性为基础的。在这种情况下，马克思试图重新诠释人类学，因而逐渐转向实证的人类学。这就是马克思晚年的工作。凯利认为，马克思的晚年笔记实际上是在重构其青年时期的人类学主题，但由于天不假时而未能如愿。不过，他毕竟为此做了大量的准备工作，即，做了大量人类学摘要笔记。

在这些笔记中，凯利注意到，马克思对其他人类学家基本上持否定的批判态度，唯独对摩尔根予以肯定。在他看来，马克思的这一做法实际上与他对实证研究的兴趣分不开。因为摩尔根非常强调技术和生产力的历史作用，并且触及到私有制的概念，而这个概念正是马克思青年时期对哲学人类学（亦即理论人类学）的不满之处。因为，虽然那些法理学家提到"占有"等概念，但是，他们的这种理论假设却没有真正在实践中得到证明，而且，仅凭"占有"不能解释如何从自然状态过渡到市民社会。而摩尔根的《古代社会》所论述的私有观念的产生则解决了这一问题，也构成了马克思的"历史观"（存在阶级斗争的社会）的真正起点。②

---

① T. Shanin, *Late Marx and the Russian Road*, Monthly Review Press, 1983.
② Donald R. Kelley, "The Science of Anthropology: An Essay on the Very Old Marx", *Journal of the History of Ideas*, Vol. 45, No. 2 (Apr. – Jun., 1984), pp. 245–262.

三 西方马克思主义的研究路向

关于这部分的讨论,我们仍然延续上面的思路,即,把人类学当做主题。因此,接下来的讨论不会仅仅局限于《摘要》本身,而是在更广阔的理论空间中对人类学问题予以考察。

在英国学者博托摩尔(T. B. Bottomore)看来,西方马克思主义的人类学主要包括两个流派:一个是北美的激进派"辩证人类学",另外一个就是法国的结构主义人类学。前者之所以会被视为西方马克思主义之列,是因为它的主要价值取向是批判现代文明,他们最欣赏的马克思的话是"根据古代的观点,人……毕竟始终表现为生产的目的……因此,一方面,稚气的古代世界显得较为崇高……而现代则……是鄙俗的"①。由此,博托摩尔认为,辩证人类学与法兰克福学派的文化批判有密切关系,二者同属人道主义的马克思主义传统。在这个流派中,最具代表性的是斯坦利·戴蒙德(Stanley Diamond)。他不但汇聚一批学者,创办了《辩证人类学》(*Dialectic Anthropology*) 杂志,而且编撰了两本对马克思主义人类学影响很大的著作,即《走向马克思主义的人类学》(*Toward A Marxist Anthropology: Problem and Perspectives*) 和《社会文化人类学(民族学)笔记》。在戴蒙德看来,马克思在《摘要》等晚年笔记中所表现的人类学思想,是他对自己早期哲学人类学的具体化、实证化;而且,马克思对历史进行人类学研究,目的在于理解当下社会形态并为未来社会设计蓝图。② 正是出于这个目的,马克思才在晚年孜孜不倦地整理人类学(民族学)笔记。在戴蒙德看来,人类学在马克思主义的思想传统中已不仅仅是一种经验材料的收集整理,而且具有方法论意义,因为"离开了人类学,马克思主义传统也就不存在了"。所以,马克思晚年所进行的人类学工作不单单意味着马克思的"成熟",

---

① 《马克思恩格斯全集》第 30 卷,北京:人民出版社 1995 年版,第 479—480 页。
② Stanley Diamond, "The Marxist Tradition as a Dialectic Anthropology", *Dialectic Anthropology*, Vol.1, 1975, p.3.

而且意味着他想把自己的"希望和理想带到尘世，生根发芽"①。

另一支在人类学研究中做出突出贡献的西方马克思主义学派是结构主义的马克思主义。当 20 世纪 60 年代打破斯大林的偶像崇拜之后，马克思主义者开始反思。这种思想的解放导致很多人开始通过现象学、存在主义、实用主义和结构主义等途径尝试"回归"马克思。在结构主义的马克思主义人类学流派中，莫里斯·戈德里埃（Maurice Godelier）等人都结合自身的实践研究对马克思主义理论尤其是历史唯物主义进行了验证，并指出，马克思的人类学研究说明我们不能在人类学和历史之间采取非此即彼的态度，马克思的思想和马克思主义实质上既是一种科学，又是一种人道主义，马克思晚年的人类学实际上就是试图把二者统一起来。虽然很多学派都给自己贴上人道主义的标签，但只有马克思主义才真正把社会主义改造成科学，从而使得马克思的社会主义成为科学的社会主义。在这个意义上，"马克思主义人类学是关于人的发展的一门科学"，是一种科学的人道主义。②

除上述研究之外，莫里斯·布洛赫（Maurice Bloch）在他的《马克思主义和人类学关系史》（*Marxism and Anthropology: The History of Relationship*）中指出，马克思的人类学、历史学和政治学是一体的；马克思的《摘要》等文献在摘抄摩尔根的论著时，对摩尔根将原始共产主义和共产主义混淆起来的做法进行了纠正。

尽管结构主义的马克思主义人类学显得复杂，但它们的共同特点非常明显，即："（1）马克思主义人类学可以认作是历史唯物主义的一部分，同时又是社会形态的一般理论；（2）马克思主义人类学是把马克思用在分析资本主义生产方式方面的见解应用到其他生产方式上去；（3）这个学派虽然坚称同传统人类学根本断绝关系，但它还是接受了传统人类学中的某些概念和方法；（4）他们企图介入'我们时代的斗

---

① Stanley Diamond, "The Marxist Tradition as a Dialectic Anthropology", *Dialectic Anthropology*, Vol. 1, 1975, p. 3.

② 转引自叶林、张显扬：《国外关于马克思晚年人类学笔记的研究》，载《马克思主义研究》1986 年第 3 期，第 88—90 页。

争',同时又力图恢复它的科学内容,使科学的人类学成为社会的一般科学的一部分,借以指导政治斗争。"① 此外,卡恩和劳贝拉在他们所编的《资本主义以前社会的人类学》一书中明确指出,在结构主义的马克思主义学派看来,"马克思主义人类学与其说是研究各种社会的历史和史前史,不如说是企图在其本身的假说中提供一种自由主义人类学的批判"②。

虽然西方学者对《摘要》的看法以及由此产生的观点不尽相同,甚至是完全相反,但客观来说,他们的很多研究具有很强的借鉴意义,甚至在一定程度上,正是西方马克思主义对《摘要》的研究促进了整个马克思主义的发展。

---

① 转引自叶林、张显扬:《国外关于马克思晚年人类学笔记的研究》,载《马克思主义研究》1986年第3期,第91页。

② 同上。

第五章 《摘要》的国内研究概况

与马克思的其他著作一样，《摘要》在我国的研究首先是以翻译介绍起步的。但是，由于《摘要》所涉及的内容与我国传统社会具有一定的相似性，因此使得我国学者对《摘要》的关注在内容上相对比较集中。

国内学者对《摘要》的研究，最初基本限于对《摘要》及其相关文献的译介。当然，这项工作为后来的研究打下了很好的基础。尤其值得一提的是，我国学者在1986年举行的第一次全国"马克思晚年人类学笔记学术研讨会"。这次研讨会是由中央编译局、中国社会科学院马列所以及商务印书馆等机构共同发起的，参会人员水平较高，涉及专业较广，其中不仅包括马克思主义专业（比如马克思主义哲学、科学社会主义等），而且包括相关的民族学、人类学、历史学等专业。这次研讨会不仅介绍了《摘要》等人类学笔记在苏东的研究情况，而且介绍了我国少数民族的原始资料与马克思的研究主题之间的印证情况。最重要的是，此次研讨会所确定的主题，直接引导着后续很长一段时间的国内研究方向，其中主要包括：（1）笔记的性质及命名；（2）笔记在马克思主义发展史中的地位和意义；（3）笔记中的"两种生产"问题；（4）笔记与"亚细亚生产方式"之间的关系；（5）笔记与"人道主义"（或哲学人类学）之间的关系；（6）笔记所引起的关于"两个马克思"以及"多线论与单线论"等问题。[①]

[①] 参见《第一次全国"马克思晚年人类学笔记学术研讨会"在榕城召开》，载《马列主义研究资料》1987年第2辑，第260—262页。

此后几年，国内学界对《摘要》等人类学笔记的研究明显走向深入。除了把国外著名学者（如上文提到的克拉德、斯坦利、莫里斯等人）的研究成果引介进来，而且对《摘要》的主题进行了深入的探讨。如，张奇方对笔记内容的全面考察，贺麟对《摘要》与摩尔根的《古代社会》关系的论述，以及王明甫、林放等人对《摘要》相关术语翻译（比如 nation、Gemeindeland 以及拉丁语 "Arva per annos mutant, et superset ager" 等）的检讨。

而在最近的研究中，比较引人关注的是关于马克思晚年笔记的命名之争。王东和叶志坚等人从各自的思考角度出发，分别就如何"命名"这组笔记提出了自己的观点，并产生了持久的争论。

王东等人认为，无论是从《摘要》等文本的研究对象、研究内容以及它与马克思其他文本之间的关系出发，这组笔记的准确名称应该是"国家与文明起源笔记"。在王东等人看来，这组晚年笔记所选的摘录对象明确揭示出马克思的理论兴趣。比如，马克思非常看重的摩尔根的《古代社会》，其副标题就是"人类从蒙昧时代经过野蛮时代到文明时代的发展过程研究"，而后来摘录的拉伯克的著作《文明的起源和人的原始状态》更是"直接道出了'文明起源'主题"。《摘要》中对"财产"观念的探讨、对私有制与阶级之间关系的研究，则说明马克思试图对国家的产生进行经验验证。如果把这些文本与马克思随后完成的《历史学笔记》结合起来，那么，马克思对原始社会的研究就与他关于阶级社会发展的学说完全衔接了起来。① 正如前文在描述《摘要》的写作背景时所说，我们应当从《资本论》的创作史和马克思的相关思想发展的维度来理解晚年笔记的存在。如果我们承认《资本论》的创作史并认为马克思的后续工作其实就是一直在延续这个理论构想，那么，马克思的《摘要》以及其他笔记在整体上一并归入"国家与文明起源笔记"，就是合理的。

---

① 王东、刘军：《"人类学笔记"，还是"国家与文明起源笔记"——为马克思晚年笔记正名》，载《哲学研究》2004年第2期，第16—17页。

但是，叶志坚等人并不完全认可这种命名。他认为："马克思晚年最突出的理论贡献就在于结合俄国的实际状况，充分利用人类学研究的相关成果，揭示社会发展的普遍规律和特殊道路的辩证统一，提出了东方社会发展道路的新设想。"① 这种结论在一定程度上是把《摘要》与马克思晚年关于社会发展道路的思考——尤其是"亚细亚生产方式"和"卡夫丁峡谷"等问题——联系在一起，而不认为《摘要》是在一般地讨论国家和文明起源问题。

对于"国家与文明起源笔记"还是"人类学笔记"之间的这场争论，冯景源撰文指出，两种观念具有重要意义，但它们同属历史唯物主义的范畴，并没有割裂这个范畴的"艺术整体"。如果说二者之间存在差异，那也仅仅是由于研究层次的不同而导致的：是更关注社会发展规律？还是更关注社会发展道路？而这种差异绝非马克思主义的内在逻辑出了问题。

---

① 叶志坚：《是"国家与文明起源笔记"，还是"人类学笔记"》，载《东南学术》2005年第3期，第118页。

第三部分　当代解读

要真正深入研究《路易斯·亨·摩尔根〈古代社会〉一书摘要》，我们首先应该介绍、继承已有的研究成果，一方面延续通常所采取的宏观研究方法，另一方面也应该回到文本，通过文本细节来分析马克思的具体论述，分析它与摩尔根《古代社会》以及它与恩格斯《家庭、私有制和国家的起源》的不同之处。另外，由于马克思的《摘要》不是对他的批判对象进行直接的指向，而是把自己的零散论述夹杂在大量的摘录之中，因此，我们对《摘要》的初步研究不可能进行长篇论述，而是要放在具体语境中进行。

第六章 《摘要》的基本结构和内容

《摘要》虽然是马克思的摘抄笔记，但它在马克思思想中的地位和作用开始得到关注。对于《摘要》的价值，应该从两个方面来把握：一是从《摘要》的整体结构来把握，理解马克思的历史唯物主义，尤其是理解他的社会发展形态理论；二是从《摘要》的具体内容上来分析，理解马克思的唯物主义思想细节及其素材。不过，我们需要注意的是，这些细节所包含的宗旨需要同马克思的其他文本结合起来考察，才能准确把握。在本章，我们首先了解《摘要》的整体结构，并在结合文本的前提下，把视野扩至马克思的整个思想体系。

一 《摘要》的整体结构

恩格斯在《家庭、私有制和国家的起源》中认为，摩尔根的思想是不自觉地对唯物史观进行的"论证"。[①] 因为摩尔根所注意到的技术、私有财产等因素对社会发展的影响，确实为马克思的唯物史观所看重。但摩尔根的研究之所以是"不自觉"的，是因为《古代社会》在内容与结构之间呈现出的某种紧张关系，即，虽然它在内容上大量使用了唯物主义的素材，但在结构上却是一种"唯心主义"的思路。马克思在《摘要》中对摩尔根的写作结构进行了根本扭转。我们可以通过对这两本书的内容目录的比较而看到这一点：

---

① 《马克思恩格斯文集》第4卷，北京：人民出版社2009年版，第15页。

马克思《路易斯·亨·摩尔根〈古代社会〉一书摘要》研究读本

马克思的《摘要》和摩尔根《古代社会》篇目比较①

马克思的《摘要》	摩尔根的《古代社会》
第一编：由各种发明和发现而来的智力发展 第一章 第一编第二章：生存的技术	第一编：各种发明和发现所体现的智力发展 第一章：人类文化的几个发展阶段 第二章：生存的技术 第三章：人类发展进度的比例
第三编第一章：古代家庭 第三编第二章：血缘家庭 第三编第三章：普那路亚家庭 第三编第四章：对偶制家庭和父权制家庭 第三编第五章：专偶制家庭 第三编第六章：和家庭有关的各种制度的顺序	第二编：政治观念的发展 第一章：以性别为基础的社会组织 第二章：易洛魁人的氏族 第三章：易洛魁人的胞族 第四章：易洛魁人的部落 第五章：易洛魁人的联盟
第四编：（财产观念的发展） 第一章：三种继承法 第二章（第四编）：三种继承法（续前）	第六章：加诺万尼亚族系其他部落中的氏族 第七章：阿兹特克联盟 第八章：希腊人的氏族 第九章：希腊人的胞族、部落和民族
第二编：（管理观念的发展） 第一章：以性别为基础的社会组织 第二编第二章：易洛魁人的氏族 第二编第三章：易洛魁人的胞族 第二编第四章：易洛魁人的部落 第二编第五章：易洛魁人的联盟 第二编第六章：加诺万尼亚族系其他诸部落的氏族 第二编第七章：阿兹特克联盟 第二编第八章：希腊人的氏族 第二编第九章：希腊人的胞族、部落和民族 第二编第十章：希腊政治社会的建立 第二编第十一章：罗马人的氏族 第二编第十二章：罗马人的库里亚、部落和民族 第二编第十三章：罗马政治社会的建立 第二编第十四章：世系从女系到男系的转变 第二编第十五章：人类其他部落中的氏族	第十章：希腊政治社会的建立 第十一章：罗马人的氏族 第十二章：罗马人的库里亚、部落和民族 第十三章：罗马政治社会的建立 第十四章：世系从女系到男系的转变 第十五章：人类其他部落中的氏族 第三编：家族观念的发展 第一章：古代家族 第二章：血婚制家族 第三章：伙婚制家族 第四章：偶婚制家族和父权制家族 第五章：专偶制家族 第六章：与家族相关的制度的顺序 第四编：财产观念的发展 第一章：三种继承法 第二章：三种继承法（续）

① 在这里，《摘要》的目录采用的是人民出版社1978年版的单行本，但其中翻译根据《马克思恩格斯全集》中文第1版第45卷进行了改动。《古代社会》采用的是中央编译出版社2007年版的译本。

很明显，马克思没有按照原书结构依次进行摘录，而是对原书结构作了较大改变。具体而言，在《古代社会》中论述"家庭观念的发展"和"财产观念的发展"的第三编和第四编，在《摘要》中被放在第二部分和第三部分，从而将摩尔根的第二编（题为"政治观念的发展"）放在了更靠后的位置。

摩尔根的论述次序——"各种发明和发现所体现的智力发展→政治观念的发展→家族观念的发展→财产观念的发展"——从整体看来具有某种程度的历史唯心主义的倾向。因为这是从上层建筑到经济基础的理论进程，即，先论述政治观念，然后才过渡到家族观念和财产观念。而马克思在《摘要》中把论述顺序调整为"各种发明和发现所体现的智力发展→家族观念的发展→财产观念的发展→政治观念的发展"。这就将物质力量放在更重要的位置，历史唯心主义的论述也就被转换为历史唯物主义的论证。可以说，《摘要》在整体结构上与《古代社会》之间的差异，有助于我们理解和把握马克思晚年的经验人类学所包含的社会观、历史观和国家观等主要内容所具有的唯物主义特点，有助于确定它与马克思此前所确立的唯物史观在内容和价值取向上的一致性。

二 《摘要》的唯物史观立场

技术发展与社会形态之间的关系，是马克思在《摘要》中重点关注的内容。基于唯物史观的基本立场，马克思一贯认为，人类的各种发现和发明在体现人的智力发展的同时也体现着人类的技术发展，而后者所呈现的物质形态，在很大程度上反映了社会的发展阶段。

众所周知，在马克思的历史观念中，存在三次社会大分工：（1）第一次社会大分工，即农业从畜牧业中分离出来；（2）第二次社会大分工，即手工业从农业中分离出来；（3）第三次社会大分工，即商业的产生。但是，在《摘要》之前，马克思对于这种社会大分工的论证是不够充分的，也没有分析分工形成的技术原因以及它对社会发展的影响——尽管他在《德意志意识形态》中对此有所涉及。在这个意义上，《摘要》可以被看做是马克思借助经验证据，充分论证技术、社会分工与社会发展之间内在关系的重要文献。摩尔根在《古代社会》中所论述的大量实证性材料及其相关结论，几乎被马克思完全接受。

在《古代社会》中，摩尔根将人类的社会文化发展形态划分为三大阶段，并且在此基础上又细分为七小阶段，即：（1）蒙昧时期的低级阶段、中级阶段和高级阶段；（2）野蛮时期的低级阶段、中级阶段和高级阶段；（3）文明社会（时期）。由此构成"低级蒙昧社会→中级蒙昧社会→高级蒙昧社会→低级野蛮社会→中级野蛮社会→高级野蛮社会→文明社会"①的演变线索。而摩尔根对社会发展阶段进行分类所采用的标准，就是技术的发展。在低级蒙昧社会，其代表性的技术形态还没有形成；到了中级蒙昧社会，就已经具有了标志性技术——火的使用；而高级蒙昧社会分期所依据的则是弓箭（这一阶段开始的标志）和制陶术（这一阶段结束下一阶段开始的标志）。野蛮社会同样如此。野蛮社会的初级阶段，其标志是制陶术的出现；中级阶段的标志是动物饲养和农作物（主要是玉蜀黍）的种植；而高级阶段则是冶铁术的发明和使用铁器。就此而言，蒙昧时期与野蛮时期的典型区别标志有两个，一个是制陶术，一个是种植植物。毫无疑问，前者代表着手工业，而后者则是指农业的发展和成熟。②可以说，摩尔根的社会发展七阶段理论的一个鲜明特色，就是较科学地论证了技术发展对于社会分工和社会发展的影响。这方面的材料基本被马克思纳为有效的经验证据，用于印证自己的唯物史观。

但是，马克思的思想仍没有止步。他在摘录《古代社会》有关技术发展的材料时，不仅是为了一般地搞清楚技术发展与人类社会的关

---

① 〔美〕摩尔根：《古代社会》上册，杨东莼、马雍、马巨译，北京：商务印书馆1983年版，第9—16页。

② 这里需要注意，摩尔根与马克思恩格斯关于社会大分工的论述存在差异。在前者那里，手工业的出现似乎更早一些，农业的出现则稍晚；而马克思恩格斯则认为农业的出现及其与畜牧业的分离处于更早的历史时期。

系，而且还是为了寻找他一直以来批判的焦点——私有制——的产生根源。其中，比较重要的是关于"园圃"的论述。

马克思曾摘录到，在野蛮时代的低级阶段就已经出现了园艺（horticulture），也就是小规模地种植农作物，而与园艺相对应的"所有（占有）形式"是园圃（garden，*hortos*）。园艺种植技术的出现导致了最原始的土地私有形式的出现。因为园圃就是指**"为了种植作物而围起来的场地"**①。尽管只凭围栏的出现尚不足以证明土地私有制度就已成型②，但毫无疑问，这种行为意味着一种占有（并进而所有）的观念产生。更重要的是，园艺的发展以及与之相应的园圃的发展，必然会导致土地等不动产的私有化，从而导致私有制和私有观念不可避免地出现。③

三 《摘要》的命名及其整体定性

现在被我们称作《路易斯·亨·摩尔根〈古代社会〉一书摘要》的这部笔记性质的文献，本身是没有被命名的。如果说这部文献的内容比较单一，那么，如何命名就不会引起太多争论。但是，假如其内容本身就充满张力，那么，后来的阐释者如何对它进行命名就非常值得研究。如果福柯所揭示的那种知识—权力的辩证关系是可以合理接受的，并足以构成我们分析思想史和文化现象的一种有效模型，那么，有关《摘要》的命名，就不仅仅是对真理的追求，其所包含的话语权渴望也是非常明显的。毋宁说，这部《摘要》的名称，在一定程度上反映出阐释者对其核心思想和理论宗旨的理解。

客观而言，《马克思恩格斯全集》中文第 1 版第 45 卷对《摘要》的命名是"保守"的。更广泛地说，编译者对马克思的这些晚年笔记基本上都采取一种近似"无为"的方式，其命名原则也是简单明了，不偏不倚。也就是说，马克思所摘抄的对象是何人何书，那么这篇笔记

---

① 《马克思恩格斯全集》第 45 卷，北京：人民出版社 1985 年版，第 333 页。
② 同上书，第 391 页。
③ 同上书，第 559 页。

就被命名为《×××〈……〉一书摘要》（有时会加上所摘录著作的版次）。比如：马克思摘抄了亨利·萨姆纳·梅恩的《古代法制史讲演录》，那么关于这些内容的笔记就被命名为《亨利·萨姆纳·梅恩〈古代法制史讲演录〉（1875年伦敦版）一书摘要》；如果摘录的是约·拉伯克的《文明的起源和人的原始状态》，那么相关内容就被命名为《约·拉伯克〈文明的起源和人的原始状态〉（1870年伦敦版）一书摘要》，等等。同样，马克思关于《古代社会》的摘录也是采取这种方式命名。

这应该是编译者对待文本的一种合理态度和做法，但是，研究者显然不满足于此。为了准确反映出马克思摘抄这份笔记的内容及其真实意图，研究者往往希望对其赋予新的命名。但是，"一百个人眼里会有一百个哈姆雷特"，对于这部《摘要》如何命名，学术界存在各种争论。

如前所述，苏联学者将这组笔记称之为"古代社会史笔记"，或简称为"笔记"。之所以如此，主要原因在于他们大多延续了恩格斯的思想传统，即，从恩格斯的《家庭、私有制和国家的起源》出发来理解马克思。据考证，苏联在出版俄文版时，曾舍弃了马克思关于梅恩和菲尔著作的摘要，而将摩尔根的著作摘要单列出版。由于人们很容易想到关于摩尔根著作的摘要对于恩格斯的《家庭、私有制和国家的起源》的作用，因此，这一举动被认为是"用恩格斯的研究来看待它们"，而马克思本人的思想反而被忽视了。此外，苏联学者的这种命名方法还有另外一层意图，那就是为了突出《资本论》，亦即，将马克思晚年的这些笔记手稿依附于《资本论》，视之为对《资本论》思想的进一步印证。由于《马克思恩格斯全集》中文第1版主要是依据俄文版翻译过来的，因此中国学者绝大多数沿用了苏联的这一命名。① 黄楠森在《马克思主义发展史》中明确指出，这些笔记应该称之为"古代社会史笔

---

① 《马克思恩格斯全集》第45卷，北京：人民出版社1985年版，"前言"。

记"。①

  但是，这种做法受到许多批评。很多学者提出，要"把手稿还给马克思"，并重新对马克思的手稿进行命名。② 正是在此背景下，美国人类学家劳伦斯·克拉德在整理出版这些笔记时，将其命名为《卡尔·马克思的民族学笔记》（简称为"民族学笔记"）。他认为，"马克思摘记的所有这些民族学资料，都是取自论述人类社会进化问题的著作"③，因此"民族学笔记"似乎是一个更为恰当的名称。应该说，这个命名得到较多人的认可，甚至有些苏联学者也把它称为"民族学笔记"。而在国内学界，随着对马克思晚年笔记研究的深入，"古代社会史笔记"这一名称同样开始受到质疑。有学者试图用其他名称替代之。如北京大学的王东就倾向于将这组笔记称为"国家和文明起源笔记"。

  对这种分歧情况，我国学者杜章智在关于马克思晚年笔记的研究文章中指出，不管是那种情况，"都是研究者想通过取名给这些笔记定性"④。这些命名方式的背后，反映出编纂者和研究者对于《摘要》的内容实质和理论宗旨的整体性理解与把握。

---

① 黄楠森等主编：《马克思主义哲学史》第3卷，北京：北京出版社1991年版，第329页脚注。
② 〔美〕克拉德：《〈卡尔·马克思的民族学笔记〉评介》，载《马列主义研究资料》1987年第2辑，第176页。
③ 同上书，第177页。
④ 杜章智：《国外对马克思晚年人类学笔记的研究》，载《马列主义研究资料》1987年第1辑，第158页脚注。

第七章 《摘要》的重要理论观点

分析《摘要》的整体结构和整体性质,对于理解历史唯物主义思想具有重要作用。然而,《摘要》的理论意义更多地存在于它所蕴含的重要理论观点。况且,近年来学界针对《摘要》的整体性分析已然取得了不少成果,但对它的细致分析还略显不足。本章即试图在这方面对《摘要》进行挖掘。

一 从 societas 到 civitas

马克思关于社会发展形态的最明确表述是在《〈政治经济学批判〉序言》中。他说:"大体说来,亚细亚的、古代的、封建的和现代资产阶级的生产方式可以看做是社会经济形态演进的几个时代。"① 一般认为,马克思在使用"亚细亚的"、"古代的"和"日耳曼的"等术语描述社会形态时,通常是把亚细亚的社会形态等同于原始社会,把古代的社会形态等同于奴隶社会,把日耳曼的社会形态等同于封建社会。但是,如果这样,那么社会历史的发展形态无疑就是单线的,似乎三者之间只是一种前后相继的关系。

但是,历史发展绝非这么简单,马克思自己也认识到这一点。至少在《摘要》中,马克思提出了两个新的概念,即 societas 和 civitas,试图解决这个问题。societas 被译为"社会",civitas 则被译为"政治社会"

---

① 《马克思恩格斯全集》第 31 卷,北京:人民出版社 1998 年版,第 413 页。

或"国家";前者是以氏族为基础的,后者则以地域和财产为基础。① 这样一来,整个历史就可以划分为两个阶段:第一个阶段是以"血缘"为基础的社会(societas),而第二个阶段则是以地缘和财产为基础的国家或政治社会(civitas)。在社会(societas)阶段,由于不存在私有财产问题,所以人们之间基本上是自由的,个人的权利也能够得到保证,但这种保护是通过氏族成员之间进行的,"氏族制度的基本特点,就是氏族成员相互依靠以保护个人权利";而到了政治社会(civitas),氏族阶段的特点消失了,公民开始接受的是国家和法律的保护。② 此时,社会开始出现分化。我们在《摘要》中可以看到,氏族制度的个人权利虽然没有强有力的国家和法律保护,但这种个人权利却是普遍的,不仅仅男子具有(政治)权利,即使妇女也有一定的权利。而到了政治社会,作为公民的个体权利得到了强化,但是能够真正享有权利的个体的范围却缩小了。

《摘要》举例指出,在像古罗马这样的政治社会中,只有公民享有权利;而所谓的"公民",实际上是指那些服兵役的人。③ 于是,要成为一名公民,就需要一定的物质条件,因为他们必须自己购置武器装备。另外一个更重要的前提是,他们还必须是自由人。

而符合上述两个条件的人只能来自两个部分:一部分是"贵族",一部分是"平民即plebs"。当社会转变为政治社会时,原来氏族的元老逐渐转化为政治社会(国家或城邦)的贵族,而普通成员则转化为普通公民。在这个转换过程中,真正能够享有自由的人逐渐变少,他们的权利也不能得到全部的保障。根据摩尔根的论述以及马克思的总结,政治社会中的人数可能不断增加,但真正享有权利的人却日趋减少。享有全面权利的只有那些贵族,而平民的权利受到了一定限制。对那些外来者而言,他们甚至都算不上平民。马克思明确指出:"摩尔根认为被保

---

① 《马克思恩格斯全集》第45卷,北京:人民出版社1985年版,第541页。
② 同上书,第536页。
③ 同上书,第550—551页。我们还可以从亚里士多德的《政治学》中来论证。在古希腊,公民指的是那些应召参战者,是能够保护城邦的自由人。参见〔古希腊〕亚里士多德:《政治学》,北京:商务印书馆1982年版,第110页。

护人从一开始就是平民的一部分,这是不正确的。"① 即使有一部分人可以算作平民,他们所享有的权利也是与原著民不一样的。

从社会(societas)到政治社会(civitas)的转换。实际上是一种理论需要。正如梅耶·弗特斯(Meyer Fortes)所言,"与严格建立在'血缘'纽带之上的原始社会这种历史上的古代社会形式相比较,'政治社会'并没有与某种具体的发达社会的'类型'或'阶段'直接相关。摩尔根的'社会'与梅恩的法律意义上的'地位'基本等同,但'地位'没能反映古代社会的特征,而与'地位'相对应的'契约'却被认为是'进步的'(progressive)社会的标志"②。正是这个标志,马克思才得到了他想要的内容。梅恩论述了社会从"身份"向"契约"的转化,摩尔根论述了社会从"社会"向"政治社会(国家)"的转化,而马克思对二者进行综合,最终提出了从以血缘为主要特征的原始社会向以财产所有为基础的阶级社会的发展历程。

二 家庭与依附关系

马克思为什么会对资本主义之前的古代社会产生兴趣?回答这个问题时,我们必须始终明确一点,即,马克思在《摘要》中所关注的绝不仅仅是原始社会,而是资本主义社会之前的各种社会形态。换言之,马克思在《摘要》中所使用的"古代社会"不等同于原始社会,而是等同于原始社会、奴隶社会和封建社会之总和。这是因为,马克思在讨论"古代社会"时,其社会形态的跨度从原始社会一直延伸至封建社会。因此,"古代社会"就类似于社会学中经常讨论的"传统社会"。而与传统社会相对立的则是"现代社会",或者说是资本主义社会。在这里,马克思确立了"古代社会(传统社会)—现代社会(资本主义社会)"这个二元框架。

---

① 《马克思恩格斯全集》第 45 卷,北京:人民出版社 1985 年版,第 551 页。
② Meyer Fortes, 1969. *Kinship and the Social Order. The Legacy of Lewis Henry Morgen*, pp. 219 – 220.

马克思对于这种二元对立的讨论没有局限于纯粹的理论构思。晚年的他已把更多的论证放在了经验素材上，力图深入历史的深处和细节。在《摘要》中，马克思试图通过对人类家庭结构（包括亲属制度和婚姻制度）的剖析来探寻私有财产和私有观念的产生，并由此论证相应的人身依附关系的呈现形态。

在《摘要》中，对于古代社会的对偶制家庭，马克思不是仅仅讨论它的社会构成，毋宁说，他所讨论的是这种家庭中的所有制关系以及人与人之间的各种关系，比如家庭之父与家庭成员之间的关系，家庭成员与家庭奴隶/奴仆之间的关系。在这里，马克思通过大量的经验材料证明，在资本主义社会之前的社会形态中，人与人之间是一种绝对的人身支配关系。在这种社会状态下，处于被支配地位的人是没有人身自由的。

马克思指出，家庭（*familia*）是氏族发展到一定阶段的产物，它本身是对氏族的否定。如果说氏族还强调平等，那么，家庭本身就已包含越来越多的不平等。马克思在《摘要》中说："*familia* 一词的原义与**成婚的配偶**或他们的**子女**并没有关系，而是指从事劳动以维持家庭并处于**家庭之父**（*pater familias*）的权力支配下的**奴隶和仆役的团体**。"① 这说明，在马克思看来，财产制度才是确定家庭发展形式和发展阶段的最关键的标准。对于父权制家庭而言，其根本标志并不在于配偶的多寡，而在于是否存在家庭之父，他是否对家庭创造的财产拥有所有权，以及，其他家庭成员是否处于依附地位。如果拥有这种"绝对所有权"，那么这个家庭就是父权制家庭。在历史上，这种家庭所处的阶段就是（原始）社会发展的较高阶段，即，野蛮时代的高级阶段。② 也就是说，在原始社会时期，人与人之间的支配关系就已经通过家庭关系而展开了。家庭就是一种"支配关系"，即，家庭成员被家庭之父所支配。这种支配关系"以**缩影**的形式包含了一切后来在社会及其国家中广泛发展起来的对抗"③。

---

① 《马克思恩格斯全集》第45卷，北京：人民出版社1985年版，第366页。
② 同上书，第364—365页。
③ 同上书，第366页。

不过，马克思讨论这个问题的目的是什么呢？这就需要借助《摘要》之前的文本，尤其是《资本论》及其手稿——特别是《1857—1858年经济学手稿》中《资本主义生产以前的各种形式》一节（以下简称为《各种形式》）——来理解。

在《各种形式》中，马克思试图解决自由劳动（即雇佣劳动）的产生条件问题。在马克思看来，资本主义产生的两个必要条件是：资本和雇佣劳动。其中前者是死劳动，后者是活劳动。马克思更为看重后者。但在讨论雇佣劳动之前，他必须要澄清雇佣劳动的产生条件。因此，马克思才需要讨论"资本主义生产以前的"各种共同体形式。在马克思看来，在各种共同体中都存在着一个问题，即，其中所有处于被支配地位的人都没有人身自由，而如果没有人身自由，他们就不可能被投入市场而成为商品。在市场中，买卖双方必须对自己的商品具有绝对自由的支配权。统治阶级（如资本家）对自己的商品（如资本）的支配权毋庸置疑，因为他们本身就是财产（如资本）的完全所有者。但是，劳动者是不是对自己的商品（劳动力）具有支配权呢？这个问题就需要进行历史的考察。在资本主义以前，劳动者本身没有人身自由，所以他们对自己的商品（劳动力）并无绝对的支配权，他们与封建主之间的人身依附关系使得他们只能听从后者的支配和使唤。在此条件下，资本主义的产生是不可能的。马克思在《摘要》中，就是要通过具体的经验材料来对劳动者所经历的人身依附关系予以人类学的论证。

三 父权制的双重支配

如果说对家庭关系的宽泛讨论仍不能充分证明前资本主义社会的强烈的人身依附关系，那么，马克思对于父权制（Patriarchy）的家庭形式的讨论则或许能够对此作出更加精细的论证。

无论是摩尔根的《古代社会》、马克思的《摘要》，还是恩格斯的《家庭、私有制和国家的起源》，都关注到四种家庭形式——血缘家庭（Consanguine Family）、普那路亚家庭（Punaluan Family）、对偶制家庭

（Syndyasmian Family）和专偶制家庭（Monogamian Family）。但马克思和摩尔根还注意到了父权制家庭的特殊功能和地位。在马克思看来，父权制家庭的历史意义主要体现在以下几个方面：

首先，父权制家庭跨越了很长的社会发展阶段，并牵涉到诸多的社会（或者说共同体）。在《摘要》中，马克思提到，这种制度广泛存在于野蛮时代的高级阶段，而且一直延续到了文明社会。此外，从空间上看，它广泛存在于闪米特人部落、古希腊和古罗马社会等共同体之中。这说明，父权制家庭并非昙花一现，而是对历史发展产生着广泛影响的家庭制度，而且在一定意义上可以看做是从母权制家庭向父权制家庭过渡的关键环节。①

其次，父权制家庭产生了一种新的财产权形式。在普那路亚家庭中，几乎还没有"私有"财产权这种形式，即使是在对偶制家庭中，普遍存在的也是一种"共产制"，也就是说，对偶制家庭"在生活中实行共产制的原则"②。但在父权制家庭中，尽管财产制度仍有"共产"性质，但"私有"属性更加突出。马克思在《摘要》中强调指出，在婚姻形式上，对偶制和父权制家庭具有相似处，③ 但在财产制度上，父权制则与对偶制产生了重大的实质性区别。在对偶制中，财产的"共产"性质占主导，因而不管是男性还是女性，都有处置财产的权力。但在父权制家庭中，只有"家庭之父"才有家庭财产的"绝对所有权"和"支配权"。

---

① 需要说明的是，这里需要注意两种父权制家庭，一种是狭义上的父权制家庭，即本文这一部分将要讨论的内容，另外一种则是广义上的父权制家庭，它除上述内容外，还包括后来出现的与文明社会相适应的"专偶制家庭"。马克思认为，"父权"在对偶制家庭中只有一些微弱的形象，没有形成主流，它是"在专偶婚制下才完全确立"。《马克思恩格斯全集》第45卷，北京：人民出版社1985年版，第365页。

② 《马克思恩格斯全集》第45卷，北京：人民出版社1985年版，第360页。

③ 不管是对偶制还是父权制，都是一对多的婚姻形式，即一位丈夫（或妻子）对应着多位妻子（或丈夫），区别在于对偶制中占主导的（即"一"的一方）既可能是男性，也可能是女性（"每一位男人在若干妻子中有一个主妻，反过来女人也是如此"）；而父权制家庭中占主导的只能是男性（"父权制家庭……以一男数女的婚姻为基础"）。因此，马克思认为一对多的婚姻形式并不是父权制家庭的根本特征。《马克思恩格斯全集》第45卷，北京：人民出版社1985年版，第362、337页。

马克思将在家庭中的支配权视为父权制的核心特征，但更应注意的是，这种支配权具有双重内涵，其一是对财产的支配权，其二是对人身的支配权。马克思认为，父权制家庭必须实现对人的控制，让"若干数目的非自由人和自由人在父权之下组成一个家庭"，同时在控制人的基础上去控制财产"占有土地并看管羊群和其他畜群"。因而，对家庭成员和家庭财产进行支配的权力必须为家长所控制。①

在这种双重控制中，对人的控制占据主导地位。不过，这种控制虽然"把许多人置于前所未闻的奴役和依附关系之中"，然而，它却开始部分地实现人的个性的发展。因此，马克思认为，相对于以前的家庭形式而言，"**父权制家庭**标志着人类进步中的一个特殊时期，这时**个人的个性开始升到氏族之上**，而早先却是湮没于氏族之中的"②。在一定意义上，正是父权制家庭打开了走向文明社会的大门，并为人的自由个性的发展奠定了基础，从而构成走向专偶制家庭的关键形式。

四　法律的起源及其功用

在《1857—1858年经济学手稿》中，马克思就解释过法律与经济之间的关系，认为不同时代的法律只不过是对当时生产形式的反映，而资产阶级的法律哲学却割裂了法律与经济关系之间的联系，仅仅将之视为纯粹的观念的产物。③ 在《资本论》中，马克思基本上持同样的观点。④ 除了这些"宏大叙事"的理论之外，马克思并没有从技术和实证层面对法律进行详细论述，我们认为，或许这正是哈贝马斯"指责"

---

① 《马克思恩格斯全集》第45卷，北京：人民出版社1985年版，第364页。
② 同上书，第365页。
③ 《马克思恩格斯全集》第30卷，北京：人民出版社1995年版，第29页。马克思指出，"每种生产形式都产生出它所特有的法的形式……（资产阶级学者）把有机地联系着的东西看成是彼此偶然发生关系的、纯粹反思联系中的东西"。
④ 马克思在《资本论》第1卷关于工厂立法的讨论中，就已经指出了资产阶级法律与代表着资本主义生产形式的机器大工业之间的依赖关系。参见《马克思恩格斯文集》第5卷，北京：人民出版社2009年版，第13章第9节的相关论述。

马克思主义缺少系统法律思想的原因。

马克思对法律的分析方式完全可以视为一种独立的法哲学体系。即使在《摘要》中，马克思也一贯地认为，法律是经济关系的反映。① 但是，晚年马克思的讨论没有局限于此，在《摘要》中，他就论及法律的某些具体来源。比如，论述继承法时，马克思就指出法律与习俗之间的密切关系。马克思指出，在某种程度上，继承法这种法律规定就是习俗的制度化发展。因为通过立下遗嘱来处理财产的这种习惯"应当说以前就已存在，因为梭伦只是把**习惯法**变为了**实在法而已**"②。

重视习惯法在法律中的地位，强调法律是对民族精神的历史体现，这是德国法学界历史学派的典型思路。由于对习惯法的强调，所以历史法学派往往容易流于保守，并常常为当时落后的普鲁士政府进行辩护。因此，早在1842年，马克思就曾撰写《历史法学派的哲学宣言》来批判历史法学派的代表人物胡果和萨维尼等人。但是，随着研究的深入，尤其是随着马克思的研究转向实证研究，他的法律思想似乎逐渐开始与历史法学派碰撞乃至契合（因为强调实证精神也是历史法学派的重要特征之一）。正是在这个意义上，我们能从《摘要》中看到马克思对这一法学流派的重新审视和批判性吸收。马克思甚至认为，将习俗制度化为法律是广泛存在于各种社会中的："**希腊人、罗马人、希伯来人的最初的法律——在文明时代开始以后——**主要只是把**他们前代体现在习惯和习俗中的经验的成果变为法律条文。**"③

但是，上述关于法律条文的起源分析只是一种历史现象学的分析，它仅仅指出了法律从习俗演化而来的过程，但对这种演化的动力学机制并未说明。要理解这一点，仍要回到马克思的历史唯物主

---

① "政治的、宗教的、法律的以至一般哲学的体系"都是受制于家庭变化，从而受制于经济关系。参见《马克思恩格斯全集》第45卷，北京：人民出版社1985年版，第363—364页。

② 《马克思恩格斯全集》第45卷，北京：人民出版社1985年版，第396页。

③ 同上书，第389—390页。

义，以求得法律的社会基础和经济根源。在《摘要》中，马克思注意到，在罗马时代，正是父权制的经济属性决定了它对家庭内部的支配权和对家庭外部的自主权。而罗马时代的家庭法则反映并进一步巩固了这种属性。

此外，马克思在《摘要》中还明确指出了法律的双重功用，即，保护人们的财产，规范人们的行为和社会生活。对于法律的前一功用，我们不难发现它与经济之间的互动关系——经济关系决定法律，而法律反作用于经济关系："**管理机关和法律建立起来，主要就是为了创造、保护和享有财产。**"① 而法律的后一功用在氏族社会中就已经出现了，其中显著的就是对人们暴力行为（尤其是血亲复仇）的制约。

五　私有制与国家的起源

在《德意志意识形态》等早期文本中，马克思认为国家实际上是一种"虚幻的"共同体。它之所以具有"虚幻性"，是因为它没有真正实现或代表全体成员的共同利益，而仅仅是在"普遍利益"的形式下掩盖它对某种特殊利益的保护。但是，如果说马克思对国家的早期分析主要是静态的和纯理论的，那么，在《摘要》中，马克思对国家的形成则进行了动态的、历史的和实证的分析。他在摩尔根（以及其他人）关于古希腊罗马史的研究成果的基础上，论述了从氏族向国家（政治社会）的演变过程。

在本章第一部分，我们就讨论过从 societas 到 civitas 的社会发展模式。现在，我们需要将这种发展的进程揭示出来。马克思在《摘要》中的摘录和论述表明，国家的形成基本上遵循"从氏族转变为德莫，进而发展为地区性部落，最后发展出真正意义上的国家"这一规律。② 在

---

① 《马克思恩格斯全集》第 45 卷，北京：人民出版社 1985 年版，第 377 页。
② 相应的最高执政者也从氏族酋长发展为德莫赫和执政官、执法官等。《马克思恩格斯全集》第 45 卷，北京：人民出版社 1985 年版，第 524 页。

资本主义社会之前，国家就已经是最高级的政治组织形式。① 当然，这个过程是一个逐渐融合的过程。因为政治社会是在"德莫或市区的基础上建立起来，德莫的全体居民不分氏族和部落而组成**一个政治整体**时，**融合**就完成了"②。当人们通过融合而建立起政治团体后，它们（德莫、地区部落和国家）也就代替了氏族、胞族、部落等社会形式。

这种发展的内在动力是经济因素，准确而言，是私有制在这个发展过程中起到了革命性影响。马克思在《摘要》中认为，从"第一届奥林匹克大会期间（公元前776年）"到梭伦改革，是从 societas 向 civitas 过渡的关键期。此时的经济制度和政治制度发生了一系列根本的变化。从政治制度上看，通过梭伦改革，雅典的政治社会的雏形已基本形成。而这是通过个人占有财产的多寡从而确定阶级之后实现的。因为按照梭伦的改革，社会成员被分成四个等级之后，其中只有拥有一定财产的前三个等级才能担任行政职务，第四个等级则只能通过参加公民大会等形式来参与政治。正是出于这一原因，马克思特别摘录说，"**支配政府的是财产而不是人数**"③。

从经济上看，梭伦时代的社会财产也已经大多为个人所占有，因此造成人们的流动性增强。要知道，在氏族时代，土地等财产的共有会阻止社会成员的流动。因为他们的财产与他人的财产联系在一起，在迁移过程中，他的财产转移意愿不一定与其他人一致。但是，当土地等财产变为私有以后，个人财产能得到比较自由的处置，从而更多地摆脱了此前的人身束缚。④ 社会成员能够"**在其他地方添置产业**，要使一个氏族的人继续**聚居在一起**就越来越困难了。他们的社会制度的单位在地域方

---

① 马克思认为，国家就是政治发展的最高层。他说："**地域组织的第三层即最后一层，是雅典国家。**"参见《马克思恩格斯全集》第45卷，北京：人民出版社1985年版，第524页。
② 《马克思恩格斯全集》第45卷，北京：人民出版社1985年版，第446页。
③ 同上书，第555页。
④ 马克思摘录道："到了**梭伦时代，土地和房屋已经归个人占有**，他们**有权将土地（而不是房屋）转让于氏族以外**。"这无疑为人们的自由迁徙和流动提供了便利。参见《马克思恩格斯全集》第45卷，北京：人民出版社1985年版，第522页。

面和性质方面都变得不稳定了"①。"**不管地域如何：同一氏族中的财产差别使氏族成员的利益的共同性变成了他们之间的对抗性**。"② 最后，"由于**氏族制度不能适应社会的变得复杂的需要，氏族、胞族和部落的所有民政权力就逐渐被剥夺，移交给了新的选民团体**"③。在这个意义上，财产拥有的差别和人员的重新组合直接导致阶级国家的出现。

---

① 《马克思恩格斯全集》第 45 卷，北京：人民出版社 1985 年版，第 522 页。
② 同上。
③ 《马克思恩格斯全集》第 45 卷，北京：人民出版社 1985 年版，第 514 页。

第八章 《摘要》的当代阐释

在上一章，我们主要依据文本的结构和内容，澄清《摘要》本身的思想主旨，接下来，我们将从文本出发，对《摘要》进行合理的当代阐释，以实现思想史和现实的对接。许多学者已经注意到，《摘要》显示出马克思研究重心的转移，即，从对英法德等先进资本主义国家过渡到了相对落后的东方社会。正是这种转移促使马克思重新思考唯物史观的适用性问题，进而考察该原理能否与"具体历史环境中的特殊情况相结合……揭示其特殊的发展的规律"①。可以说，正是马克思晚年对东方社会的分析，为此后的社会主义实践提供了更为丰富和直接的思想指导。通过对《摘要》的当代阐释，马克思学说的现实意义将会得到更多揭示。这种阐释至少可以从如下四个方面展开。

一 从哲学人类学到经验人类学

一般说来，《摘要》是对唯物史观的经验论证，但是，如果坚持一种融贯论的立场，那么值得思考并回答的问题是，应该如何看待《摘要》与马克思此前的文本和思想之间的关系？这里所涉及的当然不仅仅是《摘要》和马克思早期著作的关系，而且包括青年马克思与老年马克思的关系问题。虽然有些学者认为，青年马克思和老年马克思之间存在人道主义和科学主义的对立，但在克拉德等人看来，二者

---

① 黄楠森等主编：《马克思主义哲学史》第 3 卷，北京：人民出版社 1991 年版，第 352—353 页。

在目的上并没有根本差别，或者说，马克思前后期的理论目的是同一的，不同的只是论证手段。克拉德等人的基本观点是，马克思是从哲学人类学走向了经验人类学。但这里需要进一步解释：什么是"人类学"？为什么说马克思的早期著作是"哲学人类学"，而晚期思想则属于"经验人类学"？

所谓"人类学"，"从词源上说是'人的研究'——它是关于人类研究最全面的学科群。全面性在于它与整个人类社会的地理学的和年代学的范围相关联。事实上，它是人类科学中唯一研究其体质的和社会文化的两个方面的学科"①。遵从这一定义，人类学主要涉及的是人的生物性本质以及人类特有的社会文化现象等内容。相应地，人类学可以被划分为体质人类学和文化人类学。前者基本归于实验科学的范畴，而后者则主要关注人类与其生存环境的关系，其中涉及社会文化、风俗习惯乃至人的类本质等内容。

马克思的早期著作之所以被认为具有哲学人类学色彩，是因为马克思在其中着重论述了"一系列哲学人类学的论点……如，家庭、市民社会和国家的相互关系（见《黑格尔法哲学批判》）；人在社会和自然中的异化（见《1844年经济学哲学手稿》）；人通过自己的劳动以及在社会中的各种关系产生人本身的学说（见《德意志意识形态》和《神圣家族》）；以及用人的具体化反对抽象化（见《关于费尔巴哈的提纲》）"②。此时的人类学内容基本上是理论层面的，属于哲学性质。

而在《摘要》中，马克思对人以及人的社会关系的考察已完全超越了思辨的抽象和哲学的论证，他将自己的理论基础切实地置于现实的经验之上。在《摘要》中，马克思在论述人的发展时，主要是通过人与自然之间的互动关系中进行的。这里的自然是人类直接接触的自然界，而不是马克思早期思想中的人化自然。后者虽然也是物质的，但它

---

① 中国人类学会编：《国外人类学》（1），中国人类学会编印1981年版，第1—2页。
② 〔美〕克拉德：《马克思的民族学笔记》，载《马列主义研究资料》1985年第1辑，第193—194页。

主要是从人的对象化维度，在论证人与自然的互动性的过程中所引出的哲学概念。马克思在《摘要》中指出，人的发展是与对自然界的改造分不开的，对人的不同发展阶段的判定也主要依据人类对自然界的利用程度：当人只能以原生态的、未加改造的自然物为生存资料时，人就处于蒙昧时期的低级阶段；当人能够初步使用包含着对自然的改造对象（比如"火"）时，人就过渡到蒙昧时期的中级阶段；当人类开始自己制造工具并用这些工具扩大自己的生存空间时，人就过渡到了蒙昧时期的高级阶段，等等。

不仅如此，在《摘要》中，马克思对人类社会关系的考察也是通过一种自然的血缘关系而进行的。比如，对于人类的婚姻制度和家庭制度，马克思就认为，它们的构成要素是以"血缘"或"血统"为基础的亲属关系和以姻亲或婚姻为基础的亲属关系。对这些关系的考察无不是经验性的，而非哲学或理论上的论证。①

经验人类学的方法不仅涉及有关人类亲属和婚姻制度等社会关系的论述，还涉及其他更高级的社会关系。比如，在论述财产关系时，马克思明确指出，专偶制家庭作为一种充分发达的家庭形式，开始明确亲子关系，并最终据此确定财产所有权及其继承关系。马克思进而断言："无论怎样高度估计财产对人类文明的影响，都不为过甚。"② 也就是说，马克思在历史唯物主义中所断言的财产关系（作为生产关系的法律表达形式）等经济基础的作用，在这里不再仅仅是一种理论假设，它已经获得了较充分的经验证据支撑。

马克思的思想主线是一以贯之的，无论早年还是晚年，马克思都以"人"作为自己理论的最终旨归。只不过，对"人"的本质及其崇高地位的论证，马克思在不同时期使用了不同的方法。或许有人认为，马克思成熟阶段或晚年时期的思想更成熟、方法更科学，但是马克思从来没有明确说过要抛弃早年的思想，尽管他确实有所

---

① 《马克思恩格斯全集》第45卷，北京：人民出版社1985年版，第342页。
② 同上书，第377页。

反思。毋宁说，只有全面考察马克思，历史地看待马克思不同时期的思想，我们才能充分了解一个动态的、活生生的、有血有肉的马克思。也只有这样，才能真正拥有一种科学的、完整的马克思主义理论。

二　唯物史观与世界史观

《摘要》是对唯物史观的验证和发展。后来的马克思主义者根据《摘要》等晚年笔记以及马克思恩格斯晚年关于东方社会的其他论述，提出在东方相对落后国家实现社会主义的可能性，并取得了实践的成功。同时，"随着世界历史的发展，各个国家发展的不同特点愈来愈明显"，其各自的革命道路也"愈来愈引起马克思主义继承人的关切和思考"。[①] 因此，在理论上，有学者试图根据人类学笔记和历史学笔记，提出了"世界史观"理论："马克思从中年到晚年，从不惑之年的《资本论》创作到晚年四大笔记的探索，思想发展的主导趋势和基本趋向，是从以实践观为核心的唯物史观，走向以世界市场为经济原点的世界史观、全球史观。"在他们看来，唯物史观主要强调"历史发展有机体中物质生产层面"，而世界史观则"注重总体性、系统性、有机性的思想"。结合对《资本论》写作计划的分析，他们认为"以世界市场为根基形成的世界历史思想，既是《资本论》体系构想的最终逻辑归宿，又是晚年马克思在四大笔记中考察各种问题，尤其是重新考虑东西方社会主义道路的基本理论前提。这种以世界市场为基点的世界史观、全球史观，是马克思唯物史观自身包含的题中应有之义，又是它自身发展中的新高度、新境界、新水平"。[②]

[①] 黄楠森等主编：《马克思主义哲学史》第3卷，北京：人民出版社1991年版，第338—339页。

[②] 王东、贾向云：《马克思晚年哲学创新的思想升华：从唯物史观到世界史观》，载《教学与研究》2011年第3期，第6—9页。

应该承认，这种观点比较新颖，而且整体上坚持了马克思主义。但问题在于，"世界史观"是否是一种新的理论形态或一个"总体性、系统性、有机性"更强的思想体系？即便人们承认"世界史观"，又该如何看待唯物史观与世界史观之间的关系？

实质上，世界史观与唯物史观并不对立。在关于唯物史观的论述中，马克思不仅强调物质生产的根基性，而且强调物质生产之外的上层建筑的地位和作用。换言之，国家和法律等相关理论都包括在唯物史观之中。一般认为，马克思在《德意志意识形态》中对唯物史观视野下的国家问题进行了初步论述。而在《〈政治经济学批判〉序言》中，马克思谈到了两种变革，"一种是生产的经济条件方面所发生的物质的、可以用自然科学的精确性指明的变革，一种是人们借以意识到这个冲突并力求把它克服的那些法律的、政治的、宗教的、艺术的或哲学的，简言之，意识形态的形式"[①]。具体到《摘要》，马克思在其中大量论述技术及私有财产等经济因素的决定性作用时，同样没有放弃针对国家和法律问题的证明。

况且，在《摘要》中，马克思确实把理论边界推向了此前很少论及的原始社会，但它没有涉及对现代文明社会尤其是资本主义社会的直接论述；它确实涉及政治社会的成立和法律观念的初步形成，但是它对近现代史上影响至深的各种法律思想关注不多；它确实在技术发展和社会发展之间建立了联系，但是这早在此前的文本中得到了论证和说明。所以，很难说《摘要》反映出一种全新的、"总体性、系统性、有机性"更强的历史观念体系。毋宁说，《摘要》所揭示的人类古代社会的发展状况，是通过对摩尔根研究成果的吸纳而在时间上和空间上对唯物史观的一种补充和加强。或许，《摘要》以及马克思的其他人类学笔记中确实在研究范式上都有所转变，但这种转变仍然是在唯物史观的框架内进行的。

---

① 《马克思恩格斯文集》第 2 卷，北京：人民出版社 2009 年版，第 592 页。

三 马克思晚年思想的"再发展"

马克思晚年的笔记作品不仅使很多人认为马克思已经"慢性死亡",而且断定他在思想上出现了所谓的"决裂中断"。对于这样的判断,我们基本上持否定态度。

首先,从著作上看,不管是《资本论》还是《摘要》,马克思都在坚持唯物史观,并不断对其进行完善和发展。《资本论》是对唯物史观的证明,《摘要》同样是对唯物史观的论证,甚至在一定意义上可以看做是《资本论》"文本群"中的重要组成部分。

举例来说,马克思在《资本论》第1编的论证实际上可以视为货币的产生史。其大体思路是:从一般性商品的属性出发,通过不断发展,最终发展到商品的典型形式——货币。马克思认为,从商品出现直至发达的现代资本主义社会,商品经历了四个阶段,其"价值形式或交换形式"也主要有四种类型,即(1)简单的、个别的或偶然的价值形式,(2)总和的或扩大的价值形式,(3)一般价值形式,以及(4)货币形式。在这四种类型中,马克思分别使用了一种模型加以表示,如下图所示:

(1) 简单的、个别的或偶然的价值形式
$$x \text{ 量商品 } A = y \text{ 量商品 } B$$
(20 码麻布 = 1 件上衣)

(2) 总和的或扩大的价值形式
z 量商品 $A = u$ 量商品 B,或 $= v$ 量商品 C,或 $= w$ 量商品 D,或 $= x$ 量商品 E,或 $=$ 其他
(20 码麻布 = 1 件上衣,或 = 10 磅茶叶,或 = 40 磅咖啡,或 = 1 夸特小麦,或 = 2 盎斯金,或 = 0.5 吨铁,或 = 其他)

(3) 一般价值形式

$$\left.\begin{array}{l}1 \text{ 件上衣} = \\ 10 \text{ 磅茶叶} = \\ 40 \text{ 磅咖啡} = \\ 1 \text{ 夸特小麦} = \\ 2 \text{ 盎斯金} = \\ 0.5 \text{ 吨铁} = \\ x \text{ 量商品} = \\ \text{其他商品} = \end{array}\right\} 20 \text{ 码麻布}$$

(4) 货币形式

$$\left.\begin{array}{l}20 \text{ 码麻布} = \\ 1 \text{ 件上衣} = \\ 10 \text{ 磅茶叶} = \\ 40 \text{ 磅咖啡} = \\ 1 \text{ 夸特小麦} = \\ 0.5 \text{ 吨铁} = \\ x \text{ 量商品} = \\ \text{其他商品} = \end{array}\right\} 2 \text{ 盎斯金}$$

然而，尽管《资本论》给出了这种科学的结论，但没有给出丰富的历史资料佐证之。即使是马克思有关社会形态的历史发展分析，也只是一种理论，没有经验材料证明。而《摘要》为我们提供的内容，能够很好地弥补《资本论》的这一"缺陷"。

在《摘要》中，马克思曾借助《伊利亚特》来论证当时的物物交换的商业形式，其中提到说："当时尚不知铸币……'从那时起，长发的希腊人开始买酒：/有的用青铜，有的用发亮的铁，有的用牛皮，还有一些人用活牛，又有一些人用奴隶'。"随后，马克思进行了概括总

结,并且给出了一个理论模型图,① 如下

$$在这里\begin{cases}青铜\\铁\\皮\\牛\\奴隶\end{cases}=酒\begin{pmatrix}第三等价形式\\在这里酒=货币\end{pmatrix};\quad 而酒=青铜或铁或皮或牛\\(第二等价形式)。$$

通过上图不难发现,马克思认为,希腊人的商业比较发达,已经发展出"一般价值形式",也就是上图中所说的"第三等价形式",并且,马克思认为,这种形式明显要比"总和的或扩大的价值形式"发达。更重要的是,马克思在这幅图的下面还提到了"按重量来使用并以塔兰特为计算单位的金块"。尽管马克思在这里并未明确提出"第四等价形式"——货币,但潜在的意思是很明显的。从马克思的摘录和图示中,我们能够得到与《资本论》中同样的有关商品交换发展史的结论。只不过《资本论》更多是一种理论概括和分析,而《摘要》则是依据实证史料的证明。

此外,我们还可以从阶级斗争的角度来分析马克思思想的一致性。阶级的观点,不管是在马克思早期还是晚年,都是贯穿始终的一条思想主线。在《〈黑格尔法哲学批判〉导言》、《1844年经济学哲学手稿》、《神圣家族》乃至《德意志意识形态》等重要文献中,马克思无不强调阶级,尤其是对无产阶级在社会历史中的重要作用。同样地,阶级的观点在《摘要》中也没有消失。② 在论述政治社会的建立时,马克思用了

---

① 参见《马克思古代社会史笔记》,北京:人民出版社1996年版,第186页。
② 需要注意的是,马克思在《摘要》中使用的"阶级"概念意义更加宽泛。比如,他在论述古罗马的政治社会时,提到了罗慕洛的继承者努马试图将社会成员分为八个阶级。这里的阶级划分标准就不是财产,而是职业。在此意义上,阶级更等同于"等级"亦或"群体"。这种情况在马克思的其他文献中也有出现过。著名学者德拉佩(Hal Draper)正是看到"阶级"概念的多义性,才在其名著《马克思的革命理论》中对此概念进行了明确分析和界定。随着现代社会学的逐渐发展,阶级概念后来几乎成为马克思主义的专有名词。参见《马克思恩格斯全集》第45卷,北京:人民出版社1995年版,第553页;Hal Draper, *Karl Marx's Theory of Revolution*, Monthly Review Press, 1977, pp. 14 – 15.

大量篇幅讨论阶级划分与财产多寡之间的内在关系。比如，他指出，在雅典的阶级划分中，四个阶级的财产标准各不相同；从第一阶级到第三阶级分别为拥有 500 单位、300 单位、200 单位的颗粒产品和液体产品的人；没有达到这些标准的，则被划归第四阶级，成为不能担任行政职务的"雇工（Theten）"。① 不仅如此，马克思还指出，在经济基础上形成的家庭关系，本身也奠基于阶级关系及其压迫性质。他明确指出："专偶制家庭要能独立地、孤立地存在，到处都要以**仆役阶级**的存在为前提，这种仆役阶级最初到处都是直接由**奴隶**组成的。"②

无论是从文献还是从思想脉络上，都很难说晚年的马克思已经趋于思想的慢性死亡。相反，恩格斯的论述似乎更能启发我们如何理解马克思的这些笔记作品："马克思研究任何事物时都考查它的历史起源和它的前提，因此在他那里，每一单个问题都自然要产生一系列的新问题。他研究原始时代的历史，研究农学、俄国的和美国的土地关系、地质学等等，主要是为了在'资本论'第三卷中最完善地写出关于地租的章节，而在他以前没有人试图这样做过。"③《摘要》无疑印证了这一正确的评价。

---

① 《马克思恩格斯全集》第 45 卷，北京：人民出版社 1985 年版，第 519 页。
② 同上书，第 367 页。
③ 《马克思恩格斯全集》第 22 卷，北京：人民出版社 1965 年版，第 400 页。

第四部分　经典著作选编

  我们选编了马克思《路易斯·亨·摩尔根〈古代社会〉一书摘要》中的部分内容。选编的原则是：基于历史唯物主义视角，选录该笔记中能够反映和证明马克思唯物史观基本原理的历史材料及其评论。在版面上，我们把马克思的评注和他人著作中的话语用同样的字体排印，马克思所勾画的重点内容用黑体排印，但马克思的评注在开始和结束时都用特殊符号▮和▮标出。

马克思

路易斯·亨·摩尔根《古代社会》一书摘要（节选）

第一编 由各种发明和发现而来的智力发展

第一章

（Ⅰ）蒙昧期

（1）**低级阶段**。人类的童年；人类生活在他们最初居住的有限地区里；**以水果和坚果为食物**；**音节清晰的语言**开始于这一时期。这一阶段终止于**获得鱼类食物和用火的知识**。在人类有史时期已见不到处于这种状态的部落了。

（2）**中级阶段**。从**采用鱼类食物和使用火**开始。人类从最初居住的地区扩展到大部分地面上。现在还有处于这一阶段的部落：例如，**澳大利亚人**和**大多数波利尼西亚人**当他们被发现时就是这样。

（3）**高级阶段**。从**弓箭的发明**开始，以**制陶术**的发明告终。**哈得孙湾地区的阿塔帕斯坎部落、哥伦比亚河谷的部落以及北美和南美沿海一带的部落**，当他们被发现时都处于这种状态。

（Ⅱ）野蛮期

（1）**低级阶段**。从**制陶术｛的发明｝**开始。在下一（中级）阶段上，东西**两半球的自然条件的差异**具有了意义，不过可以**把下述发明当做对等现象：在东半球是动物的驯养**，而在**西半球——则是用灌溉法来种植玉蜀黍和其他植物并使用土坯和石块来建造房屋**。例如，**美国密苏**

里河以东的印第安人部落以及欧亚两洲那些已经知道**制陶术**但尚不知**驯养动物**的部落，都处于低级阶段。

（2）**中级阶段**。东半球从**驯养动物**开始，**西半球**则从用灌溉法来种植植物和使用土坯和石块来建造房屋开始。这一阶段终止于**铁矿石冶炼术**｛的发明｝。例如**新墨西哥、墨西哥、中美和秘鲁的村居印第安人**，以及**东半球**那些已经掌握动物驯养方法但尚**不知冶铁**的部落，都属于这一阶段。**古代布列吞人**也属于这个阶段；由于和欧洲大陆较进步的部落为邻，他们知道**用铁和其他生活技术**，这远远超过其本身社会制度的发展。

（3）**高级阶段**。从冶炼铁矿石、使用铁器等开始，终止于标音字母的发明和用文字书写作品。荷马时代的希腊部落、罗马建城（？）以前的意大利部落、凯撒时期的日耳曼部落，都处于野蛮时代高级阶段。

（Ⅲ）文明期

这一时期从标音字母｛的发明｝和文字记录的创作开始；石刻象形文字与此对等。

关于制陶术，特别是野蛮时期低级阶段的制陶术①

燧石器和其他石器比陶器古老；在古代的遗址中，常常发现燧石器和其他石器而**没有陶器**。在某种程度上控制了食物的来源从而开始过**村居生活、木制的器皿和家什、树皮纤维手织业、编制篮筐以及制造弓箭**，都出现在制陶术发明以前。例如**阿塔帕斯坎人、加利福尼亚的部落和哥伦比亚河谷的部落**都还不知道制陶术。在**波利尼西亚（汤加群岛和斐济群岛除外）、澳大利亚、加利福尼亚**和哈得孙湾地区，都不知道制陶术。泰勒指出："在远离亚洲的大部分岛屿上都不知道纺织"，"在大部分太平洋诸岛上都不知道制陶术"。**燧石器和其他石器**使人类制成了**独木舟、木制器皿和家什**，最后，也使人类在建造房屋时使用了**木材和木板**。在制陶术发明以前，人们烹煮食物的方法很粗陋：把食物放在涂

---

① 标题是马克思加的。——编者注

以粘土的篮筐里，或放在衬着兽皮的土坑里，用烧热的石头把食物弄熟。

村居印第安人，如苏尼人、阿兹特克人和乔卢兰人（野蛮期中级阶段），都制造大量陶器，品类繁多，质地优良；处于野蛮期低级阶段的美国半村居印第安人，如易洛魁人、乔克塔人和彻罗基人制造的陶器，数量不多，品种也有限。

戈盖——18世纪——谈到1503年访问过南美洲东南沿海的贡维尔船长，这位船长发现："他们的家什是用木头做的，甚至烹煮食物的壶罐也是如此，不过这些壶罐被涂上足有一指厚的某种粘土，用以防止被火烧毁"；照戈盖的说法，人们最初所使用的是涂上粘土的易燃的木制器皿，免被烧毁，后来发现单是粘土本身就能达到这种目的，"于是便出现了制陶术"。

按照印第安纳波利斯的爱·特·柯克斯教授的说法，对筑丘人时代的"古代陶器"进行分析的结果，证明这些陶器是用冲积粘土和沙砾合成的，或者是用冲积粘土和磨碎的淡水贝壳混合而成的。

不同的部落和族系的发展道路[①]

有一些在地理上与外界隔绝，以致独自经历了各个不同的发展阶段；另外一些则由于外来的影响而混杂不纯。例如非洲过去和现在都处于蒙昧时代和野蛮时代两种文化交织混杂状态；澳大利亚和波利尼西亚则曾经处于完完全全的蒙昧状态。美洲印第安人族系，和其他一切现存的族系不同，他们提供了三个顺序相承的文化时期的人类状态。当他们被发现的时候，他们体现着这三种状态的每一种，特别是体现着野蛮时代低级阶段和中级阶段，体现得比人类其他任何部分都更为精确、更为全面。极北地区的印第安人和北美南美一些沿海部落，都处于蒙昧时代

---

① 标题是马克思加的。——编者注

高级阶段；密西西比河以东的半村居印第安人，处于野蛮时代低级阶段；北美和南美的村居印第安人，处于野蛮时代中级阶段。

第一编　第二章
生存的技术

人类在地球上获得统治地位的问题完全取决于他们（即人们）在这方面——**生存的技术**方面——的巧拙。一切生物之中，只有人类可以说**达到了绝对控制（?!）食物生产的地步**（第19页）。人类进步的一切伟大时代，是跟生存资源扩充的各时代多少直接相符合的（同上页）。

(1) 在有限的居住地区以果实和块根为天然食物。原始时期，语言的发明。这种谋生办法是以热带或亚热带的气候为前提的。在热带炎日下出产水果和坚果的森林（第20页）。人类至少是部分地**栖息在树上（卢克莱修：《论物性》第5卷）。**

(2) **鱼类食物。**最早的一种**人工食物**；若不烹煮就不能充分食用；火首先就是用于这种目的。[**猎取禽兽**太靠不住，始终都不能成为维持人类生活的唯一手段。]自从有了这种新的食物以后，人类就摆脱了气候和地域的限制；他们**沿着海岸和湖岸，沿着河道**，即使在蒙昧状态中也可以散布在大部分地面上了。各大洲发现的燧石器和其他石器遗物，可以充分证明这种移居的事实。在把鱼类用作食物并向下一种食物过渡期间，**食物的品种和数量**有了显著的**增加**；例如，已开始在地炉中烘烤**面包薯**；由于**改进了武器**，特别由于有了**弓箭**，猎物数量不断增加；弓箭是继**矛**和**战棒**而起的武器；弓箭的发明给狩猎提供了第一种致命的武器，其发明时间在蒙昧时代末期。弓和箭标志着**蒙昧时代高级阶段**，正如铁剑标志着野蛮时代，**火器**标志着文明时代一样。**波利尼西亚人和澳大利亚人都不知弓箭为何物**（第21、22页）。

由于**所有这些食物来源都靠不住，所以在广大的产鱼地区以外，**人类便不得不采取**食人**的办法。**古代食人之风盛行，**这一点已逐渐得到了证实（第22页）。

(3) 由种植而获得的淀粉食物。

东半球的亚洲和欧洲部落，在野蛮时代低级阶段，一直到中级阶段快结束时，似乎还不知道**种植谷物**；相反，在**西半球，处于野蛮时代低级阶段的美洲土著**就已知道种植谷物；他们已有园艺。

两个半球的自然资源不一样：**东半球拥有一切适于驯养的动物和除一种以外的大部分谷物；西半球则只有一种**适于种植的作物，但却是最好的一种（**玉蜀黍**）。这就给美洲的土著造成了在这一时期的优越地位。但是，**到野蛮时代中期开始之时**，东半球最先进的部落**已驯养了提供肉类和乳类的动物**，他们虽然不知道谷物，但他们的情况却远胜于**有玉蜀黍和其他作物但却没有家畜的美洲土著。闪米特族系和雅利安族系从野蛮人群中分离出来**，大概就是从**驯养动物**开始的。

雅利安人发现和种植谷物晚于驯养动物，这一点，可由下面的事实证明：在雅利安语的**各种不同方言中，这些牲畜的名称彼此相同，而谷物或其他作物的名称彼此不同**。Ζέα 一词（唯一的例外），从语言学上看，相当于梵文的 *yavas*（但在印度语中是**大麦**的意思，在**希腊语**中则是"斯佩尔特小麦"的意思）。

园艺在田野农业之前，正如**园圃**（*hortos*）在农田（*ager*）之前一样；农田含有一定的地界之意，园圃则直接表示"**围起来的场地**"

▌〔*hortus*——**为了种植作物而围起来的场地**，园圃一词即由此产生；由这一词根产生 *cohors*（以及 *cors*，在一些抄本中是 *chors*），词义是一个场院、一块围以墙垣的地方、一个院落（也指牲畜圈栏）；可比较希腊文的 χόρτος，χορτός；拉丁文的 *hortus*，**德文的** *garten*，英文的 *garden*，*yard*（**意大利文的** *corte*，**法文的** *cour*，英文的 *court*），意大利文的 *giardino*，**西班牙文和法文的** *jardin*〕。▌

但是，**耕种土地一定早于围起来的园圃**；第一步，耕种小块的敞开的冲积土地带；第二步，**耕种围起来的一块园圃**；第三步，用**牲畜曳犁**耕种农田。我们不知道，**豌豆、蚕豆、萝卜、防风菜、甜菜**、*squash*

▌(马萨诸塞州的印第安人所种的一种南瓜)▐

和**甜瓜**这些植物中的某一种或若干种的栽培是否在谷物的种植之前。这些植物的名称,有几种在希腊语和拉丁语中是一样的,但是它们之中没有一种在梵语中同在希腊语和拉丁语中一样。

园艺在东半球的兴起,看来与其说是由于人类的需要,**倒不如说是由于家畜的需要**。在西半球,园艺是从种植**玉蜀黍**开始的;园艺在美洲导致了**定居的村落生活**;特别是在**村居印第安人**中,园艺表现了代替捕鱼和狩猎的倾向。由于有了谷物和其他作物,人类才第一次感觉到有可能获得丰富的食物,随着淀粉食物的出现,吃人的现象便消失了;这种现象在战时还残存着,在**野蛮时代中级阶段**的美洲土著中,例如在**易洛魁人和阿兹特克人**的战士中,交战双方也还吃人;不过它作为普遍现象来说已经绝迹了。(在蒙昧期,俘获的敌人是被吃掉的,在饥馑的时候连朋友和亲属也会被吃掉)。

(4)**肉类和乳类食物**。在**西半球除羊驼外,没有适于驯养的动物**。早期的**西班牙著述者**曾谈到在**西印度群岛**以及**在墨西哥和中美洲**人们驯养着一种"哑狗";他们也谈到美洲大陆有饲养**火鸡**及其他家禽的事;**土著们驯养火鸡**,而纳华特拉克部落则驯养几种野禽。

两个半球在这方面的差异以及在谷物品种方面的差异,在已达到了**野蛮时代中级阶段的那一部分人**的发展上,造成了显著的差别。

驯养动物,可以经常得到肉类和乳类食物;拥有家畜的部落便从其余野蛮人群中分离出来。**村居印第安人**只限于吃一种主要的食物,这对于他们是不利的;他们的脑子比**处在野蛮时代低级阶段的印第安人**的脑子要**小一些**。

雅利安人和闪米特人由于繁殖了大量家畜而处于优越地位。希腊人不仅挤牛奶和山羊奶,而且还挤绵羊奶(《**伊利亚特**》第4章第433行)。雅利安人{繁殖家畜}的规模又比闪米特人大。

动物的驯养——在东半球——在**幼发拉底河平原**和印度平原以及在

亚洲草原逐渐导致**畜牧生活**；动物的驯养最先出现在这些地方的某一处边缘地带。

所以，他们｛雅利安人和闪米特人｝是被吸引到这些地方来的，**这些地方根本不是人类的摇篮**，因此当他们还是**蒙昧人或低级阶段的野蛮人的时候，是不会居住**在这些地方的，**对他们来说，森林地带才是天然的家园**。当他们习惯于畜牧生活以后，不论雅利安人还是闪米特人，如果他们不先学会**种植一些谷物**，以便在**远离草原的地方饲养畜群**的话，那末他们便不可能带着自己的畜群重返西亚和欧洲的**森林地带去**。很可能，**谷物的种植**是**由于饲养家畜的需要**，并且是与向西方迁移有关的，而这些部落吃淀粉食物，也是这种情况的结果。

在**西半球，除了秘鲁的羊驼以外**，土著们没有任何家畜，**只依靠一种谷物，即玉蜀黍**，再加上菜豆、南瓜、烟草等，有些地方还有**可可、棉花和胡椒**，他们在这种条件下大部分已进入**野蛮时代低级阶段**，一部分已进入**中级阶段**。"玉蜀黍"由于它**在山地也能生长**，因而便于直接栽种，由于它**无论已熟未熟都能食用**，由于它的**产量高和营养丰富**，所以它是一种比较珍贵的天然产品，比其他所有谷物加在一起都更能促进人类早期的进步；这就是美洲土著**没有家畜而能达到显著进步的原因**；**秘鲁人生产青铜**，这个发明仅次于**冶炼铁矿石的技能**。

（5）通过田野农业而获得无限量的食物。

家畜以其畜力补充了人类的筋力，它是具有极大意义的新因素。后来，**铁的生产提供了装有铁铧的犁以及更为合用的锹和斧**。由于这类工具的出现，并且在以前的园艺的基础上，便产生了**田野农业**，从而**第一次提供了无限量的食物**。用畜力牵引的犁；因此，便产生了**把森林和野地开拓为耕地的思想**（卢克莱修，V，1369）。这样一来，就有可能在**有限的地区里容纳稠密的人口**。在田野农业出现以前，地球上任何一个地区都很难发展到 50 万人一起生活并处在一个管理机关领导之下。如果有例外的话，那一定是**平原上的牧畜生活**的结果，或在特殊和例外的条件下用灌溉改善了园艺的结果。

▌摩尔根把家庭形式分为以下各种（第27、28页）：▌

（1）血缘家庭；兄弟和姊妹群婚；马来亚式亲属制度就是建立在这种家庭形式的基础上的（而且现在已成了这种家庭存在的证据）。

（2）普那路亚家庭；这个名称来自夏威夷的普那路亚亲属关系。它是以几个兄弟和他们彼此的妻子的群婚或几个姊妹和她们彼此的丈夫的群婚为基础的。这里所用的"兄弟"一词，包括从（表）兄弟、再从（表）兄弟、三从（表）兄弟以及更远的从（表）兄弟，他们彼此都互认为兄弟；"姊妹"一词则包括从（表）姊妹、再从（表）姊妹、三从（表）姊妹以及更远的从（表）姊妹，她们彼此都互认为姊妹。土兰尼亚式和加诺万尼亚式的亲属制度都是建立在这种家庭形式的基础上的。这两种家庭形式都属于蒙昧期。

（3）对偶制家庭；来源于 $συνδυάζω$ 一词，意为配成对

▌[（$συνδυάς$——意为成双。欧里庇得斯）。被动语态：被配成对或被结合在一起；柏拉图，普卢塔克]，[$συνδυασμός$——配成对。普卢塔克]。▌

这种家庭的基础是一男一女结成配偶，但并不是独占的同居；它是专偶制家庭的萌芽。丈夫和妻子双方都可随意离婚或分居。这种家庭形式并没有创造出特殊的亲属制度。

（4）父权制家庭；以一男数女的婚姻为基础。在希伯来人的牧畜部落中，酋长和显要人物都实行多偶制。这一制度没有普遍流行，所以对人类的影响不大。

（5）专偶制家庭；一男和一女实行独占同居的婚姻；它主要是文明社会的家庭，本质上是现代的东西。在这种家庭形式的基础上建立了独立的亲属制度。

第三编 第一章
古代家庭

［最古是：**过着杂交的原始群的生活**；没有家庭；

在这里只有**母权**能够起**某种**作用。］

亲属制度以各种不同类型的家庭为基础；这些亲属制度又是它们所经历过的各种不同类型的家庭存在过的**证据**。

在迄今所见到的各种**亲属制度**中，**最古的亲属制度**是在**波利尼西亚人**中发现的；**夏威夷人**的制度可作为典型；摩尔根称它为**马来亚式亲属制度**。按照这种制度，所有的血缘亲属都归纳到以下的亲属关系中：**父母、子女、祖父母、孙子孙女、兄弟、姊妹**；没有其他**血缘亲属关系**；此外则为**姻亲关系**。这种血缘亲属制度是与"**血缘**"形式的**家庭**同时发生的，而且是这种家庭在古代存在过的证据；这种血缘亲属制度在**波利尼西亚人**中普遍流行，虽然他们的家庭已经从**血缘形式转为普那路亚形式**了。后者没有与前者完全**区别开来**，以致不足以引起以前者为基础的亲属制度发生**变化**。50年前，当美国传教会在散得维齿群岛建立时，**兄弟姊妹之间的结婚**在那里还没有完全绝迹。这种亲属制度必定也在**亚洲**流行过，因为它是迄今仍存在于亚洲的**土兰尼亚式亲属制度**的基础。

土兰尼亚式亲属制度曾普遍流行于**北美的土著**中；而且可充分证明它也在**南美**存在过；在非洲的某些地区也发现过这种制度，但是非洲各部落的亲属制度更接近马来亚式亲属制度。**土兰尼亚式亲属制度**现在还在**南印度**操达罗毗荼语的印度人中流行，在北印度则以改变了的形式在操戈拉语方言的印度人中流行；这种制度也以不充分发达的形式流行于**澳大利亚**。在土兰尼亚族系和加诺万尼亚族系的主要部落中，这种制度是由**普那路亚群婚制**和**氏族组织**引起的，氏族组织倾向于消灭血缘婚姻制度，因为它**禁止氏族内通婚**，这就排除了**亲兄弟姊妹之间的婚配**。

土兰尼亚式亲属制度承认**雅利安亲属制度**中的一切亲属关系，不过除此以外，它还承认雅利安亲属制度中所没有的那些亲属关系。在日常的和正式的问候中，人们彼此以**亲属的称谓**相称呼，而从来不用**个人的名字**；如果他们之间没有亲属关系，则互称"我的朋友"。

当美洲土著被发现时，他们的**家庭**已从普那路亚形式转变为**对偶制形式**，所以其**亲属制度**所承认的亲属关系在很多场合并不是实际存在于对偶制家庭中的亲属关系。不过，正如马来亚式亲属制度经历了由血缘家庭向普那路亚家庭的转变而继续存在一样，土兰尼亚式亲属制度经历了由普那路亚家庭向对偶制家庭的转变也仍继续存在。家庭形式比亲属制度改变得快，亲属制度只是随在后面记录家庭的亲属关系。把马来亚式制度改变成土兰尼亚式，需要氏族组织；推翻土兰尼亚式亲属制度而代之以雅利安式，需要**具体财产及其占有权和继承权**连同这种财产所创造出来的专偶制家庭。

闪米特人、雅利安人或乌拉尔人的亲属制度，标志着专偶制家庭中的亲属关系，这种亲属制度并不是**以土兰尼亚式制度为基础的**，不像土兰尼亚式制度以马来亚式制度为基础那样，而是在**文明**民族中**取代了土兰尼亚式制度**。

在五种家庭形式中，有四种一直存在到**有史时期**；只有血缘家庭消失了；但从马来亚式亲属制度中能够把它推断出来。

一男一女的婚姻从野蛮时代的较早时期起就已存在，它采取了在双方情愿期间**结成配偶的形式**。随着**社会的发展**，随着社会由于各种发明和发现而进入各个较高的依次相继的状态，这种婚姻便日益巩固。男子开始用残酷惩罚的办法来要求妻子忠贞不贰，但认为自己可以例外。**荷马时代的希腊人**就是这样。从荷马时代到伯里克利时代，有了进步，这种进步逐渐成为固定的制度。所以现代的家庭高于希腊和罗马的家庭；**专偶制的家庭和婚姻**在有史时期已有 3000 年之久的**历史**。旧的混杂的"**婚姻**"制度的发展，在于它逐渐缩小，直至它在专偶制家庭中化为乌有为止。五种家庭形式中的每一种都分别属于完全不同的社会状态。土兰尼亚式亲属制度记录着普那路亚家庭所有的亲属关系，直到专偶制家庭确立以前，直到这种亲属制度**几乎完全不符合血统关系的性质，甚至对专偶婚制来说简直是一种丑事的时候**，它在本质上始终没有发生变化。例如：在**马来亚式制度**下，一个男人称他兄弟的儿子为**自己的儿子**，因为他兄弟的妻子也是他的妻子；同样，**他姊妹的儿子也是他的儿子**，因为他的姊妹也是**他的妻子**。在土兰尼亚式制度下，根据同样的理由，一个男人的兄弟的儿子**仍然是他的儿子**，但**他姊妹的儿子**现在则是**他的外甥**，因为在氏族组织中他的姊妹已不再是他的妻子了。在易洛魁人中，家庭已经是对偶婚制，但一个男人仍称他兄弟的儿子为自己的儿子，**虽然他兄弟的妻子**已不再是**他的妻子**了；此外还有许多亲属称谓与**现存的婚姻形式**不相符合。这种亲属制度比它所由发生的习俗的寿命长，而且继续在他们中间存在着，尽管它基本上已不符合现存的血统关系。为了确定**子女的父亲和确定继承人的合法性**，便产生了专偶婚制。任何改革都不能使土兰尼亚式制度适应于专偶婚制；它和专偶婚制处于极端矛盾之中；**这种亲属制度被抛弃了，代替它**的是土兰尼亚各部落想确切表示**某一亲属关系**时所常用的**说明式的方法**。这些部落转而依据血统关系上的明白的事实，用**基本称谓的结合语**，来说明每个人对己身的亲属关系；他们这样说：**兄弟的儿子，兄弟的孙子；父亲的兄弟，父亲的兄弟的儿子**；每一个词组描述一个人，从而使亲属关系包含在里面；雅利安各民族的亲属制度的最古的形式，即存在于**希腊语系、拉丁语系、梵语系、克尔特语系、闪米特语系诸部落中**最古的亲属制度，就是这样（《旧约全书》，系谱）。土兰尼亚式制度的遗迹，在**雅利安民族和闪米特民族**中一直保留到有史时期，但它基本上已被废除，而为说明式取代。

每一种**亲属制度**都表达着在建立这种制度时期**存在于家庭中的实际亲属关系**。母亲和子女、兄弟和姊妹、外祖母和外孙子女之间的亲属关系（从任何一种家庭形式确立时起）始终是可以确认的，但是**父亲和子女、（外）祖父和（外）孙子女**之间的关系就不能这样说了；他们之间的亲属关系只有在专偶婚制下才是可靠的

‖（至少在形式上？）。‖

亲属制度分为**类别式**和**说明式**两种。

在第一种制度下，**血缘亲属**被"**分类**"为**各种范畴**，而不问**他们和己身关系的亲疏程度**；凡属同一范畴的人即以同一亲属称谓统称之。例如，**我的亲兄弟以及我父亲的兄弟的儿子**，同样都是**我的兄弟**；**我的亲姊妹以及我母亲的姊妹的女儿**，同样都是**我的姊妹**；马来亚式制度和土兰尼亚式制度都用这种分类法。相反地，在**说明式**制度下，血缘亲属是用**基本的亲属称谓**或用**这些称谓的结合语**来表示，这样使每个人对己身的亲属关系都有**特殊名称**。和专偶婚制同时产生的**雅利安人、闪米特人或乌拉尔人**的制度就是如此。后来又借助于**发明共同称谓**而采用了少量的分类法，但是**这种制度的最早形式**——**埃尔斯人和斯堪的纳维亚人**的亲属的制度是它的典型——是**纯粹说明式**的。这两种制度之所以有根本区别，是由于在一种情况下实行**群婚**，在另一情况下实行成对配偶之间的**个体婚**。

亲属关系有两种：

（1）由**血缘**或**血统**产生的；血缘亲属关系也有**两种**：（甲）**直系**和（乙）**旁系**；（甲）**直系**亲属关系是人们之间的关系；（乙）旁系亲属关系是**血统出自共同祖先的**人们之间的关系，而不是一个人出自另一个人；

（2）由**姻亲**或**婚姻**产生的；**由婚姻而产生的亲属关系**，以习俗为根据。在成对配偶的婚姻下，**每一个人都从己身来推算各个人的亲属等级**，并按照和己身的关系来确定这种等级。己身是处于**直系**之中的，**这一系是垂直的**。在这一直系上，由己身上溯和下推，就是一个直接的由父及子的各代**祖先和子孙**的系列；这些人的总和构成了**男性直系**。从这一**主系**产生一些**旁系**——男系和女系，由内向外排列数序；在各代只有一个兄弟和一个姊妹的情况下的最简单形式是：

第一旁系：男系，我的兄弟及其子孙；

女系，我的**姊妹**及其子孙。

第二旁系：男系，我的父亲的兄弟及其子孙；

女系，我的父亲的姊妹及其子孙；

男系，我的母亲的兄弟及其子孙；

女系，我的母亲的姊妹及其子孙。

第三旁系：从父方来说：

男系，我的祖父的兄弟及其子孙；

女系，我的祖父的姊妹及其子孙；

从母方来说：

男系，我的外祖母的兄弟及其子孙；

女系，我的外祖母的姊妹及其子孙。

第四旁系：曾祖父的兄弟和姊妹及其各自的子孙；

外曾祖母的兄弟和姊妹及其各自的子孙。

第五旁系：高祖父的兄弟和姊妹及其各自的子孙；

外高祖母的兄弟和姊妹及其各自的子孙。

如果我有好几个兄弟和姊妹，他们以及他们的子孙就构成相应地好几个独立的系统，但是他们的总和便构成我的**第一旁系**中的男系和女系两个分支，如此等等。

所有这些都被罗马民法家们简单地概括出来了［《**法学汇编**》第38卷第10章《关于亲属和姻亲等级及其关系》；查士丁尼《**法学通诠**》第3卷第6章：《关于亲属关系的等级》］；这种概括方法已为欧洲各主要民族所采用。

罗马人提供了一些特殊的称谓：*partruus*（伯叔父）和 *amita*（姑母）；*avanculus*（舅父）和 *matertera*（姨母）；*avunculus*（意即**小外祖父**）一词是由 *avus*（外祖父）一词来的，*matertera* 一词大概是由 *mater* 和 *altera* 组成的，意即另一个母亲。埃尔斯人、斯堪的那维亚人和斯拉夫人没有采用罗马人的这种说明方法。

两种基本形式——类别式和说明式——差不多是野蛮民族和文明民族之间的准确的分界线。

在每种亲属制度所由产生的各种关系已经改变或完全消失以后，还存在着保存这种亲属制度的强有力因素。

像土兰尼亚式制度那么复杂的制度，**在细节上出现一些差异**是很自然的。南印度的泰米尔人和纽约州的**塞讷卡－易洛魁人的亲属制度**，有200种亲属关系**仍然是相同的**。在操印地语、孟加拉语、马腊泰语的各民族以及**北印度的其他各民族**中，单独地存在着**这种亲属制度的一个变种**，即雅利安式制度和土兰尼亚式制度的混合物。一支文明民族——**婆罗门人**——和一群野蛮人融合了，前者的语言便溶化在上述各部落的新土语中；这些土语保持了原先语言的文法结构，但其中90%的单词都借用梵语。**两种亲属制度**在这里发生了冲突：一种是以专偶制或对偶制的婚姻为基础的，**另一种以群婚制为基础**。

在北美印第安人各部落中，**其家庭是对偶制的**，但是他们一般都居住在**公共宅屋中**并**在家户中实行共产制**。我们越向前追溯到**普那路亚家庭和血缘家庭**，则共同生活的集体越大，挤住在同一个住宅里的人数也就越多。**委内瑞拉沿海一带的各部落**，他们的家庭看来是普那路亚家庭，根据发现这些部落的西班牙人的记述（埃雷拉《美洲史》），他们住**在钟形的房屋里，每个房屋住160人**。丈夫们和妻子们群居在同一个房屋里。

第三编　第二章
血缘家庭

最原始**形式的家庭**，甚至在处于**最低发展阶段的蒙昧人**中都不再存在了。但是，这种家庭存在过的事实却被**一种血亲和姻亲制度**所证明，这种制度比它所由起源的婚姻习俗要延长**不知多少个世纪**。**马来亚式制度**；它所表示的是**只有在血缘家庭中**才能存在的那些亲属关系；存在于不知其持续时间多久的古代；**波利尼西亚居民**包括在这种制度内，虽然真正的马来亚人在某些方面已将它加以改变。**夏威夷式和洛图马式**就是典型；它们是最简单的因而也是最古老的。所有远近的血缘亲属，都被分为五个范畴：

第一范畴：己身、我的兄弟和姊妹、我的从（表）、再从（表）、三从（表）以及更远的从（表）兄弟姊妹——不加区别，统统是我的**兄弟和姊妹**（这里所用的"从（表）兄弟姊妹"一词是根据我们的理解来使用的；波利尼西亚人是不知道这种亲属关系的）。

第二范畴：我的父亲和母亲以及父母的兄弟和姊妹、父母的从（表）兄弟姊妹、再从（表）兄弟姊妹和更远的从（表）兄弟姊妹，——统统是**我的父母**。

第三范畴：我的祖父母和外祖父母以及他们的兄弟和姊妹，还有他们的各种从（表）兄弟姊妹，——统统是**我的祖父母**。

第四范畴：我的子女以及他们的各种从（表）兄弟姊妹，统统是**我的子女**。

第五范畴：我的孙子孙女以及他们的各种从（表）兄弟姊妹，统统是**我的孙子孙女**。

此外，同一等级或同一范畴的所有个人，都互为兄弟姊妹。

马来亚式制度的五个范畴或亲属等级，也出现在**中国人的"九族"制**中，九族就是另外加上两代祖先和两代后裔。

我的直系的或旁系的所有兄弟的妻子都**既是他们的妻子，也是我的妻子**；就妇女来说，她的直系的或旁系的所有姊妹的丈夫，也是她的丈夫。

各个旁系，无论上辈或下辈，都被**纳入和融合在直系之中**。所以，我的旁系的兄弟姊妹的祖先和后裔同样也成了我的祖先和后裔。

每一亲等的全体**成员**，不管世系远近，都属同一的亲属关系。

这种制度也存在于夏威夷人和洛图马人以外**的其他波利尼西亚部落中**，如马克萨斯群岛居民、新西兰的毛利人、萨摩亚居民、库赛埃岛居民以及**密克罗尼西亚的金斯米尔群岛居民**中；而且，在凡是有人居住的太平洋岛屿上，除了接近土兰尼亚人的地方以外，无疑也都流行这种制度。

这种制度是以**同胞兄弟和姊妹之间的通婚**为基础的，**随着婚姻制度的范围扩大也逐渐把旁系兄弟和姊妹包括了进去**。在这种血缘家庭中，**丈夫**过着**多妻**的生活，而**妻子**则过着**多夫**的生活。想在**原始时代找出其**

他任何可能有的家庭雏型都是困难的。当夏威夷人被发现时,这种家庭还没有完全在他们那里绝迹。

由此可见,这种制度是以同胞的和旁系的兄弟和姊妹之间的群婚为基础的。

这样的**丈夫**并不知道哪个**子女**是**他**自己生的;这是**他的子女**,因为这个子女是**他**的妻子之一,即他和他同胞兄弟或旁系兄弟所共有的妻子中间的某个妻子所生的。相反地,**妻子**却能把她自己的子女同他姊妹的子女区别开来;她可以说是他们的**继母**;但这个"范畴"在制度中是不存在的,所以她姊妹的子女也是**她**的子女。由这些共同的父母所生的**子女**,虽然能够辨别自己的母亲,但不能辨别自己的父亲,所以他们全都是**兄弟和姊妹**。

婚姻关系被推广到一切**承认存在兄弟和姊妹亲属关系**的地方;每个兄弟有多少同胞姊妹和旁系姊妹,他就有多少妻子,每个姊妹有多少同胞兄弟和旁系兄弟,她就有多少丈夫。

凡是在旁系中存在着**妻子关系**的地方,就必定要在直系中承认丈夫关系,反之亦然。

在南非的卡弗尔人中,我的从、表兄弟——父亲的兄弟的儿子,父亲的姊妹的儿子、母亲的兄弟的儿子,母亲的姊妹的儿子——的妻子,同样也都是我的妻子。

承认婚姻关系的集团越大,血亲婚配的弊害就越小。

1820年美国人在**散得维齿群岛**建立教会的时候,传教士们对两性关系大为震惊;他们在那里发现了尚未完全排除同胞兄弟姊妹的性关系的普那路亚家庭,男人过着多妻的生活,女人则过着多夫的生活;人们还没有达到氏族组织的阶段。在夏威夷人中,家庭的实际范围不可能有因婚姻关系而结合成的集团那样大。实际需要迫使他们划分成较小的集团以获得食物和互相保护。在普那路亚家庭中,和在血缘家庭中一样,很可能有些人随意从这一个小团体转到另一个小团体去。这样一来,便发生好像是夫妻彼此互弃和父母抛弃子女的现象,像海勒姆·宾汉牧师(散得维齿群岛的美国传教士)所记述的那样。在血缘家庭和普那路亚家庭中，都必然流行**生活上的共产制**，因为这是他们生存的必要条件。**共产制现在仍普遍流行于蒙昧和野蛮部落中**［每一个较小的家庭按理说都是整个集团的缩影］。

关于**中国的九族制**，参看《**血亲制度**》(《 Systems of Consanguinity etc.》) 第 415、432 页。

在柏拉图的《**蒂梅乌斯**》（第 2 章）中，理想国中的一切血亲都被分为五个范畴，而且每一范畴的妇女都是共有的妻子，子女都是父母共有的

‖（参看我的版本第 705 页第一栏）。‖

这里也是那五个原始的亲属等级。柏拉图是熟悉那些渊源于野蛮时代的希腊人和皮拉斯吉人的传说的，等等。他笔下的**亲属等级完全和夏威夷人的亲属等级相同**。

血缘家庭所表示的社会状态，表明先前

‖（在原始群中！）‖

存在过杂交状态，尽管达尔文对此怀疑（参看《**人类的起源**》第 2 卷第 360 页）。一旦**原始群**为了生存必须分成较小的集团，它就从杂交转变为**血缘家庭**；血缘家庭是第一个"有组织的社会形式"。

第三编　第三章
普那路亚家庭

普那路亚家庭曾在有史时期存在于**欧洲、亚洲和美洲**，在**波利尼西亚**则存在于本世纪中；它广泛流行于**蒙昧期**，在某些情况下则保存于已经达到**野蛮时代低级阶段**的部落中，而在布列吞人中，则还保存于已经达到**野蛮时代中级阶段**的部落中。

它是**通过逐渐排除同胞兄弟姊妹之间的婚姻关系的办法**而从**血缘家**

庭中产生出来的……它开始于几个孤立的事例，先是局部地实行，后来逐渐普遍，最后在比较进步的、但仍然处于蒙昧状态的部落中成为全体一律的事情……这一过程是自然选择原则发生作用的例证。

从澳大利亚人的级别制（见下文）中可以明显看出，这种级别制的最初目的是**排除同胞兄弟姊妹之间的婚姻关系，而保留旁系兄弟姊妹之间的婚姻关系**（参看这些级别的世系推算，第 425 页）。**澳大利亚人的普那路亚集团也像夏威夷人的普那路亚集团**那样，在一个集团中，丈夫的兄弟关系构成婚姻关系的基础；在另一集团中，妻子的姊妹关系构成婚姻关系的基础……**澳大利亚人以性别为基础的级别组织——这种组织产生了含有氏族萌芽的普那路亚集团——**可能曾在后来拥有氏族制度组织的人类的一切部落中流行。**氏族制度借助于它的基本规则永远排除了兄弟姊妹之间的婚姻关系，但在氏族组织产生以前，兄弟姊妹还往往包括在普那路亚家庭内**，就像既没有氏族组织也没有土兰尼亚式亲属制度的夏威夷人中的情况那样。

（1）**普那路亚家庭**：1860 年檀香山法官洛林·安德鲁斯在一封附有夏威夷亲属制一览表的信中说："**普那路亚的关系**颇为混乱不清。它的起源是这样的：两个或两个以上的兄弟倾向于共同占有他们的妻子，或者两个或两个以上的姊妹倾向于共同占有她们的丈夫；但在现代，这个词指的是**亲爱的朋友**或**亲密的伙伴**"。安德鲁斯法官所说的倾向，那种当时可能已经衰落的习俗，被他们的亲属制证明曾在**他们中间普遍流行**。接着就引用了传教士们提出的证据（参看第 427、428 页）。例如，这些岛①上最早的传教士之一、不久前去世的**阿蒂马斯·比舍普**牧师，也于 1860 年寄给摩尔根一种类似的一览表，他写道："亲属关系的这种混乱现象，乃是**亲属之间实行共夫共妻这一古老习俗**的结果"。因此，**普那路亚家庭集团是这样组成的：一种集团由几个兄弟及其妻子组成，另一种集团由几个姊妹及其丈夫组成**；每个集团都包括这类婚姻所生的子女。

---

① 夏威夷群岛。——编者注

在夏威夷人中，一个丈夫把他的妻子的姊妹称作自己的妻子；他的妻子的所有姊妹，不论直系或旁系，都是**他的妻子**。但是，他把**他妻子的姊妹的丈夫**称作普那路亚，意即**他的亲密的伙伴**；他的妻子的各种姊妹的丈夫，他也都如此称呼。**他们都处于集体的群婚中**。这些丈夫们可能不是兄弟，不然的话，**血缘亲属关系将会压倒姻亲关系**。但是，他们的妻子却都是直系或旁系的姊妹。在这种情况下，**妻子们的姊妹关系就构成这种集团的基础**，而丈夫们则相互处于普那路亚关系之中。

另一集团则以**丈夫们的兄弟关系**为基础，一个妻子把她丈夫的兄弟称作**自己的丈夫**；她丈夫的所有兄弟，同胞和旁系的，也都是她的丈夫，但是，**她丈夫的兄弟的妻子**对她来说则是**普那路亚的关系**。这些妻子，通常都不是姊妹，虽然在两个集团中无疑都有**例外**

❙〔以致兄弟们也都共同占有姊妹们，姊妹们也都共同占有兄弟们〕。❙

所有这些妻子们彼此都处于普那路亚的关系之中。

兄弟们不再娶自己的同胞姊妹为妻，而在氏族组织对社会充分发生影响后，也不再娶旁系姊妹为妻。**但在过渡时期，兄弟们仍然共有他们其余的妻子**。同样，姊妹们也不再以自己的同胞兄弟为夫，后来经过了一个长时期，也不再以自己的旁系兄弟为夫，但她们仍然共有她们其余的丈夫。

普那路亚集团的婚姻，说明了**土兰尼亚式的亲属关系**。{摩尔根}列举了经过蒙昧时代残存下来的普那路亚习俗的各种例证。凯撒（《高卢战记》）曾谈到处于**野蛮时代中级阶段的布列吞人**；凯撒说："**每10个或12个男子共妻，而且多半是兄弟和兄弟，父亲和儿子**"。野蛮人的母亲不会有 10 个或 12 个能够作为兄弟而有共同妻子的儿子们；但是，**土兰尼亚式亲属制度**却可以提供**许多兄弟**，因为远近的**从（表）兄弟**与己身同属于兄弟范畴。凯撒所说的"父亲和儿子"{*parentis gue cum liberis*}，可能是**若干姊妹**共夫这一事实的错误表述。**希罗多德曾谈到处**

于野蛮时代中级阶段的马萨格泰人（第 1 卷第 216 章）。希罗多德是这么说的："每个男人都只娶一个女子，但是他们共同享有女子们"，这句话看来指明了对偶制家庭的开端；每一个丈夫与一个妻子相配，这样她就成为他的主妻，但在该集团的范围内，丈夫和妻子仍然是共有的。马萨格泰人虽然不知道铁，但能用铜斧和铜矛为武器骑马作战，他们还会制造并使用四轮车（ἅμαξα）。因此，**不能设想他们是杂交的。希罗多德（第 4 卷第 104 章）**还谈到了阿加泰西人："**他们共有妻子，他们彼此可能是兄弟，他们作为同一家庭的成员，相互之间既无忌妒也无憎恶**"。对于希罗多德所提到的这些习俗以及其他部落中的类似习俗，用**普那路亚群婚制**来解释要比用多偶制或杂交来解释更合理。

埃雷拉（《**美洲史**》）说（指最早访问**委内瑞拉沿海部落**的航海者来到的时期）："他们在婚姻上不遵守任何法律和规定，而是愿意娶多少妻子就娶多少妻子，妻子们则愿意嫁多少丈夫就嫁多少丈夫。可以随意离异，而并不认为一方对另一方有任何损害。在他们之间不存在嫉妒这一类事情，全都按照自己的喜爱生活着，彼此互不生气……**他们居住的房屋大家是共有的，其宽大足以容纳 160 人**，虽用棕榈叶为房盖，但建筑牢固，外形如钟。"

这些使用**陶器**的部落，处于**野蛮时代低级阶段**。同一位**埃雷拉**谈到**巴西海滨的部落**时说道："他们住在 bohios 或大茅屋里，每个村庄约有 8 个大茅屋，茅屋里面住满了人，放着睡觉用的绳床或吊铺……他们过着野兽般的生活，根本不懂什么叫公正和礼节。"

当北美被发现时，**普那路亚家庭似乎已完全消失**，存在的是**对偶制家庭形式**，但是还保存着古代婚姻制度的**残余**。例如，现在至少在 **40 个北美印第安人部落**中还可以遇到一种习俗。如果一个男人娶了某家的**长女为妻**，那么，根据习惯，他就**有权把已达到结婚年龄的所有妻妹都娶作妻子**。虽然**多妻被普遍承认为男子的特权**，但由于一个人很难维持几个家庭，所以这种权利很少实行。以前，即在普那路亚习俗流行时期，同胞姊妹曾以姊妹关系为基础而加入婚姻关系之中；普那路亚家庭绝迹以后，长姊的丈夫如果愿意，仍然享有这种成为所有妻妹的丈夫的权利。这是古代普那路亚习俗的真正的再生。

(2) 氏族组织的起源

氏族的**局部发展**是在**蒙昧期**,而它的充分发展则是在**野蛮时代低级阶段**。不论是在澳大利亚人的级别制中,还是在夏威夷人的普那路亚集团中,都发现有氏族的萌芽。在澳大利亚人那里也发现有**氏族本身**,它以婚姻级别制为基础,并且**具有显然从这些级别中产生出来的组织**……它(氏族组织)的起源应该到在它以前就存在的社会的因素中去寻找,而且它只是在产生以后经过一个长时期才达到**成熟**。

在澳大利亚人的级别制中,我们发现了**古老形式的氏族的两条基本规则:禁止兄弟姊妹之间结婚和按女系来计算世系**……当氏族出现时,**子女处于他们的母亲的氏族之内**。级别制具有**产生氏族制的自然适应性,这是十分明显的**……所以在澳大利亚,我们就看到这样一个事实:在那里,氏族(实际上)**是和一个先行的、更古老的组织有联系的,这种组织仍然是社会制度的单位**,——它的位置后来为氏族取代。

在夏威夷人的普那路亚集团中也发现有**氏族的萌芽**,但这只限于按照习俗由若干拥有共同丈夫的同胞和旁系姊妹组成的**女子支系**。这些姊妹及其子女和女系后裔,**确切地提供了一个古老类型的氏族人员组成情况**。在这里,世系必然由女系追溯,因为**子女的父亲**不能很有把握地确定。这种特殊的群婚形式一旦变成一种确立的制度,**氏族的基础便奠定了**。夏威夷人并没有把这种自然的普那路亚集团变成**氏族**,即变成**一种**只包括这些母亲及其子女和女系后裔的**组织**。但是**氏族的起源**,却应该到**以母亲们的姊妹关系为基础**的那种集团(像夏威夷人集团那样)中去寻找,或者到与此类似的、以同样的结合原则为基础的澳大利亚人集团中去寻找。**这种形式的集团中的某些成员及其某些后裔,在血缘亲属关系的基础上组织成氏族**。

氏族起源于这样的**家庭**,这种家庭**由一群实质上与氏族的人员组成相一致的人组成**。

一旦**氏族得到充分发展并且对社会发挥了充分的影响,"妻子的数量便不像以前那样充足而变得稀少了"**,因为氏族趋向于"缩小普那路亚集团的范围，终于使它完全消灭"。氏族组织在古代社会占了统治地位以后，**对偶制家庭**便逐渐在普那路亚家庭内部产生。当对偶制家庭开始出现，普那路亚集团开始消亡时，**就用购买和抢劫的办法来寻找妻子**。氏族组织在普那路亚集团中产生之后，就把它出生的地方破坏了。

（3）土兰尼亚式或加诺万尼亚式亲属制度

这种亲属制度和古老形式的氏族组织，通常是一起被发现的。家庭是一个能动的要素，它从来不是静止不动的，而是由较低级的形式进到较高级的形式。反之，**亲属制度**却是被动的；它把家庭经过一个长久时期所发生的进步记录下来，并且只有当家庭已经根本变化了的时候，它才发生根本的变化。

‖［同样，政治的、宗教的、法律的以至一般哲学的体系，都是如此。］‖

土兰尼亚式亲属制度表现了存在于**普那路亚家庭中的实际亲属关系**，它也是这种家庭形式曾经存在过的证据。这种亲属制度，在它所由产生的**家庭形式**从而也是**婚姻形式**都已消失，普那路亚家庭为对偶制家庭所代替以后，还在亚洲和美洲一直保存到今天。在**塞讷卡－易洛魁人**的亲属制度（它可以作为**美洲加诺万尼亚部落的典型**）和南印度泰米尔人的亲属制度（它可以作为亚洲**土兰尼亚部落**的典型）中，同一个人的两百种以上的亲属关系都是相同的（参看第447页及以下各页的**对照表**）。自然，在不同的部落和民族中，亲属制度也存在着某些差异，但并不是本质的差异。所有的人在作问候时都用亲属称谓；在**泰米尔人**中，如果**受问候者比问候者年幼**，则必须用**亲属关系的称谓**，如果比问候者**年长**，则用亲属称谓或个人名字均可；在**美洲土著**中，一律必须用**亲属关系的称谓**。在专偶婚制破坏了土兰尼亚式亲属制度以前，这种制度也是古代氏族中每一个人得以追溯他本人同本氏族中任何一个成员的亲属关系的方法。

塞讷卡－易洛魁人的亲属，祖父（Hoc'-sote）、祖母（Oc'-sote）、孙子（Ha-yä'-da）和孙女（Ka–yä'-da），被认为是上行系列和下行系列中最远的亲属关系。

"兄弟姊妹"的亲属关系并不是笼统的，而是具有"长"和"幼"的双重形式，各有特殊的称谓：

兄——*Ha'-je*；弟——*Ha'-gǎ*；

姊——*Ah'-je*；妹——*Ka'-gä*。

同一个人对己身的亲属关系，在许多情况下，都因己身的性别不同而不同。

第一旁系。对塞讷卡的男子来说，**他兄弟的子女是他的子女**（*Ha-ah'-wuk* 和 *Ka-ah'-wuk*），他们每个人都称他为父亲（*Hä'-nih*）。同样，**他兄弟的孙子孙女都是他的孙子**（Ha-yä'-da，单数）**和孙女**（*Ka-yä'-da*）；他们每个人都称他为祖父（*Hoc'-sote*）。可见，他兄弟的子女和孙子孙女**与他自己的子女和孙子孙女是处于同一范畴的**。

其次，对**塞讷卡的男子来说，他姊妹的儿子和女儿都是他的外甥**（*Ha-yǎ'-wan-da*）**和外甥女**（*Ka-yǎ'-wan-da*），他们每个人都称他为**舅父**（*Hoc-no'-seh*）。可见，"外甥和外甥女"的亲属关系，只限于一个男子的同胞和旁系**姊妹**的子女。

这些外甥和外甥女的子女，也和前一种场合一样，都是他的孙子孙女，他则是他们的祖父。

对**塞讷卡的女子**来说，这些亲属关系就有一些关系是不同的了：**她兄弟的子女**，是她的**内侄**（Ha-soh'-neh）和**内侄女**（Ka-soh'-neh），他们每个人都称她为**姑母**（*Ah-ga'-huc*）（内侄和内侄女这两个称谓不同于塞讷卡男子使用的｛外甥和外甥女｝那两个称谓）；这些内侄和内侄女的子女，是她的孙子孙女。

她**姊妹的子女**是她的子女，他们每个人都称她为**母亲**（Noh-yeh'）；他们的子女是她的孙子孙女，都称她为**祖母**（Oc'-sote）。这些**儿子和内侄的妻子**都是**她的儿媳**（Ka'-sä），这些女儿和内侄女的**丈夫**都是她的**女婿**（Oc-na'-hose），他们也以相应的称谓来称呼她。

第二旁系。对塞讷卡的男子和女子来说，父亲的兄弟是他或她的父亲，称他或她为儿子或女儿。可见，**父亲的所有兄弟**都列入"父亲"这一亲属关系之中。他们的子女是**他或她的兄弟和姊妹**。换句话说：**兄弟们的子女都处于兄弟和姊妹的亲属关系中**。

对塞讷卡的男子来说，**这些兄弟们的子女是他的子女**，他们的子女是**他的孙子孙女**；**这些姊妹们的子女是他的外甥和外甥女**，而他们的子女则是他的**孙子孙女**。

对塞讷卡的女子来说，**这些兄弟们的子女是她的内侄和内侄女**，这些姊妹们的子女**是她的子女**；他们的子女同样都是她的**孙子孙女**。

对塞讷卡人来说，**父亲的姊妹**是**姑母**，如果这个塞讷卡人是个男子，她就称他为**内侄**。"**姑母**"这种亲属关系只限于**父亲的姊妹**以及对这个塞讷卡人来说处于父亲地位的**那些人的姊妹**；**母亲的姊妹**则除外，**父亲的姊妹的子女**是他的**表兄弟姊妹**（Ah-gare'-seh）。

对塞讷卡的男子来说：他表兄弟的子女是**他的子女**，而**他表姊妹的子女**则是他的**外甥和外甥女**。

对塞讷卡的女子来说：**她表兄弟的子女**是她的**表侄和表侄女**，而**她表姊妹**的子女则是他的**子女**。后者的所有子女都是他的或她的**孙子孙女**。

对塞讷卡的男子来说：**母亲的兄弟**是他的**舅父**；舅父称他为**外甥**；"**舅父**"这种亲属关系只限于**母亲的兄弟**——同胞或旁系的兄弟；父亲的兄弟则除外。**他舅父的子女**是他的**表兄弟和表姊妹**；他表兄弟的子女是他的子女，他**表姊妹**的子女是他的外甥和外甥女。

对塞讷卡的女子来说：她表兄弟和表姊妹的所有子女都是**她的孙子孙女**。

对男子来说：母亲的姊妹是我的母亲，母亲的姊妹的子女是我的兄弟和姊妹。这些兄弟的子女是我的子女，这些**姊妹**的子女是我的外甥和外甥女，后者的子女是**我的孙子孙女**。

对女子来说：这些亲属关系也和上面一样，应该倒过来。

对塞讷卡的男人来说：他兄弟和表兄弟的所有妻子，都是他的**嫂或弟妇**（Ah-ge-ah'-ne-ah），她们每个人称他为**姊夫或妹夫**（Ha-yǎ'-o）。

各种姊妹和表姊妹的所有**丈夫**都是我的**姊夫或妹夫**。

在美洲土著的**婚姻关系**中到处都保存着**普那路亚**习俗的**痕迹**。

在**曼丹人**中，我兄弟的妻子就是**我的妻子**，波尼人和阿利卡里人也是如此。在**克劳人**中，我丈夫的兄弟的妻子是"**我的女伙伴**"，在**克里克人**中，称为我的"**现在的共住者**"，在**蒙西人**中，称为"**我的女朋友**"，而在**温内巴哥人和阿查廷内人**中则称为"**我的姊妹**"。我妻子的**姊妹的丈夫**，在一些部落中称为"**我的兄弟**"，在另一些部落中则称为"**我的姊夫或妹夫**"，而在**克里克人**中，则称为"**我的小分居者**"（其意义如何且不去管它）。

第三旁系。这里要说的只是一个分支（四个分支中的一个分支；亲属关系也和第二旁系各个相应的分支相同）。

我父亲的父亲的兄弟是我的**祖父**，他称我为**孙子**。这就把祖父的兄弟们都列入祖父的这一关系中，从而防止了将**旁系的祖先遗漏在这一亲属关系之外**。这种把**旁系**融合到**直系**的原则，**既适用于上行系列，也适用于下行系列**。这种祖父的儿子就是我的父亲，他的子女就是我的兄弟姊妹，这些兄弟的子女就是我的子女，这些姊妹的子女就是我的外甥和外甥女，而兄弟姊妹们的子女的子女都是我的孙子孙女。如果己身是女，那末这一些亲属关系也和上面一样，都要倒过来。

第四旁系。这里要说的也只是这个旁系的一个分支。

我祖父的父亲的兄弟是我的祖父，他的**儿子**也是我的**祖父**，后者的儿子是我的**父亲**，他的子女是我的兄弟姊妹，而他们的子女和孙子孙女对己身的关系也和其他各个旁系相同。

第五旁系。分类法与第二旁系各相应的分支相同，只不过增加了更远的祖先而已。

在**塞讷卡－易洛魁人**中，存在着**岳父**（Oc-na'-hose）即妻子的父亲，以及**公公**（Hä-gä'-sä）即丈夫的父亲这两个称谓。前一个称谓也用来称呼女婿。此外，还有**继父**（Hoc'-no-ese）和**继母**（Oc'-no-ese）、**继子**（Ha'-no）和**继女**（Ka'-no）的称谓。在一些部落中，岳父和公公、岳母和婆婆彼此都有亲属关系，并有表示这种亲属关系的称谓。

上面所列举的亲属关系，几乎有半数**在土兰尼亚式和马来亚式亲属制度中是相同的**。

塞讷卡人和**泰米尔人**在亲属关系方面与夏威夷人**不同之处**，是在依兄弟姊妹能否通婚而定的那些亲属关系上。例如，在前两种人中，我姊妹的儿子是我的外甥，在后者中，则是我的儿子。**由普那路亚家庭代替血缘家庭**所引起的亲属关系上的变化，使**马来亚式**亲属制度转变为**土兰尼亚式**制度。

在**波利尼西亚**，家庭是普那路亚家庭；**亲属制度仍然是马来亚式的**。

在**北美**，**家庭是对偶制家庭，亲属制度仍然是土兰尼亚式的**。

在**欧洲和西亚**，家庭变成了专偶制家庭，亲属制度在土兰尼亚式趋于衰落并为**雅利安式**所代替以前，在一个时期内**仍然是土兰尼亚式的**。

在马来亚人移居太平洋诸岛前，马来亚式亲属制度必定曾在亚洲各处流行；（土兰尼亚式）亲属制度是以马来亚式的形态，从一个共同的**亚洲祖源**，随血统的流布而传给三大族系的祖先的；后来被土兰尼亚族系和加诺万尼亚族系的远祖把它变为现在的形态。

土兰尼亚式亲属制度中的主要亲属关系，是从**普那路亚家庭**产生出来的；由婚姻产生的某些姻亲关系已发生变化。丈夫的兄弟关系和妻子的姊妹关系构成了充分反映在夏威夷的**普那路亚习俗中的婚姻关系的基础**。从理论上说，**这一时期的家庭和由婚姻关系结成的集团大小相等**，但实际上，为了**居住和谋生的便利**，它必然细分成若干小家庭。布列吞人的 10 个至 12 个兄弟彼此共妻，这可以看做就是普那路亚集团的一般**分支的范围**。

共产制生活方式看来是**起源于血缘家庭的需要**，它在普那路亚家庭中**继续存在**，而在美洲土著中继续存在于**对偶制家庭**中，一直实行到他们被发现的时候。

‖（而南方斯拉夫人呢？甚至，在某种程度上来说，**俄罗斯人呢？**）‖

第三编　第四章
对偶制家庭和父权制家庭

当美洲土著被发现的时候，其中处于**野蛮时代低级阶段**的那一部分已经是对偶制家庭；他们成对婚配，形成了一种明确的、虽然只是部分地个体化的家庭。在这样的家庭中，包含着专偶制家庭的萌芽。

几个这样的**对偶制家庭常常居住在一座房子里**

▮ [像南方斯拉夫人的几个**专偶制家庭**那样]，▮

构成一个共同的家户

▮ [像南方斯拉夫人那样，在某种程度上也像农奴解放前后的**俄罗斯农民那样**]，▮

在生活中实行共产制的原则。这一事实证明，**家庭还是一个力量过于薄弱的组织**，不足以单独去克服生活上的困难；但这种家庭却是建立在**一男一女的婚姻**的基础上的。这时妇女**不仅仅限于是她的丈夫的主妻**；生育子女有助于婚姻关系的巩固和长久。

在这里，婚姻不是以"感情"为基础，而是以方便和需要为基础。**母亲们为自己的子女安排婚事**预先并不征求他们同意或者让他们知道；因此，往往全不相识的人就结成婚姻关系；在适当的时候才通知他们什么时候要举行简单的结婚仪式。这就是**易洛魁人**以及其他许多印第安部落的习俗。**结婚以前对新娘的氏族亲属赠送礼物**成了这种婚约的特点，从而使**婚姻带有购买的性质**。**婚姻关系**只在夫妻双方**两相情愿的时候继续保持**。渐渐地，反对这种离异的社会舆论形成并巩固起来了；如果发生意见分歧，那末首先由双方**氏族中的亲属**设法调解。如果调解无效，**妻子便离开她丈夫的家**，带走她自己的财物，**也带走子女**（子女被认为属于妇女独有）；如果**在共同家庭中妻子的亲属占居优势**（通常都是如此),那末就是**丈夫离开他妻子的家**。由此可见,**婚姻关系能否维持是由夫妻双方的意愿来决定的**。

在塞讷卡人中当了多年传教士的阿瑟·莱特牧师 1873 年就这个问题写信给摩尔根说:"讲到他们的家庭,当他们还住在老式长屋中的时候……那里总是由某一个克兰占统治地位,因此妇女是从别的克兰中招赘丈夫的;有时——这是罕见的事——她们的某些儿子把他们年轻的妻子娶进来同居,直到他们感到有足够的勇气离开他们的母亲为止。**通常是女方在家中支配一切**……贮藏品是公有的;但是,倒霉的是那种极端不善谋生,以致不能尽自己的责任来赡养家庭的不幸的丈夫或情人。不管他在家里有多少子女或占有多少财产,仍然要随时听候命令,收拾行李,准备滚蛋。对于这个命令,他不敢有反抗的企图。他将无法在这栋房子里居住下去……他非回到自己的克兰中去不可;或者,像他们通常所做的那样,到别的克兰里去另寻新欢。**妇女在克兰里,乃至一般在任何地方,都拥有很大的权力**。在必要的时候,她们可以毫不犹豫地——用他们的话来说——从酋长头上'**摘下角来**',把他贬为普通的战士。**酋长的最先提名权总是操在她们手中**。"参照巴霍芬《母权论》一书,该书研究了母权制度问题。

在处于**野蛮时代低级阶段但智力发展程度很高的易洛魁人**中,以及在一般说来同样进步的各个印第安人部落中,丈夫用**严厉的惩罚**要求妻子保持贞操,而他自身却无此义务;**多偶**被公认为男子的权利,实际上这种习俗却由于无法维持这种放纵行为而受到限制。在**对偶制家庭**中没有独占的同居。旧的婚姻制度继续存在,但已经被削弱和受到限制。

处于野蛮时代中级阶段的村居印第安人的情况也是如此。按照**克拉维赫罗**的记载(《**墨西哥史**》),所有的婚姻都是由父母决定的。"一个祭司把新娘的 *huepilli*(长外衣)的衣角和新郎的 *tilmatli*(外套)的衣角连结起来,婚约就在这种仪式中大体完成了。"埃雷拉(《美洲史》)说:"**新娘带来的一切东西,都牢牢记在心中,以便在离婚时财产可以分开,而离婚的事在他们当中是常有的;丈夫带走女儿,妻子带走儿子,双方都有再婚的自由**"。在村居印第安人中被公认为男子的特权的多偶制，要比在不太发达的部落中更为普遍流行。

在**普那路亚家庭**中，由于社会状况的需要，**便多少有了一男一女结成配偶的事情**；每一个男人在若干妻子中**有一个主妻**，反过来说女人也是如此，因而产生了**向对偶制家庭过渡的倾向**。这主要是**氏族组织**所产生的结果。在这种组织中：

（1）由于**氏族内部禁止通婚**，就排除了**同胞兄弟和姊妹**的通婚，也排除了**同胞姊妹的子女**的通婚，因为所有这些人都属于同一氏族。当**氏族再细分**时，它的各个分支也都遵守内部不得通婚的禁令——这就禁止了氏族内每一祖先的一切女系后裔之间的通婚，易洛魁人的情况就是这样，这个过程经历了漫长的时期。

（2）氏族结构造成了一种反对**血亲**结婚的成见；这种成见当美洲土著被发现时已在他们中间广泛流行。例如，在易洛魁人中，上面引述过的各种血亲，没有一种是能够通婚的。既然必须在其他氏族中寻找妻子，所以他们便开始**通过谈判和购买来获得**妻子；妻子从过去的众多而变得稀少，这就**逐渐缩小了普那路亚集团的范围**。这些集团现已消失，虽然亲属制度还继续存在。

（3）他们在寻求妻子的时候，并不以**本部落甚至也不以友好的部落**为限；**他们还用暴力从敌对的部落抢劫妻子**；这样就产生了印第安人**保全女俘虏的生命而杀死男俘虏的习俗**。当妻子是用购买和抢劫的办法取得的时候，男人就不愿和以前一样与他人共享妻子了。这就导致把**理论上的团体中的那一部分同获得生活资料无直接关系的人排除在外**，从而更加缩小了家庭的规模和婚姻制度的作用范围。事实上，这种婚姻集团的成员一开始就只限于共有妻子的同胞兄弟以及共有丈夫的同胞姊妹。

（4）氏族创造了一种前所未闻的更高级的社会结构。彼此没有血缘关系的人们之间的婚姻，创造出在体力上和智力上都更强健的人种；两个正在进步的部落混合在一起了，**新生代的颅骨和脑髓便扩大到综合了两个部落的才能的程度**。

因此，现在在文明民族中如此有力地发展了的**一男一女结对同居的**

倾向，并不是人类的常规，而是像心灵上的一切伟大的感情和力量一样，都是由经验产生的。

由于武器的改良和战争的诱因增强，**野蛮人的战争比蒙昧人的战争要毁灭更多人的生命**；总是由**男人**承担战斗的任务；这就使**女人过剩**；这就加强了群婚所造成的婚姻制度，**阻碍了对偶制家庭的发展**。另一方面，随着栽培玉蜀黍和其他植物而来的**食物的改善**，促进了家庭的普遍发展（在美洲土著中）。**这样的家庭越巩固，它的个体性就越发展**。以前，它从共同的家庭得到保护（在这种共同的家庭中，**一群对偶制家庭代替了普那路亚集团**），现在它的生存则是靠它自身、靠家庭经济以及靠夫妻各自所属的氏族来维持了。**对偶制家庭**是在蒙昧时代和野蛮时代之交产生的，在被专偶制家庭的低级形式取代以前，对偶制家庭在**野蛮时代中级阶段和大部分晚期阶段**是一直存在的。这种家庭被当时的婚姻制度掩盖着，但随着社会的逐渐发展而获得了公认。

‖摩尔根在谈到（他的这个意见适用于许多情况）‖

（处于野蛮时代中级阶段的）**古代布列吞人**时说道："他们在智力上看来还是蒙昧人，但是却穿着比较进步的部落的技术外衣。"

非洲的一些部落，包括霍屯督人在内，从我们最早知道他们的时候起，便能从矿石中炼铁了。他们**用来自其他民族的冶炼技术生产出金属**以后，便能制造粗笨的工具和武器（第463页）。

发展的道路应该在制度**纯粹**的那些地区去研究。**波利尼西亚和澳大利亚是研究处于蒙昧状态的社会的最好地区**；南北美洲是研究**处于野蛮时代低级阶段和中级阶段**的社会状况的最好地区。摩尔根认为"**美洲土著起源于亚洲**"。他们来到美洲，不可能是**有计划的移民**的结果，而必定是由于航海的偶然事件以及从亚洲流往美洲西北海岸的大洋流所致（第464页）。

在16世纪，能够为**野蛮时代中级阶段**提供（辉煌）例证的，是**新墨西哥、墨西哥、中美、格林纳达、厄瓜多尔和秘鲁的村居印第安人**及其发达的技术和发明,改进了的建筑术、初生的制造业和初期的科学。

野蛮时代高级阶段——在希腊人、罗马人以及后来的日耳曼人部落中都可以发现。

闪米特人部落的父权制家庭属于野蛮时代的晚期,而且在文明时代开始以后还保持了一个时期。酋长们过着多妻的生活;但这并不是父权制的本质特征。这种家庭形式的主要特点是:若干数目的非自由人和自由人在父权之下组成一个家庭,以便占有土地并看管羊群和其他畜群。沦为奴隶的人和用作仆役的人都生活在婚姻关系中,并和家长即他们的酋长一起组成一个父权制家庭。家长支配家庭成员和支配家庭财产的权力是这种家庭的实质。最突出的特点是:把许多人置于前所未闻的奴役和依附关系之中。支配这种集团的是父权;与此俱来的则是人的个性的较大发展。

罗马的家庭也处于父权支配之下;父亲不论对他的子女和后裔还是对奴隶和仆役都操有生杀之权,他构成了家庭的核心,并使家庭得名;他对他们创造出来的一切财产拥有绝对所有权。虽不是实行多偶制,但是罗马的家庭之父(pater familias)就是家长,而他的家庭就是父权制家庭。希腊各部落的古代家庭在较小的程度上也具有这种性质。

父权制家庭标志着人类进步中的一个特殊时期,这时个人的个性开始升到氏族之上,而早先却是湮没于氏族之中的;这种家庭的一般影响,强烈地要求建立专偶制家庭……希伯来人和罗马人的形式,在人类经验中是例外的情形。在血缘家庭和普那路亚家庭中"不可能"有父权;它在对偶制家庭中开始表现出微弱的影响,在专偶婚制下才完全确立;它在罗马型的父权制家庭中超越了理性的一切界限。

第三编 第五章
专偶制家庭

流行的看法是:认为父权制家庭——拉丁式的或希伯来式的——是原始社会的典型家庭。出现于野蛮时代晚期的氏族,已为人所理解,但是氏族却被错误地认为在时间上是在专偶制家庭之后。氏族被看做是家庭的集合体；但氏族**全体加入**胞族，胞族**全体加入**部落，部落**全体加入**民族，但家庭**不能全体加入**氏族，因为丈夫和妻子必须属于不同的氏族。直到最后的时期，妻子还认为自己属于她父亲的氏族，而且在罗马人中，她还袭用**父亲的氏族姓氏**。因为各个部分都必须加入整体，所以**家庭不能成为氏族组织的单位**，这个地位为氏族所占有。

家庭在罗马人部落中是晚近才出现的；"*familia*"一词的词义证明了这一点；这个词和"*famulus*"——仆役——一词的词根是相同的。**费斯图斯**｛《字义解》｝说过："*famulus* 一词来源于阿斯堪语，阿斯堪人称奴隶为 *famul*（？），由此便产生 *familia* 这一名称"。由此可见，*familia* 一词的原义与**成婚的配偶**或他们的**子女**并没有关系，而是指从事劳动以维持家庭并处于**家庭之父**（*pater familias*）的权力支配下的**奴隶和仆役的团体**。在一些遗嘱条文中，*familia* 一词是被当作 *patrimonium* 一词的**同义语**使用的，后者意为传给继承人的遗产。盖尤斯《**法典**》Ⅱ，102："他把**自己的** *familia* 即把他**父亲的遗产**｛patrimonium｝给予他的朋友作为合法的财产。"这个词被引入拉丁社会，用来表示一种新的机体，这种机体的首领把妻子儿女和一定数量的奴仆置于父权之下。蒙森用"奴仆团体"（《罗马史》）来表示 *familia*，因此，这一用语不会比拉丁部落的**严酷的家庭制度**更早，这种家庭制度是**在采用田野耕作和奴隶制合法化以后**，也是**在希腊人和罗马人分离以后发生的**。

▍［傅立叶认为专偶婚制和土地私有制是**文明时代**的特征。现代家庭在萌芽时，不仅包含着 *servitus*（奴隶制），而且也包含着**农奴制**，因为它从一开始就是同田野耕作的**劳役**有关的。它以**缩影**的形式包含了一切后来在社会及其国家中广泛发展起来的对抗。］▍

父权的萌芽是与**对偶制家庭**一同产生的，随着新家庭日益具有**专偶婚制的性质**而发展起来。当财产开始大量产生和传财产于子女的愿望把**世系由女系改变为男系时**，便第一次奠定了父权的真正基础。盖尤斯本人在《法典》Ⅰ，55 中说："我们通过合法婚姻而**生育的子女也处于我**

们的权力之下［也包括生杀之权］，这是罗马公民特有的权利，因为几乎没有任何其他人像我们这样拥有这种对待子女的权力"。明确的**专偶婚制**出现于**野蛮时代晚期**。

古代日耳曼人：他们的制度是纯一的和**自身固有的**。据塔西佗说，他们的**婚姻是严格的**；他们**以一个妻子为满足**，只有极少数人是例外，那是**他们的地位所造成的结果**；丈夫要给妻子送彩礼（而不是相反），即送一匹装备齐全的马、一块盾牌、一根矛和一把剑；送了这些彩礼以后，**妻子就被娶过来了**（《日耳曼尼亚志》第18章）。这些使婚姻带有购买性质的彩礼，以前毫无疑问送给**妻子的氏族亲属**，现在则归新娘本人所有。"**每个人以一个妻子为满足**"（《日耳曼尼亚志》第19章），妇女则"**生活在被贞操防卫起来的环境中**"。家庭看来是"托庇"于**由各亲属家庭组成**的共同家庭经济中，

‖像南方斯拉夫人那样，‖

当奴隶制成为一种制度时，这些家庭经济就逐渐消失了。

‖实际上，专偶制家庭要能独立地、孤立地存在，到处都要以**仆役阶级**｛domestic class｝的存在为前提，这种仆役阶级最初到处都是直接由**奴隶**组成的。‖

荷马时代的希腊人：低级形式的**专偶制家庭**。他们对女俘虏的态度，反映了这个时期的文化一般对待妇女的态度；**阿基里斯和帕特罗克卢斯的营帐生活**；不管存在着什么样的专偶婚制，都不过是**通过强力压制妇女来实行的**（某种程度的幽禁生活）。

世系由女系变为男系，对于妻子和母亲的地位和权利是不利的；她的子女由她的氏族转到了她丈夫的氏族中去；她因结婚而丧失了**她父方亲属的权利**而没有得到任何补偿；在这种改变以前，**她自己的氏族的成员在家庭经济中是占支配地位的**；这就使母系的关系具有充分势力，并

使女子而不是男子成为家庭的中心。在改变以后,她在丈夫的家庭经济中就孤立起来了,离开了她的氏族亲属。在富裕的阶级中,**她的处境是强制性的幽禁,而结婚的主要目的就是在合法的婚姻中生育子女**($\pi\alpha\iota\delta o\pi o\iota\varepsilon\ \iota\sigma\nu\alpha\iota\ \gamma\nu\eta\sigma\iota\omega\varsigma$)。

在希腊人中,在男子中间自始至终流行着一种蓄意的自私自利的原则,极力降低对妇女的尊重,这种情况在**蒙昧人中是罕见的**……维持了许多世纪的这种习惯,在希腊妇女的心灵上打上了自卑感的烙印。

‖〔而对**奥林帕斯山的女神们**的态度,则反映了对妇女以前更自由和更有势力的地位的回忆。朱诺有权力欲,智慧女神是从宙斯脑袋里跳出来的,等等。〕‖

这可能是这个种族为了能从对偶婚制上升到专偶婚制所必需的。希腊人在文明鼎盛时期在对待女性方面仍然是**野蛮人**;她们所受的教育是肤浅的,与异性的交往被禁止,妇女低人一等作为一种原则被灌输给她们,直到**她们自己也承认这是事实为止**。妻子不是她丈夫的平等伴侣,而是处于**女儿的地位**。参看贝克尔《哈里克尔》。

因为导致专偶婚制的动力是财产的增加和想把财产传给**子女——合法的继承人,即一对夫妇的真正后裔**,所以,在野蛮时代高级阶段,为了抵制古代同居权(jura conjugialia)的某些残存部分,就出现了一种新的习俗:**妻子被幽禁起来**。文明的希腊人的生活方式是一种**约束和压迫妇女的制度**。

罗马人的家庭:家庭之母(mater familias)是家庭的主妇;她能在街上自由活动而不受她丈夫限制。经常同男子一起出入剧院并赴节日宴会。在家里也不把她关闭在特殊的房间里,也不把她排除在男子的饭桌之外;因此,罗马妇女的个人尊严和独立性要比希腊妇女大;但是**结婚**却把她置于**夫权**(in manum viri)之下;她被视为丈夫的女儿;他有权惩罚她,如果发生通奸,他有权将她处死(经她的氏族会议同意)。

Confarreatio,coëmptio,usus——所有这三种罗马的婚姻形式都将妻

子置于夫权之下；这三种形式在**帝国时代**才消失，当时普遍实行**自由婚姻**，不把妻子置于夫权之下。

离婚最初就是根据夫妇双方意愿进行的（这或许是从**对偶制家庭**时期传下来的）；共和国时代则很少见（贝克尔：《加鲁斯》）。

淫荡之风——在文明昌盛时期，在希腊和罗马城邦十分流行，——很可能是从来没有完全根除的**古代同居制度的残余**；它是从野蛮时代流传下来的一种社会污点，**现在则通过艺妓这种新的途径得到了极度的表现**。

专偶制家庭是与**雅利安人（闪米特人、乌拉尔人）的血亲和姻亲制度**相适应的。氏族的自然起源在于**普那路亚家庭**。雅利安族系的各主要分支，当它们在历史上最初为人所知的时候，**已组成氏族**；这说明它们起始就是这样，并说明从普那路亚家庭产生出**土兰尼亚式亲属制度**，这种亲属制度在美洲土著中间**仍然可以看到是与古老形式的氏族相联系的**。可见，这种亲属制度也是雅利安人的原始制度。在**雅利安式亲属制度中，亲属关系的固有称谓很贫乏，这是由于大部分土兰尼亚式的制度的称谓在专偶婚制下已经消失**。在各种雅利安方言中，只有以下的称谓是共同的：**父母、兄弟、姊妹、儿女以及一个毫无区别地应用于甥、侄、孙子以及表兄弟姊妹的共同称谓（梵语的** *naptar*、拉丁语的 *nepos* 和希腊语的 ἀνεψιός）。血亲称谓这样贫乏，本来是不可能达到专偶婚制所要求的那么发达的文化的。这种贫乏状况可以用以前的一种类似土兰尼亚式的制度的没落来说明。

在**土兰尼亚式制度**中，兄弟和姊妹分长和幼；同时这些不同的称谓是用来指包括非同胞兄弟姊妹在内的那一类人的。在以**专偶婚制**为基础的**雅利安制度**中，兄弟和姊妹的称谓第一次成为**笼统的**，而且不适用于称呼旁系的兄弟和姊妹。

以前的土兰尼亚式制度的残余仍然可以看到：例如在**匈牙利人**中，兄与弟、姊与妹是以特殊的称谓区别开来的。**在法语中**，*aîné* 是**兄**，*pûnè* 和 *cadet* 是**弟**；*aînée*，是**姊**，*cadette* 是**妹**。在**梵语中：兄和弟**（*agrajar* 和 *amujar*）；同样，姊和妹（*agrajri* 和 *amujri*）。如果在希腊、拉丁等方言中曾经存在过表示兄弟和姊妹的共同称谓，那么，由于**它们以前应用于好几类人，所以就不能用来专指同胞兄弟和姊妹了。**

在各种雅利安方言中，没有表示祖父的共同称谓。祖父一词的梵语是 *pitameha*，希腊语是 πάππος，拉丁语是 *avus*，俄语是 *djed*，威尔士语是 *hendad*。在**以前的（土兰尼亚式）制度**中，这个称谓不仅应用于祖父本身、祖父的兄弟以及祖父的各种从表兄弟，而且也应用于他的祖母的兄弟和各种从表兄弟；因此，不能把它用来表示**专偶婚制下的直系祖父和祖先。**

在各种雅利安方言中，**没有表示伯叔父、舅父和姑母、姨母的笼统称谓，也没有区别父方的伯叔父、姑母和母方的舅父、姨母的专门称谓**。梵语中的 *pitroya*、希腊语中的 πάτρως、拉丁语中的 *Patruus*、斯拉夫语中的 стрый，以及**盎格鲁撒克逊语、比利时语、德语中的** *eam*，*oom*，*oheim*，都指伯叔父。**在雅利安母语中**没有舅父这一称谓，这一亲属关系在野蛮部落中**由于氏族制度**的关系是非常突出的。如果他们以前的制度是**土兰尼亚式**的，那就必然有表示舅父的特殊专门称谓，但这一称谓仅限于指**母亲的同胞兄弟和她的各种从表兄弟**；这个范畴包括不少的人，其中有**许多人在专偶婚制下并不是舅父**。

可是，由于先前存在过（按照范畴来表示亲属的）**土兰尼亚式制度**，在专偶婚制的基础上向**说明式制度**的过渡便清楚明白了。在专偶婚制下，每一种亲属关系都是**专用的**；在新制度下，说明人的关系的方法，或用**基本称谓**，或把基本称谓连缀起来：例如称**侄子为兄弟的儿子，称伯叔父为父亲的兄弟，称从兄弟为父亲的兄弟的儿子**。这就是雅利安族系、闪米特族系和乌拉尔族系的现行亲属制度的**原始面貌**。这种制度现在所包括的那些概括称谓，其起源是较晚的。实行马来亚式和土兰尼亚式制度的**一切部落**，当问起某人与其他人是什么亲属关系时，**都用与此相同的公式来说明他们的亲属**；但这不是亲属制度，而是追踪亲属关系的手段。由此可以得出**结论**：在雅利安人等等中间普遍建立起专偶婚制以后，**他们便又返回使用**在土兰尼亚式制度下经常使用的旧有的**说明式，并抛弃了那种没有用的和与世系不符的**制度本身。

证明现行亲属制度最初纯粹是说明式的事实是：雅利安式的典型埃尔斯式、**乌拉尔式**的典型爱沙尼亚式，至今仍然是说明式的。在**埃尔斯式**制度中，表示血缘亲属关系的称谓，只有一些**基本的称谓——父母、兄弟、姊妹、子女**。其他所有亲属都用这些称谓来**说明**，但从相反的顺序开始。例如：兄弟、兄弟的儿子、兄弟的儿子的儿子。雅利安式亲属制度反映了专偶婚制下的实际亲属关系，并假定子女的父亲是已经知道的。

后来，有一种本质上不同于克尔特式的**说明式的方法嫁接在这种新制度上**，但是并没有改变它的基本特点；这是由**罗马法学家**引进的，并且由受罗马影响的雅利安各族所采用。**斯拉夫式亲属制度**有一些极为特殊的特点，这些特点**起源于土兰尼亚式制度**（参看《**血亲制度**》第 40 页）。

罗马人所作的修改：采用专门的称谓来区分伯父、叔父、姑母、舅父、姨母，发明了表示**祖父的称谓**作为 *nepos* ｛孙子｝的**关联词**。借助于这些称谓和基本称谓，并运用适当的前后缀，他们就得以使直系的和五个最近旁系——包括了每一个人的所有亲属——的亲属关系都系统化了。

阿拉伯式亲属制度经历了与罗马式相似的过程，并得到了相似的结果。

在直系中，从己身到 *tritavus* ｛六世祖｝，**是上行的六代**，从己身到 *trinepos* ｛六世孙｝，**是下行的六代**，在对这些亲属进行说明时只使用四个基本称谓。如有必要向上追溯，*tritavus* 便成了进行说明的新出发点：*tritavi pater* ｛六世祖的父亲｝直到 *tritavi tritavus* ｛六世祖的六世祖｝，即己身的第十二代直系男性祖先；*trinepotis trinepos* ｛六世孙的六世孙｝等等也是如此。

第一旁系的男支：*frater* ｛兄弟｝，*fratris filius* ｛兄弟的儿子｝，*fratris nepos* ｛兄弟的孙子｝，*fratris pronepos* ｛兄弟的曾孙｝，直到 *fratris trinepos* ｛兄弟的六世孙｝；如果要表示第十二代子孙，那就用 *fratris trinepotis trinepos* ｛兄弟的六世孙的六世孙｝的称谓。通过这种简单的方法，*frater* ｛兄弟｝便成了这一旁系世系的出发点。

这一旁系的女支：soror ｛姊妹｝，sororis filia ｛姊妹的女儿｝，sororis neptis ｛姊妹的孙女｝，sororis proneptis ｛姊妹的曾孙女｝，直到 sororis trineptis ｛姊妹的六世孙女｝ 和 sororis trineptis trineptis ｛姊妹的六世孙女的六世孙女｝。

这一旁系的男女两支都发源于父；但是，由于使兄弟和姊妹成为说明世系的出发点，所以这一旁系和它的两支区分得清清楚楚，而**每一个人和己身的亲属关系都单独表示出来了**。

第二旁系的父方男支：伯叔父 patruus；patrui filius ｛伯叔父的儿子｝，patrui nepos ｛伯叔父的孙子｝，patrui pronepos ｛伯叔父的曾孙｝，patrui trinepos ｛伯叔父的六世孙｝，直到 patrui trinepotis trinepos ｛伯叔父的六世孙的六世孙｝。

Patrui filius ｛伯叔父的儿子｝ 也被称为 frater patruelis（伯叔父所生的兄弟），而在大众日常语言中，则称之为 consobrinus（从兄弟）。

《法学汇编》第 XXXVIII 卷第 10 项："还有，fratres patruelis，sorores patrueles，即两兄弟所生之子女；还有，consobrini consobrinae，即两姊妹所生之子女（亦即 consorini）；还有，amitini amitinae，即兄弟和姊妹 ｛分别｝ 所生之子女；但人们一般将他们全部通称为 consobrinus。"

父方女支：父亲的姊妹是 amita ｛姑母｝，amitae filia ｛姑母的女儿｝，amitae neptis ｛姑母的孙女｝，amitae trineptis ｛姑母的六世孙女｝，amitae trineptis trineptis ｛姑母的六世孙女的六世孙女｝，表示姑母的女儿们的**专用称谓是** amitina。

第三旁系的父方男支：祖父的兄弟是 patruus magnus（在现存的语言中没有一种语言具有表示这种亲属关系的原始称谓）；patrui magni filius ｛伯叔祖的儿子｝，nepos（孙子），trinepos ｛六世孙｝，最后是 patrui magni trinepotis trinepos ｛伯叔祖的六世孙的六世孙｝；同一旁系的女支（父方）是从 amita magna 即祖姑开始的，等等。

第四、第五旁系的父方分别从 patruus major ｛曾伯叔祖｝ 和 patruus maximus ｛高伯叔祖｝ 开始。延伸下去也像前面的各系那样：由 patrui majoris filius ｛曾伯叔祖的儿子｝ 推到 trinepos ｛六世孙｝；由 patrui maxi-

mi filius {高伯叔祖的儿子} 推到 *trinepos* {六世孙}。

女支（父方）分别从 *amita major* {曾祖姑} 和 *amita maxima* {高祖姑} 开始。

在说明**母方的亲属**时，**第一旁系**（soror 等）保持不变，但**女性直系代替了男性直系**。

第二旁系（母方）：*avunculus* {舅父}，*avunculi filius* {舅父的儿子}，*nepos*（孙子），*trinepos* {六世孙} 等。

女支（母方）：*matertera* {姨母}，*materterae filia* {姨母的女儿}，*neptis* {孙女}，*proneptis* {曾孙女}，*trineptis* {六世孙女} 等。

第三旁系的男支和女支（母方）分别从 *avunculus magnus* {舅祖父} 和 *matertera magna* {姨祖母} 开始。

第四旁系从 *avunculus major* {舅曾祖父} 和 *matertera major* {姨曾祖母} 开始。

第五旁系从 *avunculus maximus* {舅高祖父} 和 *matertera maxima* {姨高祖母} 开始。

关于现代的**专偶制家庭：它正如过去的情形一样，必然随着社会的发展而发展，随着社会的变化而变化**。它是社会制度的产物……我们可以推想：它还能够有更进一步的改进，**直到达到两性的平等为止**。假定文明不断进步，如果专偶制家庭在遥远的将来不能符合社会的需要，那就不能事先预言，它的后继者将具有什么性质了（第491、492页）。

第三编　第六章
和家庭有关的各种制度的顺序

顺序的第一阶段

Ⅰ．男女杂交。

Ⅱ．直系和旁系兄弟和姊妹之间的群婚；由此产生：

Ⅲ．血缘家庭（家庭的第一阶段）；由此产生：

Ⅳ．马来亚式血亲和姻亲制度。

顺序的第二阶段

V. 以性别为基础的组织以及倾向于阻止兄弟和姊妹结婚的普那路亚习俗；由此产生：

VI. 普那路亚家庭（家庭的第二阶段）；由此产生：

VII. 将兄弟和姊妹排除于婚姻关系之外的氏族组织；由此产生：

VIII. 土兰尼亚式和加诺万尼亚式血亲和姻亲制度。

顺序的第三阶段

IX. 氏族组织的影响日益增强和生活必需品的生产技术不断改善，使一部分人类进入野蛮时代低级阶段；由此产生：

X. 一男一女的对偶婚姻，但无独占的同居；由此产生：

XI. 对偶制家庭（家庭的第三阶段）。

顺序的第四阶段

XII. 在有限地区内的平原牧畜生活；由此产生：

XIII. 父权制家庭（家庭的第四阶段，但它是一个特殊的阶段）。

顺序的第五阶段

XIV. 财产的产生和财产直系继承的确立；由此产生：

XV. 专偶制家庭（家庭的第五阶段）；由此产生：

XVI. 雅利安式、闪米特式和乌拉尔式的血亲和姻亲制度；土兰尼亚式亲属制度消亡。

〔关于〕第 I 点。男女杂交。过着原始群的生活；无婚姻可言；比现存的最低级的蒙昧人还低得多；在地球各处发现的、连现存的蒙昧人都不使用的**比较粗糙的燧石工具**证明，在人类离开了他们的原始居住地并作为捕鱼者开始散居到大陆各地区以后，他们的生活状况是极其原始的。——原始的蒙昧人。

血缘家庭……承认一定范围内的杂交，这种范围并不是非常狭窄的；这种家庭组织显示出它已设法防止的一种**更坏的情况**。

关于第 V 点。在澳大利亚人中，以男女级别结成婚姻，普那路亚集团被发现。在夏威夷人中，也发现了这种集团以及它所体现的婚姻习俗。普那路亚家庭所包括的成员与以前的血缘家庭所包括的相同，只是排除了同胞兄弟姊妹，即使在实际上并不是每个场合都排除，但在理论上是排除的。

关于第Ⅶ点。氏族组织。在澳大利亚人的级别中普那路亚集团具有一种广大而有系统的规模；澳大利亚人也组成氏族。在这里，普那路亚家庭**比氏族古老**，因为它是建立在早于氏族的级别之上的……**土兰尼亚式亲属制度的产生，既需要普那路亚家庭，也需要氏族组织。**

关于第Ⅹ和第Ⅺ点。在蒙昧时代结束以前，就已存在**把婚姻集团的人数减到更小范围的倾向**，因为**对偶制家庭在野蛮时代低级阶段已成为经常现象**。习俗使较进步的蒙昧人**在若干妻子中确认一个妻子为主妻**；因此，随着时间的进展，**成对配偶**的习俗便成熟起来，这个妻子成为维持一个家庭的同伴和同伙……旧的同居制度，虽然由于**普那路亚集团**逐渐消失而缩小到**更狭小的范围内**，但仍然围绕着正在向前发展的家庭，并且伴随着它直到文明时代的最初期……**它最后消失在淫婚这种新的形式中，这种新的淫婚形式在文明时代仍然伴随着人类，就像一个阴影一样笼罩在家庭上面**……对偶制家庭出现于氏族之后，氏族在多方面促进了对偶制家庭的产生。从**哥伦比亚河到巴拉圭**，**印第安人**的家庭通常都是**对偶制的**，个别地区流行**普那路亚制**；专偶制大概哪里都没有。

关于第ⅩⅣ点。无论怎样高度估计**财产**对人类文明的**影响**，都不为过甚。财产曾经是把雅利安人和闪米特人从野蛮时代带进文明时代的力量。**管理机关和法律建立起来，主要就是为了创造、保护和享有财产。财产产生了人类的奴隶制作为生产财产的工具**……随着财产所有者的子女继承财产这一制度的建立，严格的专偶制家庭才第一次有可能出现。

关于第ⅩⅤ点。专偶制家庭。这种家庭作为一种充分发展了的形式，确认了子女与父亲的关系，**用动产和不动产的个人所有权代替了共同所有权，以子女的绝对继承权代替了父方亲属的继承权**。现代社会就是以专偶制家庭为基础的。

‖以前的一切大学者，包括亨利·梅恩爵士，‖

都认为希伯来式和罗马式（父权制家庭）是最古的家庭形式，认为是这些家庭形式产生了最早的有组织的社会。……与此有关的是那种关于**人类退化**的假说，他们用这种假说来解释野蛮人和蒙昧人的存在。但是**发明和发现一个接着一个出现**；关于**绳索**的知识一定在**弓箭**以前，就像关于火药的知识在火枪以前、关于蒸汽机的知识在铁路和轮船以前一样；因此，**生存的各种技术都是经过长时间的间隔而相继出现的**，人类的工具经过用燧石和石头制造的阶段才达到用铁制造的阶段。社会制度也是如此。

第四编
（财产观念的发展）

第一章
三种继承法

"对财产的最早观念（！）"是和获得生活资料这种基本需要紧密相联的。**财产的对象，在每一个"顺序相承的文化时期"自然都随着生活资料所依赖的生存技术的增进**而增加起来；因此，**财产的增长**是与**发明和发现的进展**齐头并进的。由此可见，每一个文化时期都比前一时期有着显著的进步，这不仅表现在**发明的数量**上，而且也表现在由这些发明造成的**财产的种类和总额**上。财产形式增加，关于占有和继承的某些**法规**也必然随之发展。关于占有和继承财产的这些法规所依据的习俗，**是由社会组织的发展状况和水平决定的**。由此可见，财产的增长是与标志着人类进步的各个文化时期的各种发明和发现的增多以及**社会制度的改善**有着密切关系的（第525、526页）。

Ⅰ．蒙昧阶段的财产

当人类还**不知道用火**时，并没有**音节清晰的语言**，也没有人工制造的武器……依靠……**地上自生的果实**。人类在蒙昧期缓慢地几乎是觉察不出来地向前发展：由**手势语言和不完善的语音**进步到音节清晰的语言；由棍棒（keule）这种最初的**武器**进步到带有燧石尖的**矛**，最后进到弓箭；由**燧石刀**和**燧石凿**进步到**石斧**和**石槌**；由**柳条**（korbweide）和**藤条**编成的篮子进步到**涂有粘土的篮子**，使它成为能在火上煮食物的**容器**，最后进步到制陶术。

在生活资料方面，他们从有限的居住地区内的野生果实进步到海滨的**鳞介水族**，最后，进步到**淀粉块根和猎物**。

其次，在蒙昧阶段还发展起来了：**用树皮纤维制成的绳索；用植物纤维浆制成的一种布；用来做服装和覆盖帐棚的皮革的鞣制；最后，用木柱支起并盖上树皮或者用石斧劈成木板建造房子。**

▌在**较次要的发明**中，摩尔根除了列举**取火钻**以外（虽然与此相反：一切与取火有关的东西都是主要的发明!），还列举了

moccasin

▌（印第安语，指一种没有后跟的用软鹿皮等等制成的鞋子）▌和雪靴。

在这一时期中，人口大大增长了

▌（与原始状态不同，在消费资料增加的基础上）；▌

他们散布于各大陆。在社会组织方面，**由血缘原始群进步到有氏族组织的部落**；从而就有了主要管理机关的萌芽。

最进步的一部分蒙昧人终于组成了氏族社会并发展为散居于各村落的小部落……他们的粗陋的精力和更为粗陋的技术主要用于维持生存；他们还没有用以保卫村落的木栅（Pfahlwerk），**也没有淀粉食物**，还有**食人之风**。"**潜在**"的进步是巨大的：已包含语言、管理、家庭、宗教、建筑术、财产**基本要素**，也包含生活必需品的生产的主要萌芽。

蒙昧人的财产是微不足道的：粗糙的武器、织物、家什、衣服、燧石制的、石制的和骨制的工具以及"个人的装饰品"，这就是他们的财产的主要项目。占有的对象很少，没有占有欲；没有现在这样强有力地支配着人们心灵的 studium lucri ｛贪欲｝。

土地归部落公有，而住房则为居住者共有。

占有欲依靠纯粹归个人使用的物品而哺育着它那初生的力量，这类物品是随着发明的缓慢发展而增多的。占有者生前认为最贵重的物品，都被关进死者的坟墓，供他在冥中继续使用。

×继承：第一种主要的继承法是随着氏族的建立而产生的；根据这种继承法，死者的财产被分给其氏族成员。实际上，财产是被近亲所占有，但从一般原则上来说，财产应留在死者的氏族中并分配给它的成员。［这一原则被希腊、罗马的氏族一直保持到文明时代。］子女继承他们的母亲，但不能从他们名义上的父亲那里得到任何东西。

Ⅱ. 野蛮时代低级阶段的财产

主要的发明：制陶术、手织术、在美洲的耕作术，这种耕作术提供了淀粉食物（玉蜀黍）和用灌溉法种植的其他植物（在东半球作为对等物则从驯养动物开始）——此外，再没有伟大的发明。用经纬线的手织术似乎属于这一时期。这是最伟大的发明之一；但是却不能肯定说，这种技术在蒙昧时代没有达到。

易洛魁人以及处于这个阶段的其他美洲部落，用经纬线制成了优质精工的腰带和背带，他们使用了由榆树和 basswood

‖（basswood——美洲椴树）‖

的树皮纤维制成的细线。这一后来使人类得到衣着的伟大发明的原理，当时已被充分认识到了；但是他们还不能应用去纺织衣服。

图画文字似乎是在这一时期首次出现的；如果它产生得更早，那么在这时已得到很大发展。在这方面相互关联的发明的系列有如下述：

（1）手势语言或个人符号语言；（2）图画文字或表意符号；（3）象形文字或约定符号；（4）表音性质的象形文字或按一定模式使用的表音符号；（5）拼音字母或写音。

科班纪念碑上的文字，显然是**约定符号**这一阶段上的象形文字，这证明**使用前三种形式的美洲土著**当时正独立地朝着拼音字母的方向发展。

用木栅保护村落，用皮盾来抵御当时已成为致命投射武器的**箭，用装有石尖或鹿角的各种棍棒**——所有这一切似乎都是属于这一时期的。无论如何，当处于野蛮时代低级阶段的美洲印第安人部落被发现的时候，他们都已**普遍使用**这些东西了。**装有燧石尖或骨尖的矛**，在**森林部落**中虽然有时也使用，但并不常用：例如**奥季布瓦人**就使用装有燧石尖或骨尖的**枪或矛**（*She‑mä'‑gum*）。**弓箭**和**棍棒**是处于这个阶段的美洲印第安人的主要武器。

在制陶术方面有了一些进步，也就是说，**制作出来的容器更大了，装饰图案精致一些了**；克里克人制作的陶器可容 2—10 加仑；**易洛魁人用小的人面像来装饰他们的坛罐和烟斗，就像肖像徽章一样附在上面**；但是一般说来，直到这一时期之末，制陶术仍然是极其粗糙的。

在房屋建筑术方面，大小和结构都有了显著的进步。

在**次要的发明**中则有：打鸟用的吹气铳，捣制玉蜀黍粉的木臼和碾制颜料的石臼。

陶制和石制的烟斗以及烟草的使用。

高级的**骨制和石制工具**，包括**石槌**和 *mauls*

‖（mauls——重木槌），‖

在**手柄和石头上端都包上生皮**；还有**饰以豪猪刺的** *moccasins* 和腰带。

在这些发明中有一些可能是**从处于中级阶段的部落那里承受过来的**；正由于这种过程是经常重复的，所以较进步的部落便把较它们落后的部落提高到自己的水平，其速度则以后者能够认识和利用这些进步的方法的速度而定。

栽种玉蜀黍和其他植物，给人们提供了**未经发酵的面包、印第安** *succotash*

‖（用青玉蜀黍和豆子做成的食品）‖

和 *hominy*

‖（玉蜀黍面糊）；‖

这也导致了耕地或园圃这种新财产的产生。

虽然土地为部落公有，但耕地的占有权这时则被承认属于个人，或某个集团，成了继承的对象。联合在共同家庭里的集团，大多数人都要属于同一个氏族，而继承法也不会容许耕地脱离氏族占有。①

‖继承。‖

丈夫和妻子的财产和所有物都分得清清楚楚；他们死后，财产仍留在丈夫和妻子各自所属的氏族中。妻子和子女对丈夫和父亲的东西一无所取，反过来也是一样。在**易洛魁**人中，如果男人死后遗有妻子和子女，那么**他的财产就在他的同氏族人**中间这样来分配：**他的姊妹及其子女和他的舅父获得其中的大部分**，他的兄弟可以获得一小部分。**如果女人死后遗有丈夫和子女，那么她的财产就由她的子女、姊妹、母亲和母亲的姊妹**继承；她的子女获得**大部分**；不论是哪一种情况，**财产都是留在氏族内的**。在奥季布瓦人中，如果子女达到了会使用财产的年龄，那么母亲的财产就分给子女；在相反的情况下，或者如果没有子女，财产便归她的姊妹、她的母亲和母亲的姊妹所有，她的兄弟则被排除在外；

---

① 在这一段的页边上马克思写了："财产"。——编者注

虽然奥季布瓦人已改为按男系计算世系，但继承法仍然遵循按女系计算世系时所流行的办法。

财产的种类和数量，都比蒙昧时代增多了，但还不足以引起强烈的继承要求。

在这种分配方法中，有第二种主要继承法的萌芽，**这种继承法是将财产分给同宗亲属，而将其余的氏族成员除外**。这时宗亲关系和同宗亲属是以**按男系计算世系**为前提的。在这两种情况下，原则是同一的，不过**世系所包括的人不同**。在世系为女系的时候，**同宗亲属**指的是那些仅仅由女系追溯到与无遗嘱的死者有同一祖先的人；在世系为男系的时候，则指仅仅由男系追溯到同一祖先的人。构成**宗亲关系的基础的，是氏族内部那些按照一定的世系直接出自同一个共同祖先的人的血缘关系**。

现在，在**先进的印第安人部落中**，已开始表现出**对同氏族人继承的反感**。某些部落已将它推翻，而代之以**仅仅由子女继承**。这种反感的例证，在**易洛魁人、克里克人、彻罗基人、乔克塔人、麦诺米尼人、克劳人和奥季布瓦人**中都有。

在野蛮时代的这一较早时期，**食人之风显著减少**；已不再是**普遍的习惯**；但在野蛮时代的这一时期和中期，仍然作为一种**战时习惯**保留着。这种形式的食人之风，**在美国、墨西哥和中美的主要部落中都可以找到**。淀粉食物的获得是使人类摆脱这种蒙昧习俗的主要手段。

蒙昧时代第Ⅰ、Ⅱ阶段和野蛮时代低级阶段这两个文化时期，至少包括地球上人类全部生存历史的4/5。

在野蛮时代低级阶段，人类的较高的属性便已开始发展起来了。**个人的尊严、口才、宗教感情、正直、刚毅和勇敢**这时已成为性格的一般特点，但同时也表现出残忍、诡诈和狂热。宗教中的对自然力的崇拜，关于**人格化的神灵**和关于一个主宰神的模糊观念，原始的诗歌，共同的**住宅，玉蜀黍面包**，都是这个时期的东西。这个时期还产生了**对偶制家庭和按胞族和氏族组成的部落联盟**。对于人类的进步贡献极大的**想象力**这一伟大的才能，**这时已经创造出神话、故事和传说等等口头文学**，已经成为人类的强大的刺激力。

Ⅲ. 野蛮时代中级阶段的财产

这个时期的证据,丧失得比其他任何时期都更多。

代表这一时期的,是**北美和南美的村居印第安人**,他们在被发现的时候已取得野蛮时代的光辉成就。在**东半球**,这个时代是从**驯养动物**开始的,在**西半球**,则开始于村居印第安人的出现,他们居住在巨大的共同住宅中,用**土坯**筑成,而在某些地区则用**石块**筑成。

用灌溉法种植玉蜀黍和其他作物,这就要求有人工的渠道;作成了方形的园畦,并垒起田塍,以便蓄水。

当这些村居印第安人被发现时,其中一部分人已制出青铜,这已使他们接近冶炼铁矿的技术了。

共同住宅具有堡垒的性质,是介于野蛮时代低级阶段的木栅村落和高级阶段的有墙的城堡之间的东西。在美洲被发现时,那里**不存在真正的城市**。

在**战争技术**上,除了**在防御方面建造了**一种印第安人通常难以攻破的**大房屋**外,并未取得什么大的成就。他们发明了:**填塞棉花加以缝制的斗篷**(escaupiles),作为**防箭**的补充工具;**双刃剑**(macuahuitl),木剑的两边都嵌上一排有角的燧石尖。他们仍使用弓、箭、矛、棍棒、燧石刀、燧石斧和石制的工具,虽然他们已经有了铜斧和铜凿,但由于某些原因始终未得到普遍的使用。

除了**玉蜀黍、豆类、南瓜和烟草**以外,现在又加上了**棉花、胡椒、番茄、可可和某些水果**的栽培。还有一种用龙舌兰

‖ (墨西哥龙舌兰) ‖

的汁发酵酿成的酒。**但易洛魁人是用枫树液发酵酿成**一种类似的饮料。

由于制陶术的改进,质地优良、装饰精美、**能容几加仑的陶器**也生产出来了。**碗、壶和水罐**大量生产。

天然金属的发现和使用也是在这个阶段，**最初是用作装饰**，最后是用作**工具和器皿**，例如铜斧和铜凿。他们在**坩埚**中熔化这些金属，熔化时可能使用**吹管**（Blaserohr，Pustrohr）和**木炭**，然后**浇注入模，青铜**的制造、粗糙的石雕、棉织的衣服（哈克卢特《远航集》，Ⅲ，377），用打磨过的石头造成的房屋、刻在已故酋长墓表上的表意文字或象形文字、计时的历法、标志季节的二至日石柱、巨石砌成的墙、羊驼的饲养、一种犬、火鸡以及其他家禽的驯养，——所有这些在美洲都属于这一时期。

一种组织成教阶、有特殊服装的僧侣团体，人格化的神和代表神的偶像以及杀人祭，也在这一时期中第一次出现。

出现了各有两万多居民的**两个印第安大村落即墨西哥和库斯科**，人口如此众多的村落是前所未闻的。

由于**在同一管理机关之下的人数增多和事务复杂化**，社会中的**贵族**成分以微弱的形式体现在**民事和军事酋长**中。

东半球。我们发现处于这一时期的**土著部落有供给乳食和肉食的家畜**，但他们大概没有园艺食物和淀粉食物。**野马、牛、羊、驴、猪**——这些动物的驯养，**成群的繁殖**，产生了巨大的推动力，成为**不断进步的源泉**。其效果只有到**繁殖并维持畜群的牧畜生活**定型以后才具有普遍的意义。主要是**森林地带的欧洲**是不适于牧畜生活的；但**中亚的草原和幼发拉底河、底格里斯河**以及其他亚洲一些河的流域则是**牧畜部落的天然家园**。他们自然向往这些地方；在这里，可以看到雅利安人的远祖像闪米特各部落那样互相敌对。

谷物和其他作物的种植，必定是在他们从草原迁移到西亚和欧洲的森林地带以前。种植是迫于饲养家畜的需要，这时家畜在他们生活方式中已成为离不开的东西。（在**克尔特人**那里可能不是这种情况。）

麻织品和毛织品以及青铜工具和青铜武器，这个时期也在东半球出现。

要想突破通向**野蛮时代高级阶段**的障碍，就需要有**能够保持刃和尖的金属工具**；为此，**炼铁技术的发明**就成了必需。

财产。个人财产显著增加，个人对土地的关系也发生了一些变化。土地仍然是部落公有，但此时已划出**一部分作为维持管理机构**之用，另一部分则用于**宗教方面**，还有**更重要的一部分，即人民借以为生的部分**，则在各氏族之间或住在同一村落的各公社之间分配。没有人对土地或房屋拥有个人所有权，任何人都无权把它们当作自由财产任意出卖和出让。**土地为氏族或公社共有、共同住宅以及各个有亲属关系的家庭聚居的方式，都不容许个人占有房屋和土地**。

拉古纳村印第安人中的传教士**赛米尔·戈尔曼**牧师在新墨西哥州历史学会所作的报告中说：

"**财产权**属于家庭中的女方，而且按女系由母亲传给女儿。**他们共同占有土地，但是一个人开垦了一块土地之后，他就对这块土地拥有了个人权利，可以把它出卖给公社的任何人**……他们的妇女通常**管理谷仓**，她们比她们的西班牙邻居**更能未雨绸缪**。**她们通常都设法贮备够吃一年的粮食。只有连续两年歉收**，作为一个公社的村落才会遭受饥荒"。**摩尔根著作第 536 页注**。

属于单个人或家庭的**占有权**，除了由他的或她的氏族继承者继承以外，**是不能转让的**。

摩基的村居印第安人除了 7 个大村落和园圃以外，此时还拥有**羊群、马群和骡群**以及其他不少的**个人财产**；他们制造了**大小不同而质地优良的陶器**，他们用自己生产的纱**在织机上织成毛毯**。约·韦·波厄尔少校记述过下面一件事，这件事说明，**那里的丈夫对妻子的财产或对婚生的子女，仍然没有什么权利**。有一个苏尼男子娶了一个**鄂拉伊比女子**，同她生了 3 个子女；他同他们住在**鄂拉伊比**，直到他的妻子去世。他的亡妻的亲属占有了她的子女和财产，只给丈夫留下**他的马匹、衣服和武器**，以及属于他的一些毯子，属于他妻子的毯子不许拿走。这个苏尼男子和波厄尔少校一同离开村落到圣菲，然后回到**苏尼**他自己的人那里去。——女子同男子一样，可以对自己所占有的房间和村中的部分房屋拥有**占有权**，并按照一定的规则遗留给其最近的亲属。

西班牙人（著述者）把南方各部落的土地占有权问题弄得混乱不

堪。他们把属于**公社**的**不可转让**的**公有土地**看成是**封建领地**，把酋长看成是**封建领主**，把人民看成是**他的臣属**；他们看到了土地是共有的；公社不是**土地所有者的公社**，而是**氏族或氏族的分支**。

墨西哥和中美洲的一些部落还保存着按女系计算世系的办法，而可能占大部分的其他部落则已改为**按男系计算世系**；后一种办法是在财产的影响下出现的。在**马雅人**中，世系是**按男系计算的**，但**阿兹特克人**、**特斯库卡人**、**特拉科潘人**和**特拉斯卡人**是按男系还是按女系计算世系就很难确定。

村居印第安人可能是按男系计算世系，但带有一些**古老规则的残余**，例如吐克特利一职的更换就是这样。在他们中间，可以期待发现**第二种主要继承法**，即把财产分给同宗亲属。在按男系计算世系的情况下，**死者的子女居同宗亲属之首**，因此他们（在同宗亲属中）得到的是**较大部分**，但他们并非**唯一的继承人**（排斥**其他同宗亲属**）。美洲人从来没有达到**野蛮时代的最后（高级）时期**。

第二章　（第四编）
三种继承法（续前）

野蛮时代的高级时期是在**东半球**开始的。

冶铁技术；虽然已有青铜，但由于缺乏**具有足够强度和硬度的金属以应用于技术方面**，发展进程停滞不前；这种性能首先在**铁**中发现。从这时起，进步加速。

Ⅳ. 野蛮时代高级阶段的财产

在这一阶段的末期，包括各个种类并且为个人所有的巨额财产，由于**定居的农业、手工业、对内的商业和对外的贸易**而到处都可以看到，但是，旧有的土地共有制除了部分的情况以外还没有被个人所有制取代。

在这个阶段上产生了**奴隶制**；它与**财产**的产生有直接的**联系**。由此（即由奴隶制）产生了**希伯来式的父权制家庭**和**拉丁部落的处于父权之下的类似的家庭**，以及**希腊部落的形式有所改变的这种家庭**。

由于这种情况，特别是**由于田野农业使生活资料大量增加**，民族开始发展起来，在一个管理机构下的人已以万计，而以前只不过几千。**由于部落在一定地区和设防城市中定居**和人口增加，为**占有最好地盘而进行的斗争**加剧了。战争技术发展了，**对勇武的奖赏**增加了。这些变化表明文明时代即将来临。

希腊人、罗马人、希伯来人的最初的法律——在文明时代开始以后——主要只是把**他们前代体现在习惯和习俗中的经验**的成果变为**法律条文**。

在野蛮时代高级阶段末期，占有形式有两种倾向，即国家占有和私人占有。在希腊人那里，土地有些仍为部落共同占有，有些为胞族共同占有供宗教之用，还有一些为氏族共同占有，但大部分土地都已归个人占有了。在**梭伦时代**，雅典社会还是**氏族社会**，土地一般已被个人占有，人们已学会了抵押土地。普卢塔克《梭伦传》第十五章："梭伦在他的诗中自夸说，他清除了抵押（ver-pfändeten）① 土地上**到处立着的** ὅ ρονς

▌[即标志牌，债务人必须在抵押的房屋旁边或**抵押的土地**上设立这种标志牌，上面写明债款数额和债主的名字]。▌

　　　　'他清除了立于各处的石标，
　　　　以前土地被束缚，现在自由了。'"

罗马部落最初定居的时候起，就存在着一种公有土地，即 *Ager Romanus* ｛罗马公有地｝；同时又有**库里亚占有**的供宗教之用的土地以及**氏族和个人占有**的土地。在这些社会团体消亡以后，它们共同占有的土地逐渐变成了私有财产。

这几种所有制形式表明，最古的土地所有制是部落共有；土地耕作开始以后，一部分部落土地便分配给各氏族，每一氏族都共同占有一份土地；此后，随着时间的推移，**就分给单个人份地**，最后就成为他们个

---

① 在原稿中，整个句子都是用希腊文写的，希腊文的德译是马克思加上的。——编者注

人所有。动产一般都是个人所有。

专偶制家庭出现于野蛮时代高级阶段,从对偶制家庭中演变出来,同财产的增加和继承财产的习俗密切联系在一起。世系已变为男系;但是**一切财产**,动产和不动产,仍然像自古以来那样,都在氏族内继承。

《**伊利亚特**》——在《伊利亚特》中(第 5 章第 20 行)提到了围绕着耕地的栏栅,提到了 **50 英亩的围地**($\pi\varepsilon\nu\tau\eta\kappa\acute{o}\nu\tau o\gamma\nu o\varsigma$),这种围地一半栽葡萄,一半作耕地(第 9 章第 577 行)。梯多斯住在一所物资丰富的广厦中,有大量种植谷物的田地(第 14 章第 121 行)。

‖(摩尔根认为只凭围栏便可证明土地私有,这就错了。)‖

马的品种已按其特性来加以区分了(第 5 章第 265 行)。"富人羊圈中的羊不计其数"(第 4 章第 433 行)。

当时尚不知铸币,因此商业还是**物物交换**,就像下面这几行诗所说的那样:

"从那时起,长发的希腊人开始买酒(即以酒为中介购买诸物):
有的用青铜,有的用发亮的铁,
有的用牛皮,还有一些人用活牛,
又有一些人用奴隶"(《伊利亚特》第 7 章第 472—475 行)。

‖ 在这里 $\left\{\begin{array}{l}\text{青铜}\\ \text{铁}\\ \text{皮}\\ \text{牛}\\ \text{奴隶}\end{array}\right\}$ = 酒 $\left(\begin{array}{l}\text{第三等价形式}\\ \text{在这里酒 = 货币}\end{array}\right)$;而酒 = 青铜或铁或皮或牛(第二等价形式)。 ‖

提到了**按重量来使用并以塔兰特为计算单位的金块**

▌(《伊利亚特》第 12 章第 274 行,摩尔根引用的这个地方**没有**这句话)①。▐

提到了用金、银、铜和铁制造的物品,用麻和毛纺织的各种纺织品,**房屋,宫室**等等。

继承。——在野蛮时代高级阶段房屋、土地、畜群和可交易的商品的数量大增并为个人所有以后,**继承问题**就越来越迫切了,直到权利符合实际情况为止。家畜是比先前各种财产的总和**更有价值的财产**。它们可以食用,可以交换其他商品,可以用来赎回俘虏,可以用来支付罚金和作敬神的牺牲;由于家畜能无限繁殖,所以占有它们便使人类心灵第一次产生了财富的概念。后来随着时间的进展,开始经常地耕种土地,促使家庭与土地结成一体,并把家庭变为创造财产的组织;这种情况,在拉丁、希腊和希伯来部落中很快就表现为包括奴隶和仆从在内的父权制家庭。父亲和子女的劳动越来越同土地、家畜的繁殖、商品的制造结合为一体;这就导致了家庭个体化,使子女产生出优先继承他们参加创造的财产的要求。在没有农业时,畜群自然由以亲属关系为基础而结成一个集团谋生的人们共同占有。在这种条件下,就自然确立了父方宗亲继承法。但是,一旦**土地成为财产对象**并把土地分给单个人从而导致了**个人所有**,父方宗亲继承法就必然被取代,——被第三种主要继承法取代,即将死者的财产分给他的子女。

当田野耕作的发展已证明**整个地球表面都能成为单个人的财产对象**,并且**家长成了财产积累的自然中心**的时候,人类财产发展的新历程便于此发端,——到**野蛮时代末期**结束以前就已充分完成。财产对**人类心灵**产生了巨大影响,并唤醒人的性格中的新的因素;财产在英雄时代的野蛮人中已成为强烈的欲望("booty and beauty" ｛战利品和美人｝)。最古老和较古老习俗都无法抵抗它。

---

① 摩尔根书中误刊,应该是第 19 章第 247 行。——编者注

❙❙[洛里亚先生！请看欲望的作用！]❙❙

专偶婚制确定了子女的生父，承认和确立了**子女对亡父财产的独占的继承权**。

在处于**野蛮时代高级阶段的日耳曼人**被发现时，他们**已使用数量有限的铁**；他们拥有**畜群**，种植谷物，生产粗糙的麻毛纺织品，但还没有达到**个人私有土地的观念**。因此，**在野蛮时代中期，亚洲和欧洲还没有土地私有制**，这种所有制是在**晚期出现的**。在希伯来部落中，文明时代开始以前便已存在土地私有制。当他们脱离野蛮状态时，也像雅利安**各部落那样**，已经拥有家畜和谷物，知道铁和铜、金和银以及陶器和纺织品。但他们的**田野农业知识**在亚伯拉罕时代还是有限的。出了埃及以后，希伯来人的社会的组织**在血缘部落的基础上**进行了重建，这些部落在到达巴勒斯坦后被分给**单独的地区**，这次重建表明，文明时代到来时他们还处在**氏族制度**之下，而不知**政治社会**为何物。**继承**被严格限制在**胞族**内，也可能限制在**氏族**即"宗族"内。在子女获得独占的继承权以后，**如果没有儿子，则由女儿继承**；除非有某种限制，即存在着**承宗女的情况下**，否则，**婚姻将把女儿们的财产从她们的氏族转到她们丈夫的氏族中去**。无论从假定还是从当然的角度看，在**氏族内通婚**都是被禁止的；这就发生了问题，**这在摩西以前就已成为希伯来继承法中的问题，在梭伦以前就已成为雅典继承法中的问题**；氏族要求拥有把继承的**财产保留在氏族成员之内**的最高权利；希伯来人和雅典人解决这个问题用了同样的办法。同样的问题在**罗马**也一定出现过，罗马人规定女子结婚后就被 *deminutio capitis*①，从而也**失掉父方宗亲的权利**，这样使这个问题得到部分的解决。

这个问题又引起了另一个问题：婚姻是应该被氏族内禁止通婚的规则所限制，还是应该任其自由，仅仅受亲属等级而不受一般血缘亲属的限制？后一种解决办法取得了胜利。

---

① 剥夺公民权。——编者注

西罗非哈死了，没有儿子，只留下几个女儿，她们便获得了遗产。后来这些女儿想要嫁给她们所属的**约瑟支派以外**的男子；**支派的成员们**反对这样的**财产转移**；他们便把这一问题提请摩西去解决。

▍这些汉子们是这样陈述问题的：▍

"她们若嫁给以色列**别的支派的人**，就必将**我们祖宗所遗留的产业，加在她们丈夫支派的产业中。这样，我们拈阄所得的产业，就要减少了**"（《民数记》第36章第3节）。摩西回答说："约瑟**支派**的人说得有理。论到**西罗非哈的女儿**，耶和华这样吩咐说，她们可以随意嫁人，只是要嫁**同宗支派**的人。这样，**以色列人的产业**就不会从这一支派转移到另一支派，因为**以色列人都必须守住自己同宗支派的产业**。凡在以色列支派中得了产业的女子，必须嫁给同宗**支派的某人为妻，好让以色列人各自承受他祖宗的产业**"（《民数记》第36章第5—9节）。这就是要求她们嫁给本胞族的人，但不一定嫁给本氏族的人。西罗非哈的女儿们"**都嫁给她们伯叔的儿子**"（《民数记》第36章第11节），他们不仅是她们**同胞族**的成员，而且也是她们**同氏族**的成员，他们也是她们最近的父方宗亲。

以前，**摩西**曾对**继承法和遗产归宗法**作了如下的规定：

"你也要晓喻以色列人说：**人若死了没有儿子，就要把他的产业归给他的女儿。他若没有女儿，就要把他的产业给他的弟兄。他若没有弟兄，就要把他的产业给他父亲的弟兄。他父亲若没有弟兄，就要把他的产业给他宗族中最近的亲属**，让后者来继承他的产业"（《民数记》第27章第8—11节）。

这里列举的继承人有：

（1）**子女**；但看来是**儿子**获得财产并负有抚养女儿的义务。我们在别的地方发现**长子**获得双份财产。

（2）**父方宗亲**，以其远近为序：（a）如果死者没有**子女**，则归**他的弟兄**；如果死者没有**弟兄**，则（b）**归他的父亲的弟兄**。

（3）**氏族成员**，亦以远近为序："**给他宗族中最近的亲属**"。"同宗支派"相当于胞族;由此可见,在死者无子女和父方宗亲时,**财产便转给已故所有者最近的胞族成员**。这种继承法把**母方亲属排除在继承权之外**;一个胞族成员,虽然比父亲的弟兄更远,但在继承时,却**比死者姊妹的子女优先**。世系按男系计算,财产必须在氏族内继承。**父亲不继承他儿子的遗产,祖父不继承他孙子的遗产**。在这一点上,以及差不多在所有其他各点上,**摩西的立法和十二铜表法**是一致的。

后来,**利未法**①把**婚姻关系**建立**在新的基础上,离氏族法而独立**;该法律禁止**在某些等级的血亲以内通婚**,并宣布在这些等级以外的婚姻**是自由的**;它根绝了希伯来人中在婚姻方面的氏族习惯;它以后成了**信奉基督教各民族的法律**。

梭伦的继承法,实质上和摩西的立法一样。这就证明:**希腊人和希伯来人以前在财产方面的习惯、风俗和制度是相同的**。

在梭伦时代,在雅典人中已经牢固地确立了**第三种主要的继承法**;父亲死后,儿子继承财产,但负有抚养女儿并在她们出嫁时分给她们适当份额的义务。如果没有儿子,**财产就由女儿平均继承**;因此,由于授予女子遗产,就产生了**承宗女**($\varepsilon'\pi\iota\kappa\lambda\acute{\eta}\rho\varepsilon\varsigma$)制度;梭伦规定**承宗女应嫁给她的最近的父方同宗男子**,虽然他们俩都属于**同一氏族而且过去按习惯是禁止他们结婚的**。也有这样的事情:**已经结婚的最近的父方同宗男子,为了娶承宗女为妻而获得遗产,就同原妻离异**。狄摩西尼反驳欧布利得的演说中的普罗托马库斯便是一例(《狄摩西尼反驳欧布利得》第41页)。如果没有子女,**遗产则归父方宗亲**,如果没有父方宗亲,则归死者的同氏族人。在雅典人中,也像在**希伯来人和罗马人中那样,遗产是坚定不移地保留在氏族内的**。梭伦把以前已经确立的习俗变为法律了。

在**梭伦**时,出现了**遗嘱法**[是他制定(?)的];普卢塔克说:立遗嘱的事以前是不允许的(罗慕洛:公元前754—714年,即罗马建城

---

① 利未法是把古代犹太人的习惯法加以系统化的法律,对古代犹太人的婚姻关系作了规定。利未人是在古代犹太人社会生活中起着重要作用的宗教祭司。摩尔根提到利未人的地方,是根据《旧约》的材料(见圣经《利未记》第18章)。

1—37 年；**梭伦**：雅典立法家，约在公元前 594 年）。"他也因立了关于遗嘱的法律而受到相当的尊崇。在他以前的时候，不可能有立遗嘱的事情，**死者的全部遗产都必须留在氏族以内**。这样，由于他**允许无子女的人把财产遗留给他所愿意的人**，他就把友谊置于亲属关系之上，把喜爱置于**义务**之上，并使财物成为**占有者自己的财产**"（普卢塔克《梭伦传》第 21 章）。

这种法律承认一个人生前对于他的财产拥有绝对所有权，现在又加上一种在**没有子女**的情况下立**遗嘱处理财产的权利**；但是，只要**在氏族内有可以代表他的子女，氏族**对于财产的权利仍是有效的。无论如何，这种习惯（即立遗嘱处理财产的习惯）应当说以前就已存在，因为梭伦只是把**习惯法**变为了**实在法**而已。

罗马十二铜表法最初公布于**公元前 449** 年；十二铜表法是这样确认**无遗嘱遗产继承权**的："未立遗嘱者的遗产根据十二铜表法首先给予其继承人"（盖尤斯《法典》，Ⅲ，1）。（死者的**妻子同死者的子女一样也是继承人**。）"如无继承人，遗产根据同一个十二铜表法给予**父方宗亲**"（盖尤斯，Ⅲ，9）。"如无父方宗亲，十二铜表法规定把遗产给予同氏族人"（盖尤斯，Ⅲ，17）。看来，下面这种推论是合理的，即在罗马人那里，最初**继承法**的顺序恰恰和十二铜表法所规定的**相反：同氏族人的继承**先于父方宗亲的继承，**父方宗亲的继承**又先于子女的独占继承权。

在**野蛮时代晚期**，由于人的个性的发展以及当时个别人拥有的**大量财富的增长**，便产生了**贵族**；使一部分居民永远处于卑贱地位的**奴隶制**，促使形成以前各文化时期所不知道的对立状态；这种情况，再加上**财富和官职**，产生了贵族精神，这种贵族精神是和氏族制度所培植起来的民主原则相对抗的。

在野蛮时代高级阶段，原来在氏族内世袭并由其成员选举产生的各级首领的职位，在希腊和罗马部落中很可能已由父亲传给儿子。但没有证据可以证明这是由世袭权引起的。

不过，在希腊人中，**占有执政官、部落巴赛勒斯**或巴赛勒斯的职位,在**罗马人**中,**占有王**(princeps)或**勒克斯**(rex)的职位,都具有加强其家庭的贵族精神的倾向。虽然这种贵族精神已扎下了深根,但还没有强大到**根本改变这些部落以前的管理机构中的民主性质**的程度。

现在,财富的增长是如此巨大,它的**形式**是这样**繁多**,以致这种财富对人民说来已经变成**一种无法控制的力量**。"人类的智慧在自己的创造物面前感到迷惘而不知所措了。然而,总有一天,人类的理智一定会强健到能够支配财富……单纯追求财富不是人类的最终的命运。自从文明时代开始以来所经过的时间,只是人类已经经历过的生存时间的一小部分

(而且是很小的一部分),

只是**人类将要经历的生存时间**的一小部分。社会的瓦解,即将成为以财富为唯一的最终目的的那个历程的终结,因为这一历程包含着自我消灭的因素……这(即更高级的社会制度)将是古代氏族的自由、平等和博爱的复活,但却是在更高级形式上的复活。"(第552页)

"人类出于同源,因此具有同一的智力资本,同一的躯体形式,所以,人类经验的成果**在相同文化阶段上的一切时代和地区中都是基本相同的**。"(第552页)

第二编
(管理观念的发展)

第一章
以性别为基础的社会组织

组成为男性级别和女性级别的组织(从而也就是以性别为基础的组织),现在正盛行于**澳大利亚土著**中。蒙昧时代初期,在一定范围内共夫和共妻,是社会制度的基本原则;**婚姻的权利**(jura conjugialia[罗马人对 connubium 和 conjugium 两词区别得很清楚,前一词指的是作为**世俗制度的婚姻**,后一词指纯粹肉体上的结合]确立在集团中[摆脱这

些"权利"等等,是由于**向前的运动导致了不知不觉的改革**而缓慢地实现的;这些改革是由于自然选择而不知不觉地发生的。]

....

不论何处,只要是发现蒙昧时代中级或低级阶段的地方,都可以发现**整个整个集团按照确定这些集团界限的习俗的通婚**……生活的需要实际上给在这种习俗下共同生活的集团的规模规定了界限。"**一些部落和民族在体质上和精神上退化的情况**是可以设想的,其原因也是大家知道的,但是,这种情况从没有阻止过人类的整个进步……蒙昧人借以维持生存的技术,持续的时间极长。在这些技术被其他更高级的技术取代以前,是绝不会消失的。凭着这些技术的运用,凭着通过社会组织所获得的经验,人类按照必然的发展规律向前迈进,虽然他们的进步在若干世纪中未必能察觉出来……有些部落和民族由于他们的文化生活遭到破坏而灭亡了"(第60页)。在其他部落(不是澳大利亚人)中,**氏族**看来是按照**同居制度的范围缩小的程度**向前发展着的。

"我们具有和**以往时代在野蛮人及蒙昧人头颅中从事活动**的同样的大脑,**由遗传而保存下来**这副脑子传到今天,已经**充满了**和浸透了它在各中间时代为之忙碌不已的思想、渴望和激情。它还是那副大脑,不过由于世世代代的经验而变得更老练和更大了。野蛮时代的精神的种种显露(例如,摩门教),就是这副大脑的古代癖性的种种重现……这是一种精神上的返祖现象"(第61页)。

第二编 第二章
易洛魁人的氏族

最古老的**组织**是以**氏族、胞族和部落**为基础的**社会组织**;氏族社会就是这样建立起来的,在氏族社会中,管理机关和个人的关系,是通过个人对某个氏族或部落的关系来体现的。这些关系是**纯粹人身性质的**。此后,产生了以**地域和财产**为基础的**政治组织**;在这里,管理机关和个人的关系,是通过个人对地域,例如对**乡、区和国**的关系来体现的(第62页)。

氏族组织在亚洲、欧洲、非洲、美洲、澳洲都有发现；它一直保持到在文明时代开始时才形成的**政治社会**建立为止。爱尔兰语的 sept 〔**塞普特**〕、苏格兰语的 clan 〔**克兰**〕、阿尔巴尼亚人的 phrara 〔**弗拉拉**〕、梵语的 ganas 〔**伽纳斯**〕等等，都是和美洲印第安人的氏族相同的组织。Gens, γὲνος 和 ganas（**拉丁语、希腊语和梵语**）都同样有**亲属**的意思；它们都包含和 gigno, γίγνομαι, ganamai（这 **3** 个字都是**生育**的意思）相同的成分；表示氏族成员有直接的共同世系。可见氏族是一个**血亲团体**，出自一个共同的祖先，具有同一个氏族名称，由血亲关系结合在一起。氏族只包括这样的子孙的一半；凡是**世系按女系计算**——远古时代普遍是这种情况——的地方，氏族是由一个**假定的女性祖先和她的子女以及她的女性后代的子女**所组成，按女系永远传下去；在**世系按男系计算**的地方，——而这一**不按女系计算**血亲的变化是在财产大量出现之后发生的，——情况就相反了。甚至现代的**家族姓氏**也是世系按男系计算的**氏族姓氏**的一种遗留。**现代的家族**，从它所用的姓氏来看，是**一种没有组织的氏族**；亲属的**联系已被打破**，它的成员也散布在有这一家族姓氏的各个地方。**最后形态的氏族**包含了下面两种变化：（1）从世系按女系计算变为按男系计算，（2）从氏族的已故成员的**财产**由他的同氏族人继承变为由他的**近宗亲**继承，最后变为由**他的子女**继承。

远古形态的氏族目前还存在于美洲土著中。

在盛行氏族制度的地方——即在政治社会建立以前，——我们发现各民族或部落都组织为**氏族社会**，都没有超出这一范围。"**国家是不存在的**"（第 67 页）。因为**氏族**这种组织单位**本质上是民主的**，所以由氏族组成的**胞族**，由胞族组成的**部落**，以及由**部落联盟**或由**部落的溶合**（更高级的形态）〔如罗马的 **3** 个罗马部落、阿提卡的 **4** 个雅典部落、斯巴达的 **3** 个多利安部落；他们都定居在一个**共同的地域**〕所组成的氏族社会，也必然是民主的。

在**远古形态的氏族**中，女性的子女属于**她的氏族**；她的女儿、孙女等等的子女也是这样，但**她的儿子**、孙子等等的**子女**则属于**另外的氏族**，即自己母亲的氏族。在野蛮时代中级阶段（随着**对偶制家庭**的发展），印第安人部落开始从世系按女系计算转为按男系计算；在野蛮时代高级阶段，希腊部落（吕西亚人除外）和意大利部落（伊特剌斯坎人除外）也发生了同样的变化。

氏族内部禁止通婚。氏族组织必然开始于两个氏族：一个氏族的男子和女子与另一氏族的男子和女子通婚；子女属于各自母亲的氏族而分配在两个氏族中。氏族既然建立在作为其结合原则的血亲纽带上，所以它对每一个氏族成员个人都提供当时其他任何势力都不能提供的保护。

易洛魁人的氏族可以作为加诺万尼亚族系的典型。易洛魁人当他们被发现的时候，正处在野蛮时代低级阶段。他们用树皮的纤维制成网、线和绳索，用同样的材料按经纬织成腰带和背带。他们用混合有硅石的粘土制成陶器和烟斗，并在火上加以焙烧；这些器具上有的还饰以粗糙的雕饰。他们在园畦中栽培玉蜀黍、豆类、南瓜和烟草，并在陶器中烘烤用玉蜀黍面制成的没有发酵的面包（这种面包或面饼，其直径约 6 英寸，厚约 1 英寸）。他们把皮鞣制成革，用来做成短裙、护腿套和鹿皮鞋。他们所用的主要武器是弓、箭和战斗棒；他们使用燧石器、石器和骨制器，穿皮革制的衣服，他们是熟练的猎人和渔夫。他们建造能容 **5 个**、**10 个**、**20 个**家庭的长形的共同住宅，而每个住宅都过着共产制的生活；他们在房屋建造方面还不知道使用石头或土坯，也不知道利用天然的金属。从智能和一般的发展程度来说，他们是新墨西哥以北的印第安族系的有代表性的分支。在军事方面，"他们的行动简直可怕。他们是上帝降在美洲大陆土著头上的灾难"。

第二编　第三章
易洛魁人的胞族

胞族（φρατρία），一种兄弟关系的团体，是氏族组织的自然产物；这是同一部落中两个或两个以上的氏族为了一定的共同目的而结成的一种有机的联合或结合。这些胞族，通常是由一个原始氏族分裂而成的。

…………

以上的例证也表明，胞族是建立在氏族的血缘关系上的。一般来说，产生其他氏族的**那个原始氏族的名称都无从知道了**，但是，在这种情况下，每一次都是把原始氏族的名称保留下来作为胞族的名称。雅典的 **12 个胞族中，仅有一个胞族的名称为我们所知**；易洛魁人的胞族没有任何名称，只有"兄弟团体"这种叫法。

第二编 第四章
易洛魁人的部落

美洲的土著由于自然的分化过程而形成**许多部落；每个部落都有特殊的名称、特殊的方言、自己的最高管理机关、它据为己有并加以保卫的地域**。**方言的种类之多有如部落的数目**，因为部落的分化是在**语言发生差别**时才完成的。摩尔根推测，为数众多的所有美洲土著部落（非土著的爱斯基摩人除外）**都起源于一个原始的人群**。

"**民族**"｛nation｝一词被人们用来称呼许多印第安人部落，因为它们的人数虽然不多，却**各有其独特的方言和地域**。然而，"部落"和"民族"并不等同；在**氏族制度下**，只有当联合在同一个管理机关之下的**各部落融合为统一的人民**时，民族方才产生，像阿提卡的 4 个雅典部落，斯巴达的 3 个多利安部落，罗马的 3 个拉丁部落及萨宾部落那样。**部落联盟**的前提条件，是**占有单独地域的各独立部落**；融合作用作为一种更高的过程，把它们**联合在同一地域内**，虽然**氏族和部落的地方性的分离倾向仍继续存在**。**部落联盟**是与**民族**最近似的东西。

在美洲**土著**中，一个部落包括操不同方言的人民的情况是极其罕见的；凡是发现这种情况的地方，都是一个较弱的**部落**合并于一个方言很接近的较强的部落的结果，像密苏里部落被征服以后合并于奥托部落那样。**绝大部分土著**在其被发现时都是**独立的部落**；他们当中只有一小部分达到了由说着同一母语所派生的方言的各部落组成**部落联盟**的阶段。

在氏族组织的要素中存在着一种**不断分离的倾向**；语言发生差别的**倾向又加强了分离倾向**，而语言发生差别的倾向在他们所处的社会状况及**其所占据的广大地域**的条件下，是不可避免的。一种口语，虽在辞汇上是非常稳定的，**在语法形式上更加稳定，但是不可能保持不变**。在地域上——在空间上——的分离，随着时间的推移就会导致语言差别的出现；这就会引起利害关系的不一致，终于各自独立。北美和南美的大量的方言和语言｛stocklanguages｝，除爱斯基摩语而外，大约都是起源于一种原始的语言，它们的形成所需的时间，要用文化上的三个时代来衡量。

由于自然的发展，经常有新的部落和氏族形成起来；而美洲大陆幅员的辽阔显然更加速了这一过程。过程是简单的。从某一个在生活资料方面具有特殊优越条件的人口过剩的地理中心，发生了人口逐渐外流的现象。

…………

印第安人部落的酋长会议是一权管理机关，它普遍流行于**野蛮时代低级阶段**的部落中。这是**第一个阶段**。

第二个阶段：酋长会议和最高军事首长平行并列的管理机关；前者执掌**民政**，后者执掌**军务**。这一管理形式，在野蛮时代低级阶段**部落联盟**形成以后才开始出现，到野蛮时代中级阶段最后确立。统帅——最高军事首长——的**职权**，就是最高行政长官即王、皇帝、总统的**职权**的萌芽；这是二权管理机关。

第三个阶段：由酋长会议，人民大会和最高军事首长管理人民或民族的机构。这种管理形式出现于达到**野蛮时代高级阶段**的部落中，如荷马时代的希腊人或罗慕洛时期的意大利部落。结合为一个民族的居民，人口大量增加，他们定居于周围有墙的城市里，土地和畜群等财富形成了，这些就引起了人民大会作为管理机构而产生。**酋长会议成为一个预审会议；人民大会接受或拒绝**它所提出的**公共措施**，它的决定就是最后的决定；而最后则是军事首长。这一管理形式一直存在到**政治社会**开始时为止，此时，例如在雅典人中，**酋长会议**变为**元老院**，人民大会变为**公民大会**（ecclesia）。

在野蛮时代中级阶段，氏族依然组成为部落，但是**部落联盟**成为更经常的现象。在某些地区，例如**墨西哥峡谷**，完全没有存在过**政治社会**，没有任何证据证明存在过这种社会。在氏族的基础上不可能建立政治社会或国家。

第二编　第五章
易洛魁人的联盟

　　为相互保卫而联合，最初不过是一个由某种需要（例如面对外来的袭击）所引起的单纯事实，随后形成同盟，然后则成为**永久性的联盟**。当美洲被发现时，在好几个地区都有联盟存在。其中有：**5个独立部落结成的易洛魁联盟**，6个部落结成的**克里克联盟**，3个部落结成的**渥太华联盟**，"七会议篝火"结成的达科塔同盟，**7个村落组成的新墨西哥地方的摩基联盟**，以及墨西哥峡谷的**3个部落结成的阿兹特克联盟**。处于野蛮时代中级阶段的**村居印第安人**，因其村落互相接近和**地区狭小**，所以最容易形成联盟（由于"**领土｛地理｝关系不稳定**"，形成联盟一般来说是一件困难的事）。北美最著名的联盟组织是**阿兹特克**和**易洛魁**两个联盟：后者我们知道得很清楚；至于前者，**可能也带有永久性联盟的性质**，虽然根据西班牙历史学家的报道，它在某种程度上只是由**3个有血缘关系的部落**所组成的攻守同盟。

　　联盟以氏族为基础和核心，以共同语言（其方言仍能互通）**为其方圆的范围**；没有发现一个联盟，其范围超出共同语言的方言以外；如果不是这种情况，则必然有外族分子侵入其组织之中。曾经有这样的例外情况，大概也是唯一的例外情况，即**一个部落的残余**，语言上并不同系，**被吸收到一个现存的联盟中来**；例如纳彻人在被法国人击溃后，被吸收加入**克里克联盟**。只有以一个氏族和一个部落的身份，并且**具有共同语言**，才有可能成为联盟的平等成员。

　　君主政体是与氏族制度不相容的。希腊的僭主政治是建立在篡夺上的专制政治，后来的王国就是从这种**萌芽**发展出来的；至于**荷马时代**的所谓**王国**，不过是**军事民主制**而已，并非其他。

　　…………

第二编　第七章
阿兹特克联盟

墨西哥村是阿兹特克人唯一的城堡；随着这个城堡被攻陷，**阿兹特克的管理机构便被破坏了，代之以西班牙人的统治**。西班牙人以为阿兹特克人的管理制度类似欧洲的君主制，从而完全歪曲了历史真相；只有说到西班牙人的**活动、阿兹特克人的活动和个人特性**，以及阿兹特克人的**武器、工具和器皿、织物、食物、衣着**等等，西班牙人的记载才是"符合历史事实的"。而当谈到**印第安人的社会和管理机关**时，他们的记载就没有任何意义了；"他们在**这两方面都毫无所知，什么也不懂**"。

阿兹特克人以及加入他们联盟的各部落都处于**野蛮时代中级阶段**；他们不知有**铁和铁制工具**；**他们没有货币**；**交易是以物易物**；可以确信的是，他们**每天只安排一顿饭**，用饭是分别进行的，**男子在先，妇女和儿童在后，既没有桌子，也没有椅子**。

他们**共同占有土地**，过着大家庭生活，一个大家庭包括一些有亲属关系的家庭，我们有理由相信，他们在家庭生活中是实行共产制的。另一方面，他们加工天然金属，从事灌溉耕作，制造粗糙的棉织品，用土坯和石头建造共同住宅，生产质地优良的陶器。

…………

土地占有制的形式也表明**氏族**的存在。克拉维赫罗说："土地被称为'阿耳台佩特拉里'（"阿耳台佩特耳"即村落之意），属于市镇的公社或农村的公社；这些土地**分成许多部分**，其数目与城市分成多少区一致，每个区占有自己的那部分土地，界限分明，各自独立。这些土地用任何方式都**不得转让**。"

每个这种**公众团体都是氏族**，氏族**定居一地**是阿兹特克人的社会制度的必然结果。公众团体构成地区（克拉维赫罗用"地区"代替"公众团体"）并共同占有土地。克拉维赫罗忽略了将公众团体的成员结合起来的**血缘因素**，但是这一点由埃雷拉弥补了。他说：

"还有另一些被称为'**大父**'[酋长]的领主 {lords}，他们的全部土地都属于一个宗族［氏族］，每一个宗族住在一个地区内；在新西班牙开始有居民并对土地进行分配的时候，有许多这样的宗族；**每一个宗族获得自己的一份土地，一直占有到现在**；这些土地**不属于任何个人**，而为**全体共有**，占有土地的人虽然**可以终身享用**，并且**可以把土地留传给他的儿子和继承者，但不得出卖**；如果某一家（*alguna casa*——西班牙的封建名词）绝后无嗣，其土地不能留给别人，而是留给管理该地区或宗族的最近的'大父'，因为土地原是给予他的。"

西班牙人的封建概念和他们所看到的**印第安人的关系**，在这里互相搅在一起，但是可以分辨出来。阿兹特克人的"**领主**"就是**酋长**，即称他为"**大父**"的那个**血亲团体**的民事酋长。土地属于每个团体（**氏族**）共有；**酋长**去世后，据埃雷拉的说法，其地位由他的儿子继承；在这种情况下，继承的是**酋长的职位**，而不是土地，**任何人都没有被授予权利"领有"土地**；如果他没有儿子，"土地留给最近的大父"，就是说**另一人被选为酋长**。

"**宗族**"在这里只能是**氏族**，而不是其他；**酋长的职位**，同其他印第安部落一样，**是在氏族内世袭的**，是在氏族成员中**选举产生的**；如果世系按男系计算，则人选将属于已故酋长的儿子或侄子，或者是他的亲兄弟或从兄弟，等等。

埃雷拉的"**宗族**"和克拉维赫罗的"**公社**"，显然是同一个组织，即**氏族**。**酋长**对土地没有任何权利，他不能将土地转让给任何人。西班牙人之所以把酋长当作土地占有者，是因为他担任的职位是永久的，并且**土地**是归他担任首领的**氏族**永远占有的；酋长（除去他作为氏族首领的职能之外）没有什么**支配人身的权力**（西班牙人认为他有这种权力），也没有支配土地的权力。

他们对财产继承的描述也是混乱和矛盾的；这些描述只有一点值得重视，那就是表明存在着**血缘亲属团体**以及子女继承父亲的遗产，后一种情况说明**世系按男系计算**。

…………

第二编 第八章
希腊人的氏族

文明时代在**亚洲的希腊人**中是从荷马史诗写成的时候开始的,约在**公元前850年**,而在**欧洲的希腊人**中,则大约晚**一个世纪**,即从**赫希俄德诗篇的创作**开始。在此以前,是一个有数千年之久的时期,希腊人在这个时期中走完了野蛮时代低级阶段;他们最古的传说认为他们那时已经居住在希腊半岛、地中海东岸以及这两个地区之间和邻近的岛屿上。在希腊人之前,**同一族系的更古老的一个分支**,主要以**佩拉斯吉人**为代表,曾占有这个地区的大部分,他们先后或被**希腊人同化**,或被**希腊人驱逐**。

佩拉斯吉人和希腊人都组织成**氏族、胞族**(在多利安人部落中可能没有胞族。**弥勒:《多利安人》**)和部落;这一有机的序列有时并不完备,但**氏族**到处都是 {社会} 组织的单位。**酋长会议**,"阿哥腊"或**人民大会**,巴赛勒斯或军事首长。随着社会的发展,**氏族制度**不得不发生**以下的变化**:(1)**世系由按女系计算过渡到按男系计算**;(2)**孤女和女继承人允许在氏族内部结婚**;(3)**子女取得对父亲遗产的独占继承权**。希腊人像印第安人那样,分为**分散的部落**,等等。

希腊社会最初在历史上为人所知大约是在第一届奥林匹克大会期间(**公元前776年**);从这个时候起直到克利斯提尼的立法(公元前509年)是由**氏族组织向政治(公民)组织过渡**。

‖〔他本来应该说,这是**亚里士多德意义上的政治:政治的 = 城邦的,政治动物 = 城邦市民**。〕‖

自治区连同它所包括的**固定财产**以及当时居住在自治区的居民,成为组织的单位;**氏族成员变为公民**。个人对氏族本来是人身的关系,变为对**自治区的关系**,即成为**地域的关系**;自治区的**德马赫**(德莫的首长)在某种意义上取代了**氏族酋长的地位**。

财产成了逐渐改造希腊制度的**新要素**，准备了这种变革；在完成这种变革以前，曾**试图在氏族基础上加以实现**，历时数百年。在希腊人的各个共同体中，曾试行过**各种不同的立法方案**，而且多少都抄袭别人的经验，但都力求达到同一结果。

在**雅典**人中，有提修斯的立法（根据传说）；**德拉古的立法，公元前 624 年；梭伦的立法，公元前 594 年；克利斯提尼的立法，公元前 509 年。**

在有史时期之初，**阿提卡的爱奥尼亚人分为 4 个部落：格勒昂特、霍普利特、埃吉科尔和阿尔加德。**

[部落——$\varphi \nu \lambda \acute{\eta}$； ｛菲拉｝；其次是 $\varphi \rho \alpha \tau \iota \acute{\alpha}$ 或 $\varphi \rho \alpha \tau \iota \acute{\alpha}$——胞族；$\varphi \rho \alpha \tau' \alpha \omega \rho$——胞族成员；$\varepsilon \nu o \xi$——氏族（另：民族｛nation｝ 和部落）]。"**建立在血缘关系上的部落**｛Geschlechterphylen｝ 通常分成**胞族，后者又分成氏族**［不过，除了 $\varepsilon \nu o \xi$ 一字以外，还有**荷马著作中的** $\varepsilon \nu \varepsilon \alpha$ 一字，即爱奥尼亚的 $\varepsilon \nu \varepsilon \eta$，意为：部落、世系、家族、后裔］，**氏族也分为** $o \iota \kappa o \iota$（家户或家庭）；相反地，**地域部落**｛topischephylen｝ 之下的单位则是乡区（$\delta \tilde{\eta} \mu o \iota$）或街区（$\kappa \tilde{\omega} \mu \alpha \iota$）……起先，凡是按血缘关系组织成部落的地方，**每一个部落的成员也都一同住在一个地域里，胞族和氏族的成员**也是这样，所以在这里地域被划分为大小地区是同**民族被划分**密切相关的。而在**地域部落中，只注意居住地。**但后来这一原则并没有被严格遵守，以致从一个部落区迁往其他部落区居住就非加入其他部落不可（舍曼，I，134、135）。隶属于部落，其次隶属于胞族或乡区，到处都是**公民身份的根本标志和必备条件……不属于这些区划之一的乡区居民，就不是公民。**关于这一点的详情，见同书第 135 页及以下各页。

阿提卡的 4 个部落——**格勒昂特、埃吉科尔、霍普利特、阿尔加德**——操同一方言并占有一共同**地域**，它们已**溶合**为一个民族｛nation｝；但是在更早的时期，他们大概只组成**部落联盟。**［赫尔曼的《**希腊古代政典**》中提到雅典、埃吉纳、普拉西亚、瑞普利亚等**联盟。**］每一个阿提卡部落由 **3 个胞族**组成，每一个胞族由 30 个氏族组成，结果是：4（部落）×3 胞族或 12×30 氏族＝360 氏族；胞族和部落的数目是固定的，氏族的数目则有变动。

多利安人一般分为 3 个部落，即**希莱、潘菲利**和**迪曼**，并且在斯巴达、阿尔戈斯、锡基温、科林斯、特累赞等地构成不同的邦｛nation｝，**在伯罗奔尼撒半岛以外的墨加拉**等地也是这样。在某些地方，有一个或更多的非多利安人部落和他们结合在一起，例如在**科林斯、锡基温和阿尔戈斯**。

在所有这些地方，**希腊部落**总是以操共同方言的**氏族**的存在为前提的；胞族可能不存在。在**斯巴达**，部落划分为 3 个 $\omega\beta\eta$［鄂拜］（在拉科尼亚叫做 $\omega\beta\alpha\xi\omega$，即分为 $\omega\beta\eta\varsigma$［鄂拜］，$\omega\beta\acute{\alpha}\tau\eta\varsigma$——鄂拜的成员）。每一部落有 **10 个鄂拜** $\omega\beta\eta\iota$（？）胞族？关于它们的职能，仍然一无所知；在古老的莱喀古士的《约法》中，有将部落和鄂拜保持不变的指示。

雅典人的社会制度：第一，$\gamma\acute{\varepsilon}\nu o\varsigma$——**氏族**，以**血缘关系**为基础；其次是 $\varphi\rho\alpha\tau\rho\acute{\iota}\alpha$ 或 $\varphi\rho\acute{\alpha}\tau\rho\alpha$——由一个原始氏族分化而成的兄弟氏族；其次是 $\varphi\tilde{o}\lambda o\nu$，后称 $\varphi\nu\lambda\acute{\eta}$［菲拉］——**部落**，由一些胞族组成；再其次是**族**或**民族**｛people or nation｝，由一些部落组成。早期曾有过**部落联盟**（各部落占有独立的领土），但并没有产生重要后果。可能是 4 个雅典部落先组成联盟，后来由于在其他部落压迫之下聚居在一个地域而融合在一起了。

格罗特在其《希腊史》中是这样描写的："胞族和氏族看来是**结合为较大集团的小原始单位的集合体；它们不依赖部落，不以部落之存在为前提**……整个体制的基础是户宅、炉灶或家庭（$o\tilde{\iota}\kappa o\varsigma$）；若干家庭（多少不一）组成**氏族**（$\gamma\acute{\varepsilon}\nu o\varsigma$），**克兰，塞普特**｛Sept｝或某种扩大的、部分地说是人为的兄弟团体，把这种团体结合在一起的纽带是：

（1）共同的宗教仪式和祀奉某一个神的特权，这个神被认作始祖并有特殊的称呼。

（2）共同的墓地。

'但是，谁能容许把和氏族没有任何关系的人置入坟墓？'狄摩西尼《反驳欧布利得》。

（3）相互继承财产的权利。

（4）相互帮助、保护和代为复仇的义务。

（5）在某些特定的情况下，特别是在只有孤女或女继承人的情况下，有在氏族内部互相通婚的权利和义务。

（6）至少在某些场合，拥有共同财产；有自己的一位酋长（archon）和一位司库。

把若干氏族联在一起的**胞族联合**，就不那么紧密了，但是它也有一些性质与此相似的相互权利和义务，特别是**共同执行特有的祭典和胞族成员被杀害时代死者进行追究的特权**……同一部落的所有胞族，有共同**的定期的祭典**，这种祭典由一位称为部落巴赛勒斯或部落王的首脑主持，他是由**世袭贵族**中选举出来的"。

▎但是，透过希腊氏族，也可以清楚地看到蒙昧人（例如易洛魁人）。▎

除此以外，希腊氏族有以下**特点**：

（7）世系仅按男系计算。

（8）禁止氏族内部通婚，但女继承人例外。

（9）收养外人入族的权利。

（10）选举和罢免酋长的权利。

关于第7点。在我们现在的家庭中，**男系的子孙使用家庭的姓氏**，组成**氏族**，虽然这种氏族处于**分散的状态**，除去最近亲属之间的联系以外，是**没有联系**的。**女子**出嫁就丧失了姓氏，连同她们的子女转到另一氏族去。**赫尔曼**说："每一个幼儿都**注籍于其父**之胞族和氏族（$\gamma\grave{\varepsilon}ovo\varsigma$）"。

关于第8点。[从女继承人可以**例外**的情况中，已经可以看出**氏族内部通婚**是禁止的。]

瓦克斯穆特写道："离开了父家的姑娘，就不再**参加父家的祭祀炉**

灶而加入其夫家的宗教团体，这就使婚姻关系具有一层神圣化的意义"。赫尔曼说："每一个新婚妇女，**如本身是公民，就因此而注籍于其丈夫的胞族**"。希腊和罗马的氏族都有 sacra gentilicia ｛氏族的祭祀仪式｝。但在希腊人中，女子**出嫁后**不大可能像在罗马人中所看到的那样**丧失其父方宗亲的权利**；她无疑仍然认为自己属于其父亲的**氏族**。

禁止在氏族内部通婚的规则，即使在专偶制婚姻［它力图使这种限制只适用于最近的亲属］确立以后，只要氏族还是社会制度的基础，仍然继续保持着。贝克尔在《哈里克尔》一书中说："**亲属关系**对婚姻虽有一些小的限制，却**不是婚姻的障碍**，婚姻可在各种亲等的 $\alpha\gamma\iota\acute{o}\tau\epsilon\iota\alpha$ ｛近亲｝或 $\sigma\upsilon\gamma\gamma\acute{\epsilon}\nu\epsilon\iota\alpha$ ｛宗亲｝之间缔结，**尽管在本** $\gamma\grave{\epsilon}\nu o\varsigma$ ｛氏族｝中当然不能缔结"。

关于第9点。**收养外人入族**是在较后的时期，至少是在家庭中实行的，不过要举行公开的仪式，而且限于特殊情况。

关于第10点。毫无疑问，早期**希腊氏族有选举和罢免酋长的权利**；每一氏族都有自己的 $\alpha\rho\chi\acute{o}\varsigma$ ｛archon｝——对**酋长**的通称。鉴于雅典氏族**直到梭伦和克利斯提尼时期**所具有的自由精神，不可能设想在**荷马时期**这一职位是由儿子世袭的。在我们没有**有力的证据**的情况下，始终应该设想**不存在继承权**，因为它是和古老的制度完全矛盾的。

‖格罗特说希腊人的社会制度的基础是 $o\iota\kappa o\varsigma$ 即"户宅、炉灶或家庭"，这是荒谬的。‖

他显然是把那种在 pater familias ｛一家之父｝严酷控制下的罗马家庭的特征套到**荷马时代的希腊家庭**上去了。按起源来说，氏族要早于**专偶制和对偶制家庭**；它是和普那路亚家庭大致同时的东西，但是这些家庭形式**没有一个是氏族的基础**。每一个**家庭**，不管是**古老的或不是古老的**，都是一半在氏族之内，一半在氏族之外，因为**丈夫和妻子属于不同的氏族**。

▌[但氏族必然从杂交集团中产生；一旦在这个集团内部开始排除兄弟和姊妹之间的婚姻关系，氏族就会从这种集团里面生长出来，而不会更早。氏族的前提条件，是兄弟和姊妹（直系的和旁系的）已经从其他血亲中区分出来。氏族一旦产生，就继续是社会制度的单位，而家庭则发生巨大的变化。]▌

氏族整个包括在胞族内，胞族整个包括在部落内，部落整个包括在民族内，但家庭只要氏族存在就从未整个包括在氏族内；它总是一半包括在丈夫的氏族内，一半包括在妻子的氏族内。

不仅格罗特，而且尼布尔、瑟尔沃尔、梅恩、蒙森以及所有其他古典派的博学的学者们，对于父权制类型的专偶制家庭都采取一个相同的立场，即认为它在希腊罗马的体制中是社会赖以建立的单位。家庭，即使是专偶制家庭，不可能成为氏族社会的自然基础，就像现在在公民社会中它不可能是政治体制的单位一样。国家由州组成，它只认州为单位，州认区为单位，但是区并不以家庭为单位；同样，民族认部落为单位，部落认胞族为单位，胞族认氏族为单位，但氏族并不以家庭为单位。

▌格罗特先生应当进一步注意到，虽然希腊人是从神话中引伸出他们的氏族的，▌

但是这些氏族比他们自己所创造的神话及其诸神和半神要古老些。

在氏族社会的组织中，氏族是基本组织，它既是社会体制的基础，也是社会体制的单位；家庭也是一种基本组织，它比氏族古老。血缘家庭和普那路亚家庭在时间上早于氏族而存在；但家庭不是¦社会制度的¦有机系列中的一个环节。

格罗特说："阿提卡居民原始的宗教性的和社会性的联合与大概是（！）后来才建立的政治性联合不同，后者最初是由特里迪斯（*trittyes*）和诺克拉里所代表，后来由细分为特里迪斯和德莫的克利斯提尼的 10

个部落所代表。在前一种联合中，**人身关系**是根本的主要的因素，**地域关系**是从属的；在后一种联合中，**财产和居住地**变成了主要的考虑，而**人身的因素**只是当这些因素存在时才被考虑……瑟奥尼亚节（阿提卡地方的）和阿柏图里亚节（所有爱奥尼亚人共同的），每年一次把这些胞族和氏族成员集合起来举行祭祀、庆祝，保持彼此之间的感情……

不论在**雅典**，还是在**希腊其他地区**，氏族都有一个**传自祖先**的名称，作为他们相信有共同祖先的标志……希腊许多地方都有**阿斯克莱皮亚达氏**；在特萨利亚有阿琉阿达氏；在埃吉纳有米迪利达氏、普萨利基达氏、贝尔普西亚达氏、欧克塞尼达氏；在米利都有布朗希达氏；在科斯有内布里达氏；在奥林匹亚有亚米达氏和克利蒂亚达氏；在阿尔戈斯有阿凯斯托里达氏；在塞浦路斯有基尼拉达氏；在米蒂利尼岛有彭蒂利达氏；在斯巴达有塔尔西比亚达氏；在阿提卡有科德里达氏、欧摩尔皮达氏、菲塔利达氏、利科梅达氏、布塔达氏、欧奈达氏、赫西希达氏、布里蒂亚达氏等等。每一个氏族都有一个神话人物式的祖先，他被认为是该氏族的始祖和该氏族名称所由产生的英雄，例如科德鲁斯、欧摩尔普斯、布特斯、菲塔卢斯、赫西库斯等……在雅典，至少在克利斯提尼改革以后，就不使用氏族的名称了；男子用自己个人的名字，再加上父称和他所隶属的德莫的名称，例如：**埃斯基涅斯，阿特罗梅图斯之子，科梭基德人**……无论就财产而言，还是就人身而言，氏族都是一种**结合紧密的团体**。梭伦时代以前任何人都没有立遗嘱的权利。如果某人死后无子，则他的财产由**他的同氏族人**（gennêtes）继承，**甚至在梭伦时代以后**，在死者未立遗嘱的情况下，仍然照此办理……如果某人被杀害，那么首先是他的**近亲**，其次是**他的同氏族人和同胞族人**，都可以而且必须去起诉控告罪犯；但他的同德莫人，即同属一个德莫的居民则没有这种起诉权。我们所知道的关于最古的雅典法律的一切，都是以氏族和胞族的区分为基础的，而氏族和胞族到处被看做是家庭的扩大（!?）……这种区分与任何财产资格都完全没有关系：富人和穷人都属于同一个氏族……各个氏族在地位尊卑上是不平等的；这主要是由宗教仪式造成的，因为每一个氏族都世代专门执掌某一宗教仪式，一些宗教仪式被认为**特别神圣**，因而获得了**全民族的意义**。例如**欧摩尔皮达氏和基里克氏以及布塔达氏**似乎比所有其他氏族更受人尊敬，因为前二者为埃留西斯的德美特女神的秘密宗教仪式提供**大祭司**和**主持人**，后者则为雅典娜·帕拉斯女神提供女祭司，并为雅典卫城的**波赛东－埃雷克修斯神提供祭司**"。

在**雅利安人**中，当操拉丁语、希腊语和梵语的部落还是**一个民族**的时候，就已存在**氏族**（gens，γένος 和 ganas）。氏族的组织，他们是从他们的**野蛮时代**的祖先那里继承下来的，更远一些，则是从**蒙昧时代**的祖先那里继承下来的。如果**雅利安族系**早在野蛮时代中期就已经**分化**（而这是很可能的），**那么传给他们的氏族一定是最古老形式的氏族**……如果把野蛮时代低级阶段的**易洛魁人氏族**和野蛮时代高级阶段的希腊人氏族加以比较，那就可以看出他们完全是**同一组织**，前者是**最古老的形式**，后者是**末期的形式**。两者之间的差异是人类进步过程中的迫切需要强加于氏族的。

与**氏族**中发生的这些**变化**同时，**继承规则也发生变化**……梭伦允许财产的拥有者如无子女可以立下遗嘱来处理财产，这样就第一次侵犯了氏族的财产权。

格罗特先生指出，"**波卢克斯明确地告诉我们，在雅典同一氏族的成员一般没有血缘关系**"，在此之后，

这位庸人学者对氏族的起源作了如下的说明：

"氏族制度是一种特殊的关系，这种关系不同于**家庭**的关系，但却以家庭关系的存在为**前提条件**，并且借助人为的类推，即部分地根据宗教的信仰，部分地根据实际的盟约，把家庭关系扩大，所以就能容纳血缘不同的人。**一个氏族**或甚至一个胞族的**一切成员都相信自己是出于同一位神或同一位英雄祖先**……尼布尔认为古代罗马的氏族并不是由一个历史上共同的祖先繁衍出来的真正的大家庭，这无疑是正确的。但同样正确的是……**氏族观念**中包含着一个信念，即相信**有一个共同祖先**，这个祖

先是神或英雄——这样一个**系谱**……**是杜撰的**，但氏族成员自己却把它看做是神圣的和完全可靠的；它是把他们联合起来的重要纽带。……**天然的家庭**当然是**一代一代发生变化的**：有一些扩大了……其他一些缩小了或**灭绝**了，但是**氏族**，除了作为其组成部分的家庭的繁衍、消失和分化以外，没有发生任何变化。由此可见，家庭与氏族的关系是在经常波动着的，而**有共同祖先的氏族系谱**，虽然无疑完全适合氏族的早期情况，但随着时间的推移就部分地变成过时而不适用了。**我们只是偶尔听到这种系谱**……因为仅仅在一定的、特别隆重的场合才公开把它提出来。可是，比较卑微的氏族也有其共同的宗教仪式

‖（这是怪事吗，格罗特先生？），‖

有一个共同的**超人的**祖先和系谱，像比较有名的氏族那样

‖（格罗特先生，这在比较卑微的氏族那里真十分奇怪啊！）；‖

根本的结构和**观念的**基础

‖（亲爱的先生！不是**观念的**，是**物质的**，直白地说是**肉欲的**！）‖

在一切氏族中都是相同的"。
　　与原始形态的氏族——希腊人像其他凡人一样也曾有过这种形态的氏族——相适应的**血缘亲属制度**，保存了关于**全体氏族成员彼此之间的亲属关系的知识**。

‖［他们从童年时代起，就在实践上熟悉了这种对他们极其重要的事物。］‖

**随着专偶制家庭的产生，这种事物就湮没无闻了。氏族名称创造了一个

系谱，相形之下，**家庭的系谱便显得没有意义。**氏族名称的作用就在于使具有这一名称的人不忘他们有共同世系的事实。但是**氏族的系谱十分久远**，以致氏族的成员，除了有较近的共同祖先的少数场合以外，**已经不能证明他们相互之间**有**事实上的亲属关系了。**氏族名称本身就是共同世系的证据，也是不可争辩的证据，除非在氏族早先的历史上**由于收养不同血缘的外人而干扰了系谱。**反之，像波卢克斯和尼布尔所做的那样，**事实上否定氏族成员之间的任何亲属关系，从而把氏族变为纯粹虚构的产物，**

▎[这是只有"观念的"、亦即蛰居式的书斋学者才能干出来的事情。由于**血族联系**（尤其是专偶婚制发生后）已经湮远，而过去的现实看来是反映在**神话的幻想**中，于是老实的庸人们便作出了而且还在继续作着一种结论，即**幻想的系谱**创造了现实的氏族！] ▎

很多氏族成员都能够远远追溯他们的世系，而其余的成员在有实际需要时也以**他们具有的氏族名称**作为共同世系的充分证据。**希腊人的氏族多是小团体**；一个氏族有 30 个家庭，家长之妻不计算在内，**平均一个氏族有 120 人。**

　　希腊人的宗教活动发源于**氏族**，后来扩展到胞族，最后就发展为所有部落共同举行的定期节日活动。（**德·库朗日**）

▎[随着**真正的合作制**和**公有制**的消失，荒诞的**宗教**成分就成了氏族的最主要因素；香火的气味倒是保留下来了。] ▎

第二编　　第九章
希腊人的胞族、部落和民族｛nation｝

　　希腊胞族的自然基础是**亲属关系**：胞族内的诸氏族是**一个母氏族的各个分支。**格罗特说："赫卡泰胞族的**所有同时代的成员，**都承认在第十六亲属等级内有一个共同的神为他们的祖先"；诸氏族从字义上［从最初!〕就是**兄弟氏族**，因此他们的结合是一种兄弟关系，即胞族。**狄凯阿尔科斯**对胞族的存在已经作了如下的合理的解释：**某些氏族互相提供妻子的习俗，产生了胞族组织，以便**（!）**举行共同的宗教仪式**。拜占庭的斯蒂凡的著作保存了狄凯阿尔科斯的片断文字。狄凯阿尔科斯用"**父族**"（$πάτρα$）这一名称代替氏族，品得往往也这样使用，荷马有时也这样用过。**斯蒂凡**是这样叙述的：

"据狄凯阿尔科斯说，父族是希腊人的三种社会联合形式的一种，这三个形式我们分别称之为：**父族、胞族和部落**。**父族**是在原来单一的亲属关系过渡到第二阶段（父母对子女和子女对父母的亲属关系）时产生的，父族以其最早的主要成员的名字**命名**，例如艾基达氏、佩洛皮达氏。但是当一些人开始把自己的女儿嫁到其他父族时，父族便开始被称作**胞族**（phatria 或 phratria）。因为女子一出嫁**就不再参加父族的宗教仪式**，而加入到她丈夫的父族中去了，所以，除了以前由**姊妹兄弟的感情**所维持的联合以外，又建立了一种以**宗教结社为基础的被称为胞族的联合**。因此，**父族**的产生，如上所述，是**由于父母对子女和子女对父母的血缘亲属关系，而胞族的起源则是由于兄弟之间的关系**。但部落和部落民之得名，则是由于合并为公社和合并为所谓民族的原故，**因为每一个参加合并的集团都是一个部落**（瓦克斯穆特：《希腊人的古代典章制度》）。

这里也承认存在着**在氏族以外结婚的习俗**，而且妻子与其说是加入她丈夫的**胞族**，不如说是加入她丈夫的**氏族**（父族）。

狄凯阿尔科斯是**亚里士多德**的门生，在他所生活的时代，**氏族**主要是作为**个人的系谱**而存在，而且它的权力已经转移到新的政治团体里去了。相互通婚和共同的宗教仪式，自然会**加强胞族的结合**，但却不能产生它。希腊人对自己历史的知识只能追溯到**野蛮时代高级阶段**。

军事力量，就像我们在**荷马的诗**里所看到的那样，也是按照胞族和部落组织的（见前!）。从奈斯托尔劝告亚加米农的话里显然可以看出：军队按胞族和部落来组织当时已不再是常见的了。〔氏族人数少，一开始就不足以成为组织军队的基础。〕〔**塔西佗**（《日耳曼尼亚志》，第7

章）谈到作战时的日耳曼人时说："骑兵队或楔形步兵队不是偶然集聚的人群，而是按家庭和氏族成员组成的"。〕

血族复仇的义务（后来变为**到法庭控告凶手的义务**），最初是**由被害者的氏族**担负的，但胞族也分担这一义务，后来就**变成了胞族的义务**。氏族的这一义务扩大到胞族，**说明一个胞族中一切氏族有共同的世系**。在雅典人中间，**在氏族已不再是社会制度的基础以后**，胞族仍继续存在；它在新的政治社会中，对于**公民的注籍、婚姻的登记和在法庭上控告杀害胞族成员的凶手**等，仍保有一定的控制权。

希腊人的**氏族和胞族把自己的制度、技术、发明和神话的（多神的）体系**遗留给了新社会，这个新社会是注定要由他们来建立的。

就像氏族由**氏族首长**（'αρχός）领导一样，**胞族**是由**胞族长**（φρατρίαρχος）领导的；它主持胞族会议并在隆重举行宗教仪式时充当祭司。德·库朗日说："胞族有自己的会议和法庭，并能通过法令。和家庭一样，胞族也有自己的神、祭司、法庭和管理机关。"**胞族的宗教仪式**是它所包括的那些氏族的仪式的扩大。

几个胞族组成**一个部落**；每一胞族的成员都有共同的世系并**操相同的方言。这些希腊部落溶合为一个民族**，集中于一个小地域内，**结果必然使方言的差异归于消灭，而后来文学语言的产生更加促进了这一点**。

当一个部落中的各胞族联合举行宗教典礼时，他们所用的名义就是部落；这样的典礼由**部落巴赛勒斯即部落的最高酋长**来主持；他执行**祭司的职能**，这种职能始终是**巴赛勒斯的职位的一个内容**；在发生凶杀案时他有裁判权；相反地，**他并不执行民事管理的职能**；由此可见，**王这个词根本不适于表示"巴赛勒斯"**。在雅典人中有**部落巴赛勒斯**；这个词同时用来表示**四个部落的主要军事首长**。**氏族制度本质上是民主的，君主制度和氏族制度是不相容的**。每一个氏族、胞族、部落，都是一个组织完备的自治团体。当若干部落溶合为一个民族时，所产生的管理机关必然和该民族的各组成部分的根本原则相协调。

当**诸部落**，例如雅典和斯巴达的部落，**融合为一个民族**时，也只不过是**部落的一个较复杂的副本**。新的组织并没有特别的**名称**（社会的名称）[所说的是这样的地方，在那里，部落在民族中所占的地位，同胞族在部落中、氏族在胞族中所占的地位一样]。亚里士多德、修昔的底斯和其他"同时代的"作家用"巴赛勒亚"{basileia} 一词来表示**英雄时代的管理机关**；除此以外，出现了**某些族或民族** {people or nation} **的专名**。例如在**荷马的诗中有雅典人、洛克里亚人、伊托利亚人**等；他们也是以他们的籍贯所在的**城邦**或**地区**的名称命名的。可见在**莱喀古士和梭伦的时代以前**，社会组织是四个阶段：**氏族、胞族、部落和民族** {nation}。所以希腊的氏族社会是由一系列人们的**团体**组成的，这些团体的管理机关建立在人们对氏族、胞族或部落的人身关系的基础之上。

英雄时代的雅典民族有 3 个互相协同的部门或权力机关：（1）议事会（βουλή）；（2）ἀγορά {阿哥腊} 即人民大会；（3）βαοιλεύς {巴赛勒斯}，即主要军事首长。

（1）**酋长会议即议事会**（βολή）；是**雅典人社会制度一个永久性特点；它的权力是最大的、最高的**；它大概是由**各氏族的酋长**组成；肯定是在酋长中进行了**挑选**，因为酋长的数目一般少于氏族的数目。**议事会也是代表最主要氏族的立法机关**。由于**巴赛勒斯**一职日益重要，由于随着人口和财富的增加而设立了新的军事和民事职位，议事会的**重要性**可能减少，**但是只要社会制度没有发生根本变化，议事会就不会被取消**。因此，**每一个公职人员在公务活动**上必然要对议事会负责。

狄奥尼修斯 {《古罗马史》}，第 2 卷第 12 章说："这也是一种希腊的制度。希腊的国王们，无论是继承王权的还是**由人民自己把他们任命为首领的**，都有一个由最有影响的人物组成的议事会，荷马和其他古代诗人都证明了这一点。可见古代国王的统治，并不像我们现时这样独断独行"。

在**埃斯库罗斯**的《Ἑπτα ἐπὶ Θήβας》（《七雄攻打忒拜》）中谈到：当**两个兄弟**（伊托克列斯——忒拜的军事首长，他的兄弟波吕涅克斯——攻城的七酋长之一）**战死**以后，议事会的一个传令官出现并向合唱队传达了[同时**反驳安提戈妮和伊斯梅妮**]忒拜城**议事会的意见和决议**[δοκοῦντα（议事会认为必须办的）和 δόξαντα（议事会**决定**

的）〕，这个议事会是由最著名氏族的酋长组成的。**埃斯库罗斯**诗中的这个地方，见第1007—1010行：

"我前来传达，
卡德摩斯城人民顾问们的意见和决议。
因为伊托克列斯献身邦土，
决定以崇高的葬礼加以安葬"等等。

（2）**阿哥腊**在英雄时代即已存在——**人民大会**。到**人民大会**去和**打仗**去。荷马谈到大怒之下的**阿基里斯**时这样说：

"他既不到使男子显得荣光的人民大会去，
也不去打仗"。（《伊利亚特》，第1章第490、491行）。

阿哥腊是比酋长会议为晚的机构〔正如我们在易洛魁人中所看到的那样，酋长会议最初类似阿哥腊，因为**总是有许多人民**出席它的集会，人民（妇女也并未除外）可以出人在会上**发表意见**〕；它有权批准或否决酋长会议向它建议的各项公务措施。在荷马的诗篇和希腊的悲剧中，**阿哥腊**也有后来保存在雅典人的公民大会中和罗马人的库里亚大会中的特点。在英雄时代，**阿哥腊**在希腊各部落中是经常的现象〔处于野蛮时代高级阶段的**日耳曼人**也是如此〕。每一个人都能在人民大会上发表意见；表决在古代一般是用**举手的方法**。

在**埃斯库罗斯**的《**求援女**》中
合唱队问道："人民的统治的手举向何处？"
丹纳士答道：$\begin{cases}\text{"亚吉维涅人的决定毫不踌躇，}\\\text{须知表决时全都举了右手，}\\\text{苍天震动，决议于此作出，"}\end{cases}$等等。
诗行第607—614

(3) 巴赛勒斯。

‖ [欧洲的学者们大都是天生的宫廷奴才,他们把巴赛勒斯变为现代意义上的君主。美国共和主义者**摩尔根**是反对这一点的。他极其辛辣地、但很公正地说到阿谀逢迎的**格莱斯顿**: ‖

"格莱斯顿先生向我们把英雄时代的希腊酋长描写成国王和公侯[在《世界的少年时代》一书中],而且还给他们**加上绅士的资格**,但是他本人(der Gutstein)①不得不承认:'总的说来,我们发现在他们那里似乎有完全的**长子继承的习惯或法律**,不过这种做法规定得并不是十二分的明确'"。]

关于荷马诗篇中的**阿哥腊**,舍曼说(上述著作,I,27):"**任何地方都没有谈到人民的正式表决**,大会对于提出的建议,只是用大声呼喊的办法表示赞成或否决;当谈到一件需要人民协助来办的事情的时候,**荷马并未向我们指出任何可以违反人民意志而强迫他们来这样做的手段**"。

问题在于,巴赛勒斯一职是否**根据继承法**而父子相传。在**野蛮时代低级阶段**,酋长的职位是在氏族内继承的,也就是说,每有空缺,即由**该氏族的成员来补充**。在**世系按女系计算**的地方,如在易洛魁人那里,通常选出已故酋长的一位**亲兄弟**来继承其职位;在**世系按男系计算**的地方,如在奥季布瓦人和奥马哈人那里,则选举他的**长子继承**。只要人们**对这个人没有反对意见**,这种做法就成为通例,但是**选举的原则仍然保持着**。可见,单凭职位**事实上由长子**或**由诸子中的一个**(如果有几个的话)**来继承**这一点,还不能证明"继承权"的存在;因为,在选民团体举行自由选举时,根据习惯,他正属于**可能被选中的继承人之列**。因此,在希腊人中,按照他们的氏族制度来推想,应该或者是**自由选举**,

---

① 这是马克思用德文改写的格莱斯顿的名字,对他进行嘲弄,意思是"好石头",因为格莱斯顿的名字英文是"Gladstone",意思是"满意的石头"。——编者注

或者是由人民通过他们所公认的组织来**批准任职**，像罗马的勒克斯那样。在这种情况下，所谓的继承者如不通过选举或批准，是不能就职的，而（人民方面）进行选举或批准的**权力**中也含有**罢免的权利**。

至于《伊利亚特》中那个有名的片断，即第 2 章**诗行第** 203—206（**格罗特**的"尊王"观点就是以这一片断为根据的）：

"我们亚该亚人，决不能大家都在这里统治。
多头制是不好的。让我们只有一个统治者，
一个巴赛勒斯，机智的克伦纳士的儿子给了他
[权杖和法典，以便他指挥我们]"，——

在这里**首先必须指出：亚加米农**——在这个片断中**奥德赛**就是主张拥护他——在《伊利亚特》中只不过是**主要军事首长，负责指挥围城的军队**。引号里的诗句，在许多抄本里都没有，例如**欧斯塔西乌斯**注释的版本中就没有。奥德赛在这里并不是讲统治的形式，是君主政体还是任何其他形式，而是要求"服从"战争的最高统帅。对于在特洛伊城下**仅仅作为军队出现的希腊人来说，人民大会**是进行得十分民主的；**阿基里斯**在说到"赠品"，即说到分配战利品时，他总是认为应该由"**亚该亚人的儿子们**"即人民来分配，而不是由亚加米农或其他某个巴赛勒斯来分配。"**宙斯所生的**"或"**宙斯所养的**"这一类称号，不能证明任何东西，因为**每个氏族**都认为自己起源于一个神，而**部落首长**的氏族则起源于一个"**更显赫**"的神，在这里就是起源于宙斯。甚至**人身不自由的人**，例如**牧猪人**优玛士和**牧牛人**菲洛修斯也都是"神的"，这是在《奥德赛》中所描述的情形，即在比《伊利亚特》晚得多的时期中发生的情形；就在《奥德赛》中，"英雄"的称号还给予**传令官**木利奥斯和盲人歌手**德莫多克**；奥德赛用来称呼亚加米农的"**科伊拉诺斯**"（κοίρανος）这个词和"巴赛勒斯"这个词一样，也仅仅意味着"**战争中军队的统帅**"。希腊著作家用来表示荷马时代王权的**巴赛勒亚**一词（因为这一权力的主要特征就是**军事的统率**），在同时存在**酋长会议**和

人民大会的情况下，其意则为某种**军事民主制**。

在**英雄**时代，希腊部落都居住在有城墙围绕的城市中。人口的数量由于经营田野农业、手工业和畜牧业而增长起来；需要设立新的公职，其职能要作某种程度的划分。新的**市**政制度发展了起来；为了占有最合适的领土而不断发生军事冲突的时期﹛到来了﹜。随着私有制的发展，贵族分子在社会中日益得势，这是从提修斯时代到梭伦和克利斯提尼时代的雅典社会动荡不安的主要原因。

在这个时代，一直到第一届奥林匹克大会（公元前776年）以前不久最后废除巴赛勒斯一职为止，巴赛勒斯日益显赫，权力越来越大，超过了以前任何人。他还兼领**祭司**和**法官**的职能，或者原来就有这些职能；他似乎是**酋长会议的当然成员**。巴赛勒斯在战场上是军队指挥官，在设防城市里是卫戍军统帅，他的这种权力使他在**民事**上也能够有影响；但是他**似乎**并未拥有民政权力。在巴赛勒斯身上，必然发展起**攫取新权力的倾向**，必然和代表氏族的**酋长会议**经常发生斗争。〔因此，这个职位终于被雅典人废除了。〕

在**斯巴达**部落中，很早就建立了监察官制度，以限制巴赛勒斯的权力。〔得到**人民大会**支持的酋长会议，在荷马时代拥有最高权力。〕

修昔的底斯说（第1卷第13章）："现在，希腊人越来越强大，所获得的财富比过去越来越多，许多城市由于收入日增而开始出现僭主政治，而以前那里是世袭的（氏族的）巴赛勒亚，其权力是有规定的；希腊人开始装备船只，更加致力于海上事业。"

亚里士多德（《政治学》，第3卷第10章）说："这样一来，就有四种巴赛勒亚：第一，**英雄**时代的巴赛勒亚，以**自愿**（自由人）的服从为基础，但其职能受**一定**的限制；巴赛勒斯是**军事统帅、法官和最高祭司**；第二，蛮族人中的巴赛勒亚，是依法律世袭的和专制的；第三，所谓艾辛纳提克，是由选举产生的僭主政治；第四，拉西第梦国家中的巴赛勒亚，（实际上是**世袭的军队指挥**。）"亚里士多德没有指出**巴赛勒斯的任何民政职能**。

‖至于**司法职能**，其性质应当是与古日耳曼人相同的，即主持法庭，而法庭则是人民大会；主持人提问题，但不作**判决**。‖

僭主政治是建立在篡夺权力的基础上的，在希腊从来没有获得巩固的地位，始终被认为是非法的；**杀害僭主**被认为是一件功勋。

克利斯提尼废除了巴赛勒斯的职位，以**一个由选举产生的元老院**的形式保存了**酋长会议**，以公民大会（*ecclesia*）的形式保存了**阿哥腊**；在雅典人中，选举产生的执政官代替了巴赛勒斯；野蛮时代高级阶段的巴赛勒斯，在野蛮时代中级阶段相当于阿兹特克联盟的"吐克特利"（**军事酋长，兼祭司之职**）；"土克特利"在野蛮时代低级阶段又相当于例如易洛魁联盟的"**大战士**"，而后者则起源于部落的普通军事酋长。

第二编　第十章
希腊政治社会的建立

由于**氏族制度**不能适应社会的变得复杂的需要，氏族、胞族和部落的所有民政权力就逐渐被剥夺，移交给了新的选民团体。一种制度逐渐消失，另一种制度逐渐出现，两种制度在一个时期中曾经并存。

以木栅围绕起来的村落，是野蛮时代低级阶段部落的通常住地；在野蛮时代中级阶段，出现了用土坯和石头建造的堡垒形式的共同住宅；在野蛮时代高级阶段，出现了用土墙围绕、最后用整齐石块砌成的墙围绕的城市，建有城楼、胸墙和城门，以便能同等地保护所有的人并能大家合力防守。达到这种水平的城市，就表示已经有了稳定的和发达的田野农业，已经有了家畜群，有了大量商品和房产地产。越来越需要有行政长官和法官、等级**不同的军事和市政公职人员**，也需要有一定的**招募和供养军队的方式**，而这就需要有**财政收入**。所有这一切，都给"酋长会议"的管理工作造成困难。最初委之于巴赛勒斯的**军事权力**现在则转交给受着更大限制的**将军**和**军事首长**了；**司法权**在雅典人中间现在属于**执政官**和**审判官**；行政权则交给**城市长官**。人民赋予原始的酋长会议的整个权力，经过分化而逐渐形成了各种权力。

这个过渡**时**期，被修昔的底斯（第 1 卷第 2—13 章）和其他作者描写为**连年大乱的时期**，大乱的造成，是由于权力的冲突，由于滥用尚未十分明确限定的权力，也由于旧的管理制度已经无能为力；这也就需要用**成文法代替习惯法**。这个过渡时期持续了数世纪之久。

雅典人认为最初企图**消灭氏族组织的是提修斯**；提修斯的名字应该看做是**一个时代或一系列事件的名称**。

阿提卡的人数（据伯克的计算）在它的全盛时期大约是 500000 人；其中有 2/3 以上即 365000 人是**奴隶**，外来人约 45000 人，**自由公民**只有 90000 人！

据舍曼说，阿提卡分为许多小公国；古代的作者（斯特拉本的书第 9 卷；普卢塔克《提修斯传》第 24、32、36 章）说是有 **12 个国家**；其中有一些不仅是一个城市，而是有若干**大小城市**。根据传说，提修斯将国家和人民联合在**一个王公的管理之下**，使雅典成为中央政权的所在地，结束了**分散的管理**。提修斯据说是**公元前 13 世纪下半叶雅典的巴赛勒斯**。

在提修斯以前（参看**舍曼**著作），阿提卡人民住在**城市**中［舍曼指出有 12 个城市，与 **12 个胞族**占据的独立**住地**和地区的数目相等］，由**独立的部落**组成。其中每一个部落都有他们自己的居住**地区**，以及自己的**议事堂和贵宾馆**，但他们为了互相保卫而联合在一起，并**选举一个巴赛勒斯**作为**他们共同的军队的总指挥**。但是提修斯（见修昔的底斯的著作；**普卢塔克**的著作中也有同样的记载）一作了**巴赛勒斯**，他就说服阿提卡各部落**拆毁了议事堂**，取消了各城市的长官，并和**雅典人**联合起来，以便只有一个议事堂和一个贵宾馆［贵宾馆是一座公共建筑，里面保存着**圣火**，居住着**元老院的主席**］。由此可见，在提修斯时代，四个部落已融合成一个民族。［**普卢塔克**（《**提修斯传**》第 **24** 章）说："**阿提卡的居民**以前居住分散，要很费气力才能把他们**集合起来商讨公共事务**（这表明他们在溶合以前已经结成**联盟**）；有时他们甚至**发生冲突**，互相**敌对**。于是提修斯把他们联合在一个城市中，并把他们组成为一个统一国家的统一团体。为了这个目的，他周游各个**团体和血族**，设法使他们同意这一点,等等"。他向有势力的人许诺取消**王权**,等等。在**第 25 章**里又说:"为了把城市更加扩大,他保证每一个将来居住在城里的人都有同等的权利;同时,据说他通过传令官发布了有名的**号召:'各族人民,都到这里来!'**因为他想在雅典建立**各民族的总联盟**(应为**阿提卡各部落的联盟**)。为了使汹涌而来的杂乱人群

‖ [这是普卢塔克的虚构,当时并不存在这样的"人群"] ‖

不致给共和国带来纷扰和混乱,他**第一次把人民分为贵族、农民和手工业者**。他让**贵族**监督宗教事务,并赋予他们以**担任公职的权利**(?)。他委托他们教授法律并解释神权和人权,但是并没有把他们从其余的公民中划分出来,因为,**贵族**虽有名望,但**农民有益于世**,而**手工业者**则人数众多,都有其优点。如**亚里士多德**所说,他**第一个'倾向于人民'**并废除了专制,这一点显然也为**荷马**所证实,荷马在《船舶一览》(《伊利亚特》第 2 章)中称雅典人为**庶民、德莫人**"。]

  提修斯把人民**不问氏族如何**而划分为**三个阶级**,即 *Eupatridae*(贵族)、*Geomori*(农民)和 *Demiurgi*(手工业者)。无论在**民政管理**还是在**宗教事务**方面,主要公职都属于第一阶级。这一**阶级划分**不仅是承认**财产和贵族分子**在社会管理中的地位,而且也是一次**直接反对氏族掌权的行动**。其目的显然是为了把**各氏族酋长及其家庭**同**各氏族中的富人联合起来,自成一个阶级**,赋予他们担任主要公职的权利,而公职则是社会管理权之所在。**把其余的人分为两大阶级**,也损害了氏族。但结果并未成功。这时的所谓 *Eupatrides* {贵族},大概就是各氏族中原先曾担任过公职的人。提修斯的这一计划归于破灭,因为实际上**并没有把氏族、胞族和部落的权力移交给阶级**,因为这些阶级就其作为制度的基础而言仍不如氏族有效。

‖ [普卢塔克所说的"**卑微贫穷的人欣然响应提修斯的号召**",以及他所引用的**亚里士多德**所说的提修斯"**倾向于人民**"这些话,不管摩尔

根怎样说，显然表明**氏族酋长**等人由于财富等等已经和**氏族**的群众处于**利益冲突**之中，这种情况，在存在着与**专偶制家庭**相联系的**房屋、土地、畜群的私有制**的条件下，乃是不可避免的。]‖

在第一届奥林匹克大会（**公元前776年**）以前，雅典废除了巴赛勒斯一职，设执政官之职以代之，执政官似乎是**在氏族中世袭的**；最早的12个执政官按照**麦顿**这个名字被称为**麦顿提德**，麦顿似乎是最后一个**巴赛勒斯科德鲁斯**的儿子。

‖（按照摩尔根的看法，执政官的职位是**终身的**，是在氏族中世袭的，因此不是现代意义上的**世袭**。）‖

公元前711年，把执政官一职限定任期为**10年**，通过自由选举的方法授予公认最称职的人。这时已**开始进入有史时期**，在这里我们看到，**最高职位是由人民授予的**。

公元前683年，执政官一职又规定**每年一选**。执政官的人数增到九名，直到雅典民主政治的末期始终未变：

（1）**命年执政官**；当年的年号以他的名字来命名；他判决一切家庭的、氏族的和胞族的纠纷，他是孤儿寡妇的法律保护人。

（2）**巴赛勒斯执政官**；他有权解决关于**违反宗教感情**和关于**谋杀**的案件。

（3）**波勒玛赫执政官**（在**克利斯提尼以前**的时代）是军队的首领和裁判公民与非公民之间的纠纷的法官。

（4）其余**6个执政官**被称为**提斯摩提特**。

最初，阿提卡的**执政官**是氏族酋长，这个职位是在氏族中世袭的；当世系由**女系**改为**男系**以后，**已故酋长的儿子**便都属于被选人之列。后来，雅典人把氏族酋长的古老称号——archon ｛氏族首长，执政官｝，授予最高行政长官，规定它必须**经过选举**而不问其氏族如何，任职期限最初是终身职，后来是10年，最后定为一年。

公元前 624 年，德拉古给雅典人制定了一部法典，这证明**以成文法代替成规和习惯的时期已经到来**。雅典人正处在**出现立法家**的阶段上，这时的立法是采取纲要或粗线条的形式，都和某人的名字联系着。

公元前 594 年，**梭伦就任执政官之职**。在他的任期内，已经设立了由卸任执政官组成的**阿雷奥帕格**，掌握**审问罪犯和检察风俗之权**；在陆军、海军和行政部门设立了一些新职。最重要的事情是设置了**诺克拉里**，每一个部落有 **12** 个诺克拉里，共计 48 个；每一个诺克拉里是一个包括**若干户主的地方单位**，在这个单位中征调人员去陆、海军服役，赋税大概也是这样征收。诺克拉里是**德莫或乡区的雏型**。根据伯克的说法，德莫**在梭伦时代以前已经存在**，因为在梭伦立法以前就有人提到过**诺克拉里的主司**（$\pi\rho\nu\tau\alpha\nu\varepsilon\tilde{\iota}\varsigma\ \tau\tilde{\omega}\nu\ \nu\alpha\nu\kappa\rho\acute{\alpha}\rho\omega\nu$）。**亚里士多德把诺克拉里的设立归之于梭伦**，因为梭伦把他们载入自己的宪法。**12 个诺克拉里组成一个三一区**（$\tau\rho\iota\tau\tau\acute{\nu}\varsigma$），这是**更大的地域单位**，但不一定彼此接壤，它是"县｛county｝"的萌芽（？）。**酋长会议即议事会**（$\beta o\nu\lambda\acute{\eta}$）**仍然存在**，但现在除此以外还有**人民大会、阿雷奥帕格和九个执政官**。财政权无疑还掌握在酋长会议的手中。

当梭伦就任执政官的时候，**由于为占有财产而你争我夺的结果**，社会状况严重恶化。**一部分雅典人由于负债而沦为奴隶**：债务人本身如无力偿还债务即转为奴隶；另外一部分人**把自己的土地抵押出去，但仍不能摆脱债权**。**梭伦颁布法典**，其中有一些只是**以救治主要的财政困难为目的**的新法，除此以外，他又重新提出了提修斯把社会分成**几个阶级**的计划，但这一次不是按职业划分，而是按**财产的多寡**划分；他按照财产的数量把人民分为四个阶级。

按照普卢塔克（《梭伦传》，第 **18** 章）的说法，属于第一阶级的是**土地收入为 500 单位颗粒产品和液体产品的人**。（通常粮食的量度单位为墨狄那，比 **15/16** 柏林舍费尔稍多一点，而液体容量单位为**美特烈特**，比 33 柏林夸特稍多一些。）属于这个阶级的人被称为**五百墨狄那者**。**第二阶级**是那些收入为 300 单位的人，他们被称为**骑士，服骑兵役**。**第三阶级**是收入颗粒产品或者液体产品 200 单位的人；他们被称为双驾车者（ζευγιται），可能是因为他们有一对骡子。(这是在**确定了公民的财产状况规定以后划分的**。）所有其余公民都归入**第四阶级**；他们被称为**雇工**（Theten）。**一切行政职务**只有前三个阶级即**富有的人才能担任**；雇工（第四阶级）不能担任任何职务，但是他们作为**人民大会和法庭的成员参加管理**。(这一点之所以使他们取得了更大的决定性权力）还因为"梭伦允许把那些属于政府机关权限内的事情上诉于人民法庭"。

因此，氏族便被削弱，开始衰败。但**氏族是由人身组成**的，代替氏族的**阶级也是由人身组成**的，就这一点来说，人身和纯人身的关系仍然是管理机关的基础。只有**第一阶级才能担任**高级职务，第二阶级服**骑兵役**，第三阶级服**重装步兵役**，第四阶级服轻装步兵役。第四阶级的人占大多数；其成员**不纳税**，但在**人民大会**中他们对于**所有行政长官和公职人员的选举**都有表决权，也有权对这些官员提出质询；他们可以采纳或否决一切公务措施。**所有自由民，即使不属于任何氏族或部落**，现在都开始在某种范围内参加**管理**，他们都**成为公民和人民大会的成员**。

第一阶级（贵族）不服军役。

与阿雷奥帕格平行的，还有**议事会**。普卢塔克错误地把议事会的建立归之于梭伦；而梭伦只是把旧日的议事会｛酋长会议｝载入他的宪法，规定**四个部落每一个应选 100 人出席酋长会议**；他们是**人民的顾问**，任何问题，**事前不经他们研究都不能提请人民议决**。

地域因素也通过**诺克拉里制度**而部分地渗透进来，当时大概是按诺克拉里进行**公民和公民财产的登记**，用以作为服军役和课税的根据。氏族、胞族和部落仍有充分的活力，尽管其权力已经减少——这是过渡状态。

由于**在梭伦以前的传说时代希腊部落处于不安定状态**，人民不可避免地迁徙流动，结果有许多人从这一邦｛nation｝转移到另一邦，从而失掉了同本氏族的联系，但又未能取得同其他氏族的联系；这种情况，由于个人的冒险、经商成风、战争事变而经常发生，以致**每一部落中都有相当多的人连同他们的子孙不属于任何氏族**。所有这些人都不参与管理。格罗特说："胞族和氏族**大概在任何时代都没有包括境内全部人口，在克利斯提尼以前的时代，以及在他以后的时代，没有包括的人口有越来越多的趋势"。

早在**莱喀古士时代**，就已经有很多移民从**地中海诸岛**和**地中海东岸爱奥尼亚诸城市**迁入希腊。如果他们是全家一同迁来，那就会带来片片断断的新氏族，但当新氏族没有被吸收进部落以前，他们依然是外地人，这种事情大概时常发生。**这说明了希腊氏族的数目为什么异常之多**。贫穷阶级既不能作为氏族而被吸收到任何部落中，也不能被**收养**到一个部落的氏族中。早在**提修斯时代，尤其是在梭伦时代**，除开奴隶不算，**无所属阶级的人数已经很多了；**这一阶级的人们，是一种**日益增长的危险的不安分因素**。提修斯和梭伦通过将他们划归阶级的办法授予他们公民身份，但是他们仍然被排斥在继续存在着的**氏族和胞族之外**。**议事会（即有筹备权或预审权的新的元老院）**只能有四百名成员——四个部落中每一部落［100人］；按照古老的**习惯，9个执政官**以及**阿雷奥帕格成员**的推选条件也是这样［**部落**只由**氏族和胞族**组成，因此，不是氏族或胞族成员的人，就处于**部落之外**］。所以，**不属于这些部落的雅典人**，就只能出席**公民大会**（ecclesia）了，但他正是由于这一点才是**公民**，他参加执政官等等的选举，也参加执政官的**报告**的年度评定，有权**亲自要求执政官为他平理冤屈**，而外地人则只能通过一个给他作保的公民或**保护人**才能这样做。**一切**［不属于这些部落的］**人**，不论其**级别或财产多寡**，在政治权利方面和**第四阶级**（Theten）一样。同时，**梭伦的政策的目的也是把希腊其他地区的勤劳移民招致到雅典来**。这就成为**氏族组织崩溃的原因之一**。

┃这些移民都是希腊人；由于有**文字，方言的差异**已不可能成为**隔离因素**（即互不了解）；另一方面，**移住、航海和各种与商业有关的人员流动**——所有这些，**以氏族为基础的社会都无法容纳了**。┃

另一方面，也难于使氏族、胞族和部落的一切成员聚居在一个地方。以前，**氏族的土地共有，胞族**为宗教用途也共有若干地段，而部落大概也有**共有的土地**。当人们定居在一个城市或一个地区时，他们是与自己的社会组织相适应而按氏族、胞族和部落比邻而居的。每一个氏族一般都自成一区，不过并不包括它的全体成员，因为每个家庭都代表两个氏族，但是使该氏族蕃衍的那一部分是聚居在一起的。属于同一胞族的各氏族，力图住地相连，部落中的各胞族也同样如此。但是到了梭伦时代，土地和房屋已经归个人占有，他们有权将土地（而不是房屋）转让于氏族以外。由于个人和土地的关系时常改变，由于氏族成员在其他地方添置产业，要使一个氏族的人继续聚居在一起就越来越困难了。他们的社会制度的单位在地域方面和性质方面都变得不稳定了。

▎〔不管地域如何：同一氏族中的财产差别使氏族成员的利益的共同性变成了他们之间的对抗性；此外，与土地和牲畜一起，货币资本也随着奴隶制的发展而具有了决定的意义！〕▎

旧的氏族组织，从各部落定居阿提卡到梭伦时代止，只是由于混乱的局势和（阿提卡的）部落间的不断的战争，才得以保持下去。拥有固定财产和包括了当时实际居民的城区，带来了具有永久性的要素，这种要素是当时的氏族所缺乏的。

到梭伦时代，雅典人已经是一个文明的民族，已经进入文明时代两个世纪了；各行手艺有了很大的发展，海上贸易已经是关系到国计民生的事业，农业和手工业都发展起来，出现了用文字写成的诗篇；但他们的管理制度仍然是氏族的，仍然是野蛮时代晚期那种类型的制度；梭伦以后将近100年都处于混乱之中。

公元前509年，有了克利斯提尼的宪法（其基础溯源于诺克拉里制度），它一直存在到雅典丧失其独立为止。克利斯提尼把阿提卡分为100个各有明确疆界而名称不同的德莫或城区 {townships（wards）}。每一个公民必须在他居住的德莫里注籍和登记自己的财产。这种登记就是他的公民权的凭证和依据。德莫代替了诺克拉里；其居民有地方自治权。德莫特 {德莫成员} 选举一个德马赫 {区长}，他保管公共的登记册，也有权召集德莫特来选举行政官和法官，修订公民籍册并登记当年达到成年的人入册。德莫特还选举一个司库并规定**税额**和**征税办法**，也规定本德莫应服国家军役的**征兵额**。他们还**选举 30 名法官**负责审理德莫内发生的、款项不超过一定数额的一切诉讼案。除此以外，每一个德莫都有它**自己的神庙、自己的宗教祀典**和**自己的祭司**，祭司也是由德莫成员选举的。凡是**注籍的公民**都是自由和平等的，只有出任高级官吏的资格是不平等的。

有机的地域组织的第二层，是由 **10 个德莫组成的一个更大的地区**，被称为**地区部落**——Φῦλον τοπικόν。（**罗马的术语** *tribus* ｛特里布斯｝——最初意为 3 个部落组成的民族的"三分之一"——也是这样失掉了它的**数字性质**而成为**地区标志**。）每一个地区都以一个阿提卡英雄的名字命名；10 个德莫中有一些是分隔的（即**不相毗邻**），这大概是由于**一个原始血缘部落的某些部分分居别处**，但又希望把他们的德莫列入其近亲们的地区。

❚摩尔根把地区部落叫做县｛counties｝，而**舍曼**则把按居住地和城或乡的一部分而划分的**地区部落**叫做区（δῆμοι）或**地方**（κῶμαι）。舍曼谈到**克利斯提尼**时说：❚

他把全国分为 **100 个行政区**，名之曰**德莫**；个别的德莫一部分按**小城市或小地方**的名字命名，一部分按著名的氏族的名字命名；那些按**氏族名字命名的**德莫，主要是位于**格勒昂特**部落**所占据的**那一部分国土（**主要城市雅典**及其附近郊区），这里居住着大部分最著名的贵族家庭，而且他们的财产也在这里。早在克利斯提尼以前，就有自称为德莫的区、城和小地方。**德莫的数目**后来增加到 174 个；但是关于其最初数目的回忆则是 **100 个英雄**，即 100 个德莫的得名祖先。部落是 10 个德莫的联合组织。

一切**部落**或区都是按阿提卡英雄的名字命名的。居民选出一个指挥骑兵的**部落长**（菲拉尔赫），一个指挥步兵的**部帅**（塔克色阿赫），一个统率这两者的**将军**。每一个区提供**五艘三楼舰** {*trireme*}，大概也选举同样数目的三楼舰长以指挥战舰。**克利斯提尼把元老院成员的人数增加到 500 人，每一个区 50 人，由各区的居民选举产生。**（阿提卡的面积差不多是 40 平方英里。）

地域组织的第三层即最后一层，是雅典国家，由 10 个地区部落组成；代表这个国家的是元老院、公民大会、阿雷奥帕格、执政官、法官以及由选举产生的陆海军指挥官。

若要成为国家的公民，就必须是一个德莫的成员；要当选为元老或陆海军指挥官，就必须是地区部落选举出来的人。氏族或胞族的关系，再也不能规定雅典人的公民义务了。**人民在一定的地域内融合为政治团体，此时已经完成。**

于是，**德莫、地区部落和国家代替了氏族、胞族、部落等。**但是它们（即后者）仍然作为**世系的系谱**和**宗教生活的源泉**而继续存在了数百年之久。

在这种制度下，没有掌握行政权力的官员。元老院的主席以抽签方法选举，任期只有一天；他**主持公民大会**［在一年以内他不能再度当选此职］并保管卫城和国库的钥匙。

斯巴达在文明时代还保存着巴赛勒斯一职；是一个**由两人同任的将军职**，在一定的家庭中世袭。**政府的权力由格鲁西亚或酋长会议、人民大会、5 位长官分掌**（5 位长官每年选举一次，其权力相当于罗马保民官）。巴赛勒斯**指挥军队**并且是祭奠神灵的**最高祭司**。

关于阿提卡人的 **4 个部落**：

（1）**格勒昂特**。

（2）**霍普利特**（$\delta\pi\lambda\iota\tau\eta\varsigma$——重装步兵，全副甲胄的、持有遮护全身盾牌的士兵。$\delta\pi\lambda o\nu$——器具、工具、装备，特别是士兵的**武器**，其次是重装士兵的大盾和甲胄；也指阳物；$\overset{,,}{o}\pi\lambda o\mu\alpha\iota = \delta\pi\lambda\iota\varsigma o\mu\alpha\iota$ 和 $\delta\pi\lambda\iota\zeta\omega$——准备、安排饮食；见荷马：船舶的装备（《奥德赛》），武装等）。

（3）埃吉科尔——放牧山羊的牧者，源于 $\alpha\dot{\iota}\varsigma$（$\alpha\iota\gamma\acute{o}\varsigma$——山羊一字的生格，源于 $\dot{\alpha}\iota\sigma\sigma\omega$——**急速移动**）和 $\kappa o\rho\acute{\epsilon}\nu\nu\upsilon\iota$ 伊奥尼亚的 $\kappa o\rho\iota\omega$——喂饱（$Ai\gamma\kappa o\rho\varepsilon\iota\varsigma$，[$\alpha\acute{\iota}\gamma\kappa o\rho\upsilon\xi$]——山羊的牧人。

（4）阿尔加德：$\acute{\alpha}\rho\gamma\alpha\delta\varepsilon\iota\varsigma = \acute{\varepsilon}\rho\gamma\acute{\alpha}\tau\alpha\iota$（普卢塔克），$\acute{\varepsilon}\rho\gamma\rho\tau\eta\varsigma$——干活的人，**农夫**，短工；$\acute{\varepsilon}\rho\gamma\varepsilon\omega$ 和中语态 $\acute{\varepsilon}\rho\gamma\acute{\alpha}\zeta o\mu\alpha\iota$（$\acute{\varepsilon}\rho\gamma o\nu$——工作，动作）——我作工，干活，特别是**在农业中作工**。

根据舍曼的说法，**霍普利特部落**是希腊的外来人；他们一度在克苏图斯统率下站在阿提卡方面和**优卑亚**的**加尔西顿殖民者**进行战斗，并因此获得**优卑亚**对岸的**杰特拉波里**和大部分邻近地带作为移住地。位于附近的从布里莱斯山和帕尔内斯山一直到基泰隆山的高地都被埃吉科尔部落占据着，因为这个地方由于自然条件的关系，**牧畜业**成为主要的营生。因此，这个地区大半是**放牧山羊的牧者**。

阿尔加德部落居住在延伸到**布里莱斯山**以西和以南的那一部分地区，这里有3个大平原——弗里亚斯、佩迪昂或佩迪亚斯和梅索盖亚。这里也住着格勒昂特部落。雅典是贵族居住的主要地点（"**定居在城内的贵族**"）。

‖舍曼接着又说："主要的城市及其近郊" **因此便得名为格勒昂特、格勒昂特区**；其全体居民，不论是**贵族**或非贵族，都归属于**格勒昂特部落**，——这些话表明，这位学究对于**希腊部落**的性质具有怎样的**概念**。‖

在庞西特拉图一派被推翻以后，以伊萨戈拉斯为首的贵族暂时得胜，如果不是克利斯提尼战胜**贵族党**，人民就有失掉自由的危险。（**希罗多德**指出了这一点，**第5卷第69章**："人民从一开始（克利斯提尼以前，伊萨戈拉斯时期）就被排除在一切事务之外"。）

克利斯提尼首先是增加居民人数。其办法是**授予居住在阿提卡的许多非公民或墨特基以公民权**，其中也包括被释奴隶（亚里士多德：《政治学》第3卷第1、10章）。他取消**4个氏族部落**的划分也是**必然的**，因为新接纳的公民并不能编入旧的组织；另一方面，这样一来，**贵族就失掉了他们以前在地区中**（作为氏族酋长）**所享有的影响**。克利斯提尼使许多重要的职位，特别是使 **9** 个执政官组成的委员会不是照以前那样由人民选举，而是**用抽签的方法**选出，但是抽签只限于 **3** 个高等阶级的候选人，而执政官则只以第一阶级为限。

克利斯提尼改革以后不久，就发生同波斯进行的战争，在战争中，雅典各阶级的人都获得光荣。**亚里斯泰迪兹消除了较贫穷的**（不如说是卑贱的）**公民担任国家职务的一切障碍**。普卢塔克在《亚里斯泰迪兹传》第 **22** 章说："他建议规定所有各阶级都有权参加城市管理，而且执政官要从全体雅典人中选举"。（根据舍曼的意思，最后一词在这里并没有"选举"的意思，而是"抽签"的意思，保萨尼亚斯著作，第 1 卷第 15、4 章也是这样。）虽然这样，有一些职位还是像以前那样，只有五百墨狄那者，即从土地上得到 500 **舍费尔粮食**的人才能充任。在第四阶级中也有富裕的人，但是他们**占有的土地不足以取得 3 个高等阶级的资格**。**这种富裕者的人数，从梭伦时代起就大为增多**；商业和手工业急速发展起来，具有了不次于**农业**的重要性。除此以外，战争（**波斯大军不止一次破坏阿提卡**）**使许多土地占有者破产**；许多人穷了，无力重建他们那化为灰烬的家园，**不得不舍弃自己的占有地，因而沦为第四阶级**；亚里斯泰迪兹进行的改革，也使这些人得到利益。但总的来说，他的法律消除了**对土地占有者的偏爱，并使没有土地的手工业者和财主可以担任公职**。

伯里克利。当**参加人民大会不给钱**的时候，**贫民**大部分是甘愿不参加的。从伯里克利的时代起，就规定了**付钱**的办法，起初——在他统治下——**参加人民大会和法庭会议只付给一个沃博尔**；后来的煽动家把它提高了两倍。**富裕的阶级**主张和平，而**贫民**却更容易同意伯里克利的战争政策。

埃菲阿尔特——他的方针同伯里克利一样——取消了**阿雷奥帕格**至今仍在行使的对于国家一切管理事务的最高监督权，只给它留下了**刑事司法权**。阿雷奥帕格的大部分人是**倾向和平的保守党**；建立了一个新的机关——由**7个诺莫菲拉克**即**法律监护人**组成的委员会，以代替阿雷奥帕格来**监督和监察议事会、人民大会和公职人员**；人民摆脱了以阿雷奥帕格为代表的对他们实行贵族监督的机关。

第二编 第十一章
罗马人的氏族

当拉丁人、萨贝利人、奥斯克人和翁布里人（他们大概是作为一个民族）**来到意大利时**，他们已**拥有家畜**，而且极可能已**栽培谷物和其他作物**，无论如何，他们已经**发展到野蛮时代中级阶段**；当他们登上历史舞台时，已是处于野蛮时代的**高级阶段**，接近文明时代的门槛了。

按照**蒙森**的说法："黑麦、小麦和大麦在亚拿西北幼发拉底河右岸处于**野生状态**。巴比伦的历史学家**贝罗苏斯**曾经说过，黑麦和小麦在美索不达米亚处于**野生状态**"。费克在他的著作《**印欧语系的原始一致性**》（1873年哥丁根版）一书中说："养畜业是基础……但农业只稍有萌芽。他们所知道的只是**少数谷物**，而栽培这些谷物则带有偶然的性质，目的在于获得乳和肉以外的补充食物。人民的生存并不依靠农业。**原始语言中只有少量词汇涉及农业**。有一些这样的字：$yava$——野生果实，$varka$——锄或犁，$rava$——镰；pio，$pinsere$（烤）和 mak，即希腊语的 $\mu\acute{a}\sigma\sigma\omega$，意即打谷和碾谷"。

到罗慕洛时代（公元前754—717年，或罗马建城1—37年）［罗慕洛的名字在这里不是指人，而是指**时代**；他的后继人的名字也是这样］，拉丁部落——在**阿尔班丘陵地带**和罗马以东的**亚平宁山区**——已经由于分化而分成**30个独立部落**，但为了互相保卫仍然结成一个松散的**部落联盟**；萨贝利人，奥斯克人和翁布里人也是这样。他们全体，也像他们的北邻伊特剌斯坎人一样，都组成为**氏族**。

到**罗马建城时期**（约在**公元前753年**），他们已过渡到**农业生活方式**，拥有家畜群，有了**专偶制家庭**而且结合成具有**同盟**形式的联合。**伊特剌斯坎人**的部落结成了部落联盟。

拉丁部落拥有许多设防的城市和乡间的坞壁；为了经营农业而分散

居住在乡村各处。

在**各拉丁部落**开始进入有史时期的**各种制度**中，有**氏族、库里亚和部落**。**拉丁氏族有共同的血统**；**萨宾氏族和其他氏族**，除伊特剌斯坎人以外，都是亲属关系。在罗慕洛的第四代继承人**塔克文·普里斯库斯**的时期，社会组织被排列成**数字比例**，即 **10 个氏族为一个库里亚，10 个库里亚为一个部落｛特里布斯｝**；**部落有 3 个**，于是便有 30 个库里亚和 300 个氏族。

罗慕洛废除了**由氏族组成的**和**各自据有一个地域的各部落的联盟**，把这些部落集合起来并集中于**一个城市**；经五代人的努力，才做到了这一点。在**帕拉丁山上及其周围**，罗慕洛联合了 **100 个氏族**，把他们组成为一个部落，即**兰尼部落**；随后**一大批萨宾人**也参加进来，后来萨宾人的**氏族增加到 100 个**，于是就组成了**第二个部落**，即**梯铁部落**（据说是在**奎利纳山上**）。在塔克文·普里斯库斯时期，又组成了**第三个部落**，即**卢策瑞部落**，这个部落也由 100 个氏族组成，都是来自**各邻近部落，包括伊特剌斯坎人**在内。——**元老院**（酋长会议），**库里亚大会**（人民大会）和一个**军事首长**（**勒克斯**）。在**塞尔维乌斯·土利乌斯**的统治下，**元老院**成为"贵族的"，它的成员及其子孙被授予｛部落｝贵族的头衔；于是便造成了一个**特权阶级**，这个阶级先是在**氏族制度**中，后来就在**政治制度**中巩固起来，最后就推翻了从氏族组织继承下来的民主原则。

尼布尔、赫尔曼、蒙森等人认为氏族是由家庭组成的，其实氏族是由家庭的一部分成员组成的，所以社会制度的单位是氏族而不是家庭。

关于早期罗马的"社会"史，人们知道得很少，因为早在罗马人开始记述历史以前，**氏族的权力**就已经转交给**新的政治团体**了。盖尤斯（《**法典**》，Ⅲ，17）说："我们在第一卷中已经说明**氏族成员**｛gentiles｝**是什么人**；而且，因为我们在那里说过**氏族法业已完全废弃不用**，所以在这里就无需再详细论述这一点了。"

西塞罗（《**立论术**》，6）说："**氏族成员**是那些具有共同姓氏

‖（图腾！）‖

的人。**但这还不够。是那些由自由的祖先所生的人。但这仍然不够。是那些其祖先没有任何人作过奴隶的人**。还是缺少些什么。**是那些公民权从没有受过限制的人**。这或许就行了。我不知道**斯采沃拉祭司**对这个定义还能加上什么东西"。

费斯图斯说："世系相同和姓氏相同的人都是**氏族成员**"。

瓦罗（《拉丁语论》，**第8卷第4章**）说："像在人们中间**有些人是亲属和同氏族人**一样，在语言中也是如此，因为，正如**源出埃米留斯的人都是埃米留斯氏和同氏族人**一样，由埃米留斯的名字派生出来的单字也有**名词上的亲属关系**，这个名字以 Aemilius 为主格，派生出 Aemilii，Aemilium，Aemilios，Aemiliorum；其余的同一系统的名字也是这样。"

从其他史料也可以确认：**只有能够完全由男性世系追溯至一个氏族公认的祖先的人，才属于该氏族**；他们也必须具有氏族的姓氏（西塞罗）。

公元前445年，在罗马保民官卡努莱尤斯建议废除禁止贵族和平民通婚的法律的演说中，有以下的话（**李维，第4卷第4章**）："如果一个贵族男子娶一个**平民女子**为妻或一个平民男子娶一个**贵族女子**为妻，那又有什么关系呢？归根到底在权利方面发生什么变化？**子女反正是跟随父亲的**"（这证明**世系按男系计算**）。**世系按男系计算**的一个实例是：**凯尤斯·尤利乌斯·凯撒的姊妹尤利娅同马尔库斯·阿蒂乌斯·巴尔布斯**结了婚。她的姓氏表明她属于**尤利氏族**。她的女儿阿蒂娅使用她父亲的氏族姓氏而属于**阿蒂乌斯氏族**，阿蒂娅同**凯尤斯·屋大维**结了婚，她成为**凯尤斯·屋大维**（即后来的**奥古斯都**）的母亲。她的儿子使用他父亲的姓氏而属于**屋大维氏族**。

照亚当的说法（《罗马的古制》），如果一个家庭内只有**一个女儿**，她就有**本氏族的姓氏**；例如，**西塞罗**的女儿土利娅；凯撒的女儿**尤利娅**；奥古斯都的姊妹屋大维娅；她们**在结婚以后仍保留先前的姓氏**。如果有两个女儿，则**一个被呼为长**，另一个**被呼为幼**（就像在蒙昧人中那样)。如果有两个以上,她们就用**数字**来表明,例如:**大女,二女,三女,四女,五女**,或用爱称,**三妞,四妞,五妞**……在共和国的全盛时代,**氏族的姓氏和家庭的姓氏都一直固定不变。这些姓氏是家庭中所有子女的共同姓氏并且传给他们的子孙。当自由被毁灭以后,姓氏便发生变化而且被混淆起来了**。

根据我们关于罗马人的知识来看,**在他们中间世系都按男系计算**。在上述所有情况下,人们都是在氏族以外结婚。

罗马氏族有以下的权利和义务:

(1)相互继承已故氏族成员的财产的权利;(2)拥有共同的墓地;(3)共同的宗教仪式:氏族祀典;(4)遵守氏族内不通婚的义务;(5)共同占有土地;(6)相互援助、保卫和代偿损害的义务;(7)使用氏族姓氏的权利;(8)收养外人入氏族的权利;(9)选举和罢免氏族酋长的权利。

关于第 1 点。公元前 **451** 年,颁布了十二铜表法。遗产由氏族成员继承的古老法规已被取消;**遗产传给 sui heredes(子女),若无子女,则传给其男性直系后裔**。盖尤斯:《法典》第 3 卷第 1、2 章(妻和子女一同继承)。在世的子女平均分配遗产,而已故儿子的子女,则平均分配其亡父应得的一份;所以继承权仍保留在氏族之内。未立遗嘱者,其女系后裔所生的子女因属于其他氏族,所以不能继承。如果死者没有子女,那么根据同一法律,其遗产则传给父方宗亲(同上,第 3 卷第 9 章);父方的宗亲关系包括所有能**按男系**追溯世系,同这个未立遗嘱的人有同一祖先的人;由于**这种世系**,所有这些人,无论男女,都用同一姓氏,而且按亲等来说,他们比**其他同氏族人**与死者的关系更近。**关系最近的父方宗亲有优先权**:首先是由**兄弟**和**未出嫁的姊妹**继承,其次是死者的伯叔父和未出嫁的姑母继承等。但**已出嫁的姊妹**的子女不在继承者之列——因为他们**属于其他氏族**,但那些仅仅根据共同的**氏族姓氏**才能证明其与死者有着亲属关系的**同氏族人(父方宗亲)**却可以继承。氏族权利压倒了**血缘亲属关系**,因为财产**必须保留在氏族之内**的原则是主要的原则。(历史的)顺序当然是同十二铜表法表明的顺序恰好**相反**

的，历史的顺序是：(1) **同氏族人**；(2) **父方宗亲**，当世系由女系过渡到**男系**以后，其中包括死者的**子女**；(3) **子女**，而父方宗亲除外。

女子出嫁后，便遭到 deminutio capitis ｛褫夺｝，亦即**丧失其父方宗亲的权利**；未出嫁的姊妹可以继承，**已出嫁的姊妹不能继承**，因为**财产会转移到其他氏族去**。

由远古制度中传留下来的**在某些情况下把财产归还给同氏族人的办法**，在罗马保持得最久（尼布尔也指出了这一点）。——被释奴隶在脱籍后，在他故主的氏族里没有**氏族权利**，虽然许可他**采用其庇护人的氏族姓氏**；例如，西塞罗的被释奴隶梯罗，被称为马尔库斯·土利乌斯·梯罗。十二铜表法规定被释奴隶死后如果没有留下遗嘱，其遗产则给其故主。

关于第 2 点。在**野蛮时代高级阶段，氏族有专供其成员使用的墓地**。在罗马人中也是这样。例如，克劳狄氏酋长亚庇乌斯·克劳狄乌斯带着他的**氏族**以及**许多被保护人**从萨宾人的城市勒吉利迁到罗马，他在这里当上了元老院的元老。**斯维托尼乌斯**（《提比利乌斯传》，第 1 章）说："**克劳狄名门氏族**……从国家方面接受了阿尼约河畔的土地（一部分国有土地）以安置被保护人，又接受了**卡皮托里山下的一块土地作为自己的墓地**"。他是根据当时的习惯为本氏族取得一块墓地的。

在尤利乌斯·凯撒时代，**氏族的墓地还没有完全被家庭的墓地所取代**。证据是：**昆提利乌斯·瓦鲁斯**在日耳曼丧师而自杀，其尸体落到了敌人手中，并且被烧得半焦。韦莱·帕特库尔（Ⅱ，119）说："**瓦鲁斯烧得半焦的尸体被野蛮的敌人砍为几块；他的首级被砍下来**，交给马罗博杜斯，马罗博杜斯将其送给皇帝，**礼葬于氏族坟墓**"。

西塞罗（《论法律》，Ⅱ，2）说："墓地是如此神圣，以致不举行神圣仪式和不在氏族墓地埋葬就**被认为是罪恶。在我们祖先的时代**，奥·托尔夸图斯对于波皮利乌斯氏就是这样判决的"。在**西塞罗**的时代，**家庭墓地取代了氏族墓地**，因为家庭在氏族中达到了完全的独立。在十二铜表法颁布以前，已实行**火葬和土葬**；这个法律禁止在**城市境内焚化或埋葬尸体**。骨灰安置所（设有安置骨灰罐的壁盒的墓穴）通常能容纳几百个骨灰罐。

关于第3点。*Sacra privata* 或 *sacra gentilicia* ｛氏族祀典｝由氏族定期举行。(这是全体氏族成员的义务，不管是**出生于本氏族**，或是被**收养入族**｛adrogation｝。如果一个人丧失了他的氏族，他也就用不着再遵奉这种祀典，同时也就丧失了和这些祀典联系在一起的各种特权。)还有人提到这种情况，即由于氏族成员人数减少，举行这些仪式的费用就成了**氏族的负担。这种神圣的仪式**，不论是公祀还是私祀，**都专由祭司掌管；不受民政当局的管辖。**

随着时间的推移，便建立了**教长团、库里亚祭司团和卜师团**以及由这些祭司团体主持的繁缛的礼制，但祭司之职主要是选举产生的；每一个家庭的家长也就是**其家户的祭司**。

在罗马的**早期，许多氏族都各有自己的祀坛**（这种祀坛是**没有屋顶的小殿堂；小礼拜堂；**"祀坛乃筑有祭台的敬神的小地方"。见盖利乌斯书中的**特雷巴齐乌斯**的话，Ⅶ，12；"没有屋顶的敬神之地称为祀坛"。见费斯图斯。）用以举行宗教仪式；**每一个氏族各有其特殊的祀典**，世代相传并被视为义务；例如，瑙蒂乌斯氏祀奉密纳发，法比氏祀奉海格立斯等等。

关于第4点。**氏族的规章就是具有成文法效力的习俗；禁止氏族内通婚**就是这种习俗之一，这个规章看来日后在罗马并没有成为**法律条文；**但是**罗马的系谱**证明在氏族以外结婚乃是通例。证明这一点的还有：**女子一出嫁便丧失了她的父方宗亲的权利**，毫无例外，因为她们离开了**氏族**（所以女子不能把她氏族的财产转移到丈夫的氏族中去）。基于同样的理由，**女系的子女也无权继承舅父或外祖父的财产**；因为女子出嫁到**本氏族**以外，所以她的子女就属于父亲的氏族，而不属于**她的氏族**，因此便不能继承。

关于第5点。**土地公有制**是野蛮时代的部落的普遍现象；所以在拉丁部落中同样存在着土地公有制。大概在**很早的时期**，一部分土地已经归个人占有。土地占有权最初无疑是以实际使用为根据的，这种情况在**野蛮时代低级阶段**已经发生了。

在乡居的拉丁部落中，一部分土地为部落所有，另一部分为氏族所有，还有一部分为家户所有。

在罗慕洛时代，**把土地分配给个人**是常有的事，后来就成为十分普遍的现象了。瓦罗（《农业论》，**第 1 卷第 10 章**）说："（根据传说）罗慕洛最初分给每人两罗马亩土地，世代继承，叫做永业田"。（狄奥尼修斯也有同样的记载。）**努马和塞尔维乌斯·土利乌斯也实行过类似的土地分配**；这是绝对的个人所有制的开端，它是以定居生活等等为前提的。土地不仅**由政权机关分配**，而且也**由政权机关授予**，这和由个人的行为而产生的占有权截然不同……这些土地都取自罗马人民共同占有的那些土地。在文明时代开始以后，除了个人的土地以外，**氏族、库里亚，部落还共同占有一些土地**。

蒙森说："罗马的领土从最早的时候起就**划分**为若干克兰

‖（他这里说的大概是**氏族**）‖

地区；后来由此而形成了**最早的乡区（tribus rusticae）**……这些（地区的）名称并不像后来所增设的地区的名称那样取自地名，而是毫无例外地取自氏族名称，例如：卡米利、加勒里、勒莫尼、波利、普丕尼、沃耳梯尼、艾米利、科尔纳利、法比、贺雷西、梅涅尼、帕丕里、罗米利、塞尔吉、韦图里"。每一个氏族都拥有各自的地区并定居于其境内。（就是在罗马城内，氏族也是居住在各自的区域）。

蒙森接着又说：

"正如**每一户都有自己的一份土地那样**，克兰户

‖（蒙森原著中恐怕不是这个字）‖

或村落，都有属于它的**克兰土地**，这些土地直到相当晚的时期仍仿照（！）**各户土地**的办法进行管理，也就是采取公有制来管理……但是这些克兰组织从一开始就不被看做独立的社会团体，而是被看做政治共同

体（civitas populi）的组成部分。它首先是几个同世系、同语言、同风俗的克兰村落的结合，这些村落有义务相互遵守法律，相互担负法律上的赔偿，合力攻击和防御"。蒙森指出，各拉丁部落在罗马建城以前是按家户、氏族和部落来占有土地的；他还指出了这些部落的社会组织的递升序列，这个序列和易洛魁人完全相同，即：氏族、部落、部落联盟。没有提到胞族。他所说的家户未必只是一个简单的家庭，可能是由居住在共同宅院里在家中过着共产制生活的若干有亲属关系的家庭组成的。

关于第 6 点。氏族制度的基本特点，就是氏族成员相互依靠以保护个人权利；civitas ｛政治社会｝建立以后，这个特点就首先消失，因为每个公民转而依靠法律和国家保护；在罗马人中，在有史时期只能见到关于这个特点的片断记载。

公元前 432 年左右，亚庇乌斯·克劳狄乌斯被捕入狱，李维（第 6 卷第 20 章）关于这件事作了以下的报道："当亚庇乌斯·克劳狄乌斯被下到狱里的时候，盖尤斯·克劳狄乌斯，他（即亚庇乌斯·克劳狄乌斯）的私敌，同整个克劳狄氏族一样，穿着丧服"。

尼布尔指出，在第二次布匿战争期间，各氏族的成员曾联合起来要赎回他们的被俘的同氏族人，但是元老院禁止他们这样做。尼布尔还指出，氏族成员负有救济贫穷的同氏族人的义务；同时，他引用狄奥尼修斯的话（Ⅱ，10）："被保护人也和属于氏族的人一样分担开支"。

关于第 7 点。到最后，氏族成员已不可能将他们的世系追溯到始祖。尼布尔（以这个没有意义的事实为根据）否认一个氏族中｛各家庭之间｝存在任何血缘关系，因为这些家庭不能证明它们有一个共同的祖先；这样，氏族只是一种纯粹虚构出来的组织……

在世系由女系改为男系以后，很可能是取自动物名称的氏族姓氏，就改用人名作为姓氏了。传说中的氏族历史上的某个著名人物，便成为氏族的得名祖先，经过长久的时期以后，这位得名祖先又可能为另一人所代替。当一个氏族由于异地而居分为各部分时，一个分离的部分就可能取一个新姓氏，但是这种姓氏的变化并不能破坏成为氏族基础的血缘关系……，只有一个做法能**破坏氏族血统的纯洁性**，即**收养外人入族**，但这种事情并不频繁……在一个由 500 人组成的易洛魁人的氏族中，氏族是由这样一种**亲属制度**产生的，这种亲属制度**把所有血缘亲属都归结为少数几个范畴**，并使他们的子孙永远不出这些范畴，——它的所有成员彼此都有亲属关系，而且每一个人都知道这种亲属关系或能够找出这种关系；可见在**远古氏族中**，**血缘关系的事实是一直存在着的**。随着**专偶制婚姻**的产生，出现了一种完全不同的亲属制度，在这种制度下，**旁系的亲属关系很快就消失了**。这就是**希腊和拉丁部落**在有史时期之初的亲属制度。

格罗特（《希腊史》，第 3 卷第 33、36 页）写道：阿尔戈斯的克利斯提尼把锡基温的 3 个多利安部落的名称改换了，把其中的一个叫做亥阿特（单数的意思是**一只母野猪**），另一个叫做鄂尼阿台（一匹驴子），第三个叫做**克瑞阿台**（一只小猪），这些名称都是有意侮辱锡基温人的，但是在克利斯提尼生前和他死后 60 年间，对他们一直这样叫，"**这种借用动物名称的观念是否由于传统的关系而保存下来的呢？**"

在氏族组织开始衰落以后，就不再由于分化过程而形成新氏族了；一些现存的氏族也灭绝了。这就提高了以系谱而论的氏族世系的价值。在帝国时代，不断有新的家族从外地迁居罗马，并**僭用氏族姓氏以图获取有利的社会地位**。克劳狄乌斯皇帝——公元 **40—54** 年——禁止外地人僭用罗马人的姓氏，特别是禁止僭用**古老氏族**的姓氏。斯维托尼乌斯（《**克劳狄乌斯传**》第 **25** 章）说："他禁止外地人使用罗马人的姓氏，至少是氏族的姓氏"。属于历史上著名氏族的罗马家族，不论在帝国时期或在以前的共和时期，都极其重视自己的系谱。

关于第 8 点。不论**在共和国时期或在帝国时期**，都有**家庭招收养子从而使养子加入家庭所属的氏族的做法**；收养要经过一些手续，因而不太容易。一个没有子女的人，如超过生育年龄，得到教长和库里亚大会的同意，可以收养一个义子。西塞罗：《自辩》，第 **13** 章。在西塞罗时期还存在着预防办法，证明以前的限制更严，而且 ｛收纳养子｝ 的事例也更少。

关于第 9 点。罗马人没有什么关于**酋长**（*princeps*）**任职办法**的直接材料。在 civitas {政治社会} 建立以前，每一个**氏族**都有**酋长**，而且很可能不只一个。在拉丁部落中，这一职位的更换极可能**不是根据世袭权**，因为在后来，即在**勒克斯时期**和在**共和国时期**，还主要是实行**选举原则**；甚至**最高职位勒克斯**也是**选举**的。**元老**的职位由**选举**或**由任命**而产生，执政官以及低级官吏也是这样。努马建立的**教长团**，最初是用**选举的方法补缺**（**教长们自己进行补选**）；**李维**（第 25 卷第 5 章）谈到**公元前 212 年**左右有一次由**库里亚大会选举"大教长"**。《多米戚亚法》把选举一些教长和祭司团的成员的权利交给了**人民**，但是这一条法律后来又被苏拉修改了。——因此，认为 *princeps*（**氏族酋长**）的职位"**世袭**"是荒谬的——没有肯定的证据。但凡是存在着终身任职的地方，**有权选举便有权罢免**。

在罗马建城以前，拉丁部落的议事会由氏族酋长或从酋长当中选举出来的人组成。"所有**这些州**

‖（应为**部落**）‖

在原始时期在**政治上**

‖（蠢驴！）‖

都是独立自主的，各由其邦君

‖［邦君的发明者——蒙森！应为部落酋长］‖

统治之，**与邦君相辅者则有首领会议和战士大会**"（蒙森）。

‖蒙森先生，实行管理的是议事会，而不是**最高军事首长**、蒙森的**邦君**！‖

第二编　第十二章
罗马人的库里亚、部落和民族 {populus}

共和国建立以前各个假定的**时期**：（1）**罗慕洛**——公元前754—717年（罗马建城1—37年）；（2）**努马·庞皮利乌斯**——公元前717—679年（罗马建城37—75年）；（3）**图卢斯·霍斯蒂利乌斯**——公元前679—640年（罗马建城75—114年）；（4）**安库斯·马尔齐乌斯**——公元前640—618年（罗马建城114—136年）；

（5）**塔克文·普里斯库斯**——公元前618—578年（罗马建城136—176年）；（6）**塞尔维乌斯·土利乌斯**——公元前578—534年（罗马建城176—220年）；（7）**高傲的塔克文**——公元前534—509年（罗马建城220—245年）。

以氏族为基础的 *societas* {社会} 和以地域和财产为基础的 *civitas* {国家} 并存；后一组织在200年间逐渐取代了前者。在**塞尔维乌斯·土利乌斯时代（公元前578—534年，罗马建城176—220年）**，这个**变化大体完成**。相当于希腊胞族的**库里亚**，由10个氏族组成；**10个库里亚组成一个部落**；在**图卢斯·霍斯蒂利乌斯时代，罗马民族**（*Populus Romanus*）**包括3个部落，每个部落有10个库里亚，共有300个氏族**。

罗马国王是神话人物还是实有其人，都无关紧要；被归之于他们之中的某人的立法活动是实有其事还是出自虚构，同样也无关紧要。**标志着人类进步的事件，不以特殊的人物为转移而体现在有形的记录之中：凝结在制度和风俗习惯中，保存在各种发明和发现中。**

氏族在数目上的匀称等等，乃是**立法措施的结果**，就头两个部落来说，这种措施并不早于罗慕洛时代。

罗马人的**库里亚**同希腊人的和易洛魁人的胞族不同，它发展成了一种被嫁接上明确的**管理职能**的组织。大概组成一个库里亚的氏族都互有亲属关系，互相**提供妻子**

‖（这只是推测）。‖

虽然在罗马历史上是联系到罗慕洛的**立法**才第一次提到库里亚，但就这种组织作为胞族而言，从远古以来就存在于**拉丁部落**中了。

李维（第1卷第13章）说："因此，他（罗慕洛）把人民分为**30个库里亚**（在同萨宾人和好以后），并用她们（被抢去的萨宾妇女）的名字命名"。

狄奥尼修斯（《古罗马史》，第2卷第7章）谈到："胞族，洛赫（军队，骑兵队），库里亚"；同时也谈到："胞族被分为**10组**，每一组设有一名首领，当地语言称为组长"。

普卢塔克（《罗慕洛传》，第20章）说："每一个部落有**10个胞族**，有人说这些胞族都是以这些妇女｜即被抢去的萨宾妇女｜的名字命名的"。

罗慕洛所做的事是**使每一个部落中氏族的数目均等**，他把邻近部落的氏族增补进来，用这种办法完成了这项工作。他组织兰尼部落（第一个部落）时，把有亲属关系的氏族都编入同一个库里亚；他之所以能达到数目上的匀称，是人为地从一个自然的库里亚中抽出**多余的氏族来弥补其他库里亚之不足**

‖（印第安红种人中也有这种事）。‖

梯铁部落中的氏族，主要是**萨宾人的氏族**。卢策瑞部落是混杂的成分构成的；它是后来靠逐渐增补和征服的办法而形成的，其中也包含一些**伊特剌斯坎人的氏族**。在这种改组中，**氏族仍然保持着纯粹的**形态；而**库里亚**在某些情况下却包括了一些没有亲属关系的氏族，这样便**在天然胞族中打了一个缺口**；同样，部落也包括了**在纯粹自然发展的情况下本来不属于该部落的外来分子**。第三个部落（卢策瑞）大部分是人为地形成的；这个部落包括伊特剌斯坎人这一点使我们有根据推想：**他们的语言并不是完全不为罗马人所了解**。

尼布尔首先证明：人民拥有最高权力，所谓的国王行使人民给予他的权力，元老院建立在代议制原则的基础上。但是，当他说**数目上成比例的情况**无可辩驳地证明了罗马的氏族并**不比罗慕洛的宪法更古**，罗马氏族是"立法者为了和他的计划的其余部分谐调而建立的团体"的时候，他就和事实大相径庭了。立法者不能创造氏族；同样，他除了把现有的氏族结合起来，也不能造成一个库里亚；他可以用强制手段增加或**减少库里亚中的氏族的数目和部落中的库里亚的数目**。

（哈利卡纳苏的）狄奥尼修斯书中相应的**地方**的全文，**第 2 卷第 7 章**说："当他（即罗慕洛）把所有的居民群众分为三部分以后，他就在每一部分中任命最杰出的人充当首领（ήγεμόνα έπέστησεν）。接着他又把**这三个部分的每一个部分**分为 **10** 个部分，并任命其最勇敢的人作首领，授以同等的级位（'ίσος），他把（3 个）大的部分称为 tribus ｛特里布斯即部落｝，小的部分称为**库里亚**（κουρίαξ），这两个名称他们沿用至今。把这些名称译成**希腊语**就是：tribus = φυλή ｛菲拉即部落｝或τριττύς ｛特里迪斯｝；库里亚 = φράτρα ｛夫拉特里即胞族｝ 和λόχος （洛赫即军队，骑兵队）。领导 tribus 的人 = φυλαρχοι ｛菲拉尔赫即部落长｝ 和τριττύαρχοι ｛特里迪斯尔赫｝，罗马人称之为 tribune ｛保民官｝［可见 tribune 一词的原意相当于古代部落酋长］。库里亚的首领是 Φρατριαρχοι ｛夫拉特里尔赫即胞族长｝ 和λοχαγοί ｛洛赫长｝，罗马人则称之为**库里亚长**。**胞族**也分为组，领导各组的首领拉丁语称之为 decurrio ｛什长｝。在他把人民按**部落和胞族**这样划分以后，**就把土地分成 30 个相等的份额**，分别授给每一个胞族，同时分给一块足够的土地供宗教祭典和建造神庙之用，**也留下一定的土地作为公用土地** （καί τίνα τῶ κοινῶ γην καταλιπών）。只有罗慕洛所进行的这种人和土地的划分，才是**普遍的和完全的平等**"。

库里亚的成员称为 curiale；他们**选举**一个祭司，即**库里亚长**，他是胞族中的最高公职人员。每一个库里亚都有自己的祭典，有自己的**圣殿**即祀神的场所，也有**自己集会的地方**，库里亚成员在这里会集商议事务。除了库里亚长以外，他们也选举一个助理祭司即 flamen curialis，由他直接负责祭典的进行；人民大会即**库里亚大会**，在氏族制度下在罗马拥有较元老院更大的最高权力。

在罗慕洛时代**以前**，拉丁部落中有部落酋长（狄奥尼修斯，第 2 卷第 7 章），他是**部落中的最高公职人员**；他执行行政的（在城市）、**军事的**（在战场上）和**宗教**的职能（主持举行祭典）（狄奥尼修斯的书，上述地方）。这种职位无论如何都是选举产生的；**大概**是在**各库里亚联合举行的大会**上选举出来的。"部落酋长"很可能在罗马建城以前就被称为**勒克斯**，同样的，议事会被称为**元老院**（senex），而**部落大会**则被称为**大会**（con-ire）。在三个罗马部落合并以后，**部落就失掉它的民族性了**。

30 个库里亚长作为一个团体组成**祭司团**；其中有一人任 *curio maximus* ｛祭司长｝；这个人选是由**氏族会议**选举出来的。此外，还有根据**奥古尔尼法**（公元前 300 年）由 9 人组成的**卜师团**，其中有他们的首领——*magister collegii* ｛太卜｝；其次，根据同一法律又组成一个也是由 9 个人组成的**教长团**，其中有大教长。

由罗慕洛结合成**一个整体**的罗马人，自称为 *Populus Romanus* ｛罗马民族｝；这不过是**氏族社会**而已；在罗慕洛时代，特别是在**由罗慕洛至塞尔维乌斯·土利乌斯**的时期（公元前 754—534 年），人口的迅速增加引起了实行变革而且是**根本改变社会制度的必要**。

李维（Ⅰ，8）说，这是城市建立者的"*vetus consilium*"，古老的策略，即把大群卑微的人吸引过来，随后便把土著的权利授予他们的子孙。罗慕洛还在帕拉丁山丘附近设立了收容所，把邻近部落所有的人都招引过来，等等。"从邻近的居民中，有一大批乌合之众，不分奴隶与自由民，因渴求新环境而集合到那里，这就是罗慕洛威力增长的开端"（李维，Ⅰ，8）。普卢塔克（《罗慕洛传》，20）和狄奥尼修斯（Ⅱ，15）也提到避难所或丛林。这表明**由野蛮人所组成的意大利居民已繁殖**得很多，居民中存在着不满情绪，个人的安全没有保障，**存在着家庭奴隶制**，担心遭受暴力。——**萨宾人**由于他们的妇女被抢走而**发动进攻**；结果达成协议，拉丁人和萨宾人合并成一个社会；每一部分都保留着自己的军事领袖，梯铁人（萨宾人）的军事领袖是**梯图斯·塔齐乌**

斯。——图卢斯·霍斯蒂利乌斯（公元前 679—640 年）攻下了拉丁城市阿尔巴，将该城全体居民迁到罗马；据说是让他们占据了塞利安山；公民的数目这时增加了一倍，这是李维的记载（Ⅰ，30）。安库斯·马尔齐乌斯（公元前 640—618 年）攻下了拉丁城市波利托里乌姆，把该城全体居民迁入罗马；据说是让他们占据了阿宛丁山，有｛与阿尔巴居民｝同样的权利。此后不久，特利尼和菲卡纳的居民也被征服而被迁移到罗马；他们也居住在阿宛丁山（李维，Ⅰ，35）。所有迁移到罗马来的氏族都居住在各自的地区。在野蛮时代中级和高级阶段，当部落开始聚集在坞壁和城堡中的时候，氏族到处都是这样分别居住的。[在新墨西哥的村落住宅中，每一所住宅的全部居住者都属于同一个部落，有时一个联合住宅包括一整个部落。在特拉斯卡拉村，4 个区即由 4 个血族（大概即胞族等等）分别居住。]这些新的外来人大部分结合为第三个部落，即卢策瑞部落，这个部落只是在塔克文·普里斯库斯（公元前 618—578 年）时代，在把几个新的、伊特刺斯坎人的氏族补入其中以后，才最后形成。

罗马各部落是在立法强制下形成的，部落不能完全避免外来分子的混入；由此产生出 tribus ｛特里布斯｝这一名词，即民族的三分之一之意；拉丁语也应该有一个和希腊语 Phyle ｛菲拉｝意义相当的名词，但是它已经消失了；新名词（tribus）的创造说明：罗马各部落是由各种各样的分子组成的，而希腊部落则是单纯的。

罗慕洛建立的元老院，具有与它以前的酋长会议相似的职能。尼布尔说：每一个氏族都派出他们的什长，即以前的氏族首领，充当本氏族在元老院的代表。可见元老院是代议制的和选举产生的团体；它直到帝国时期始终保持选举的办法。元老的职位是终身的；当时人们只知道这一种任期，

‖（就像盎格鲁撒克逊人的农民租佃期至少是终身的一样）。‖

李维（Ⅰ，8）说："他（罗慕洛）选任元老 100 人：或许因为这

个数目就已经足够

‖（这位先生忘记了，当时组成兰尼部落的只有 100 个氏族），‖

或许因为能成为'父老'的只有 100 人

‖（极端实用主义的废话），‖

他们被选为'父老'，当然是由于受人尊敬

‖［因为是氏族首长所以才是父老］，‖

而**他们的后代便被称为｛部落｝贵族"，西塞罗（《论国家》**Ⅱ，8）："人们出于爱戴而把**首领称为父老**"。元老的子女及其后代永远享有的｛部落｝**贵族**称号，一下子就在罗马人的社会制度的核心里建立了一个**贵族阶级**，而且在社会制度中巩固起来；**氏族制度中这时第一次被嫁接了贵族成分。**

在与萨宾人联合以后，由于从梯铁部落添加了 100 名元老，所以元老院的人数增加到 200 人（**狄奥尼修斯**，Ⅱ，47），而在｛部落｝贵族时代，当**卢策瑞氏族的数目达到 100 个**的时候，就从这个部落的氏族中又增加了第三批元老 100 名；这是**塔克文·普里斯库斯**做的事。

李维（Ⅰ，35）说："他（**塔克文·普里斯库斯**）由于关心**加强自己的权力**，也由于关心扩大国家，所以**增补了 100 人为'父老'**，他们后来就被称为'**小氏族**'的父老；这**毫无疑问是王党**，因为他们是依靠了国王才加入**库里亚**的"。

西塞罗（《论国家》，Ⅱ，20）的记载稍有不同，他说：他（塔克文）一实行加强其权力的法律，首先就把**原来的'父老'名额增加一倍**（这种情况使人想到，原来的"父老"可能已从 200 人减到 150 人；这样才能由兰尼和梯铁部落来补上这 50 名空额，同时又从卢策瑞部落

添加了 100 名新成员）；同时他把原来的父老称为大氏族的父老

▌［这种名称**在易洛魁人中**也有，不过它是在原始的意义上使用的：小氏族是由大氏族中**派生出来的**氏族，因而形成较晚］，▌

这些父老首先进行表决，而那些**由他增补进来的父老**，他称之为**小氏族的父老**"。

这段话的提法说明，**每一个元老是一个氏族的代表**。其次，既然每一个氏族无疑都有**自己的主要首领**即 princeps，所以这个人就被氏族推选出来，或者是**由 10 个氏族组成的库里亚一次**选出 10 个元老。**尼布尔的意见**实质上也是这样。共和国建立后（**由公元前 509 年开始**），元老院的空缺由**监察官**作主来补充；后来这种权利转给了**执政官**；元老通常都是从**以前担任过高级行政职位的人中**选举出来的。

所有公共措施都出自元老院，不论是它能够独自决定实行的措施，或者是那些应该提交人民大会来批准的措施。元老院的职责是**全面维护公共福利、处理外交关系、征税和征集军队以及全面控制财政收入和支出**；虽然宗教事务由各祭司团管理，但元老院**在宗教方面也有最高的权力**。

人民大会（这种形式的大会，在野蛮时代低级阶段是不存在的，在中级阶段可能也不存在）存在于**野蛮时代高级阶段，如希腊部落中的阿哥腊**（雅典人的公民大会是它的最高形式），拉丁部落中的战士大会，后一种人民大会发展到最高形式就是罗马人的**库里亚大会**。在罗马人中，库里亚大会是由**成年的**氏族成员组成的，**每一个库里亚有一个集体票，每一个库里亚自行确定其多数**，以此决定这一票应该怎样投（李维，Ⅰ，43；狄奥尼修斯，Ⅱ，14，Ⅳ，20、84）。这是**氏族会议**，管理权也只属于氏族。平民和被保护人虽已成为人数众多的阶级，但却**被排除在外**，因为不通过氏族和部落就不可能和罗马人民（Populus Romanus）有任何联系。这个大会既不能**倡议**任何公共措施，也不能**修改**提交给它议决的措施；**它通过或否决措施**；**一切高级公职人员**，包括勒克斯在内，都由大会根据元老院的提名选举。例如，**努马·庞皮利乌斯**（西塞罗《论国家》，Ⅱ，11；李维，Ⅰ，17），**图卢斯·霍斯蒂利乌斯**（西塞罗，前引书，Ⅱ，17）和**安库斯·马尔齐乌斯**（西塞罗，前引书，Ⅱ，18；李维，Ⅰ，32）就是由库里亚大会选举出来的。至于**塔克文·普里斯库斯**，据李维说，是绝大多数人民选他为勒克斯的。**塞尔维乌斯·土利乌斯**先僭取了这个职位，后来由**库里亚大会追认**（西塞罗《论国家》，Ⅱ，21）。罗马授职的方式，就是由大会用一项**大会法**即 *Lex curiata de imperio*，把**执行权**授予这些人；在没有用这种方式授予**执行权**之前，已经当选的某些人就不能就职。凡涉及罗马公民生死的**刑事案件**，上诉到库里亚大会时，大会作出**最后的裁判**。勒克斯这一职位是**由人民运动废除的**。

人民大会没有自行召集的权力；据说，它是应**勒克斯的要求**而召开的，勒克斯不在时则应 *praefectus urbi* ｛市长｝的要求而召开；在共和国时期，它由**执政官**召开，执政官不在时则由**大法官**召开；每一次都由召开大会的人主持大会的进行。

勒克斯既是统帅，又是祭司，但是**没有民政权力**。

勒克斯的职位被废除后，由**两名执政官**来代替，就像**易洛魁人**中有**两个军事酋帅**那样。

勒克斯作为最高祭司，不论在战场上，或在城市中，在重要时刻都主持**占卜**；他也主持**其他宗教仪式**。勒克斯的职位被废除以后，原来由他执行的**祭司职能转交给**新建立的**祭司勒克斯**（*rex sacrorum* 或 *rex sacrificulus*）一职执掌，与雅典人的九个执政官中有**一个执政官即巴赛勒斯执政官**有总辖宗教事务之权相似。——罗马人在这 200 年间（从罗慕洛到塞尔维乌斯·土利乌斯）根据经验认识到**必须用他们自己颁布的成文法代替习惯法规**；除此之外，他们还建立了**城市管理机关和完备的军事制度，包括骑士团在内。**

在新设立的城市公职中，最重要的是**市政长官**——*custo surbix*；这个公职人员同时也是**元老院主席**（*princeps senatus*）。据**狄奥尼修斯**（Ⅱ，12）说，他是由罗慕洛指定的；**十立法官时代（公元前 451—447**

年）以后，**市政长官**改为 *praefectus urbi* ｛市长｝；他的权限扩大了，而且开始由**新成立的** *comitia centuriata* ｛百人团大会｝ 选举。［**财产资格和百人团大会**是塞尔维乌斯·土利乌斯在他**按照财产的多寡而将人民加以划分**后实施的……**科里奥兰努斯审判案**促使保民官将人民法庭审判贵族的权利握在自己手中；由此可知 *comitia tributa* ｛部落大会｝ 或者是普通人民的大会，或者是按照普通人民在其中占优势的方式组织的；这个机构使**保民官能够参加立法**，因为他们有权向人民提出议案。］

在共和国时期，执政官有权召开元老院会议和主持库里亚大会，执政官不在时由**大法官**代之。后来，**大法官一职**即 *praetor urbanus*（它接替了旧日的 *praefectus urbi* ｛市长｝ 的各种职能）。罗马的"**大法官**"是**司法长官**，即近代法官的原型。当罗慕洛逝世时，社会**还是氏族社会**。

第二编　第十三章
罗马政治社会的建立

公元前 578 或前 576—533 年——塞尔维乌斯·土利乌斯时期。从罗慕洛时期开始，罗马社会便分为组成为**国人**｛*populus*｝ 的 ｛部落｝**贵族以及平民**即 *plebs*；两者都是**人身自由**的并且都编入**军籍**，但是平民不包括在**氏族社会**中，不能参加**管理机构**。据尼布尔说，**平民这一自由的和居民中人数极多的部分**，其存在可以上溯到**安库斯·马尔齐乌斯**（公元前 640—618 年）的统治时期。平民不得**担任官职**，不得**参加库里亚大会**，不得**参与氏族的祭典**

‖（不得和氏族成员结婚）。‖

到塞尔维乌斯时代，**平民**的人数几乎和**国人**一样众多；他们服兵役，有家庭和财产。**氏族组织的结构中是不包括平民的，因此氏族组织必然崩溃**。

平民（即那些不是有组织的氏族、库里亚和部落的成员的人）的起源。由附近的部落流入新城市的冒险者、后来被释放的战俘、以及混杂在迁居到罗马来的氏族中的无族籍的人——所有这些人必然很快地形成了这一阶级；此外还可能出现这样一种情况，即在把每一个部落编足100个氏族时，氏族的零星部分和那些少于规定人数的氏族被排除在外。从卢策瑞部落的｛元老｝的绰号"即小氏族父老"中可以看出，老氏族并不甘心承认他们的完全平等的权利。当第三个部落编足了预定的氏族数额时，接纳的最后门路便断绝了。从此以后，**平民阶级的人数迅速增长起来。尼布尔否认被保护人是平民的一部分。**

狄奥尼修斯（Ⅱ，8）和普卢塔克（《罗慕洛传》，XIII，16）**把保护人和被保护人关系的建立**（！）**归之于罗慕洛**，**斯维托尼乌斯**（《提比利乌斯传》，第1章）也这样说。

‖（这三个人所说的话什么问题都没有说明！[**摩尔根认为被保护人从一开始就是平民的一部分**，这是不正确的；尼布尔说的是对的。]‖

尼布尔等人认为**全体国人都是｛部落｝贵族**。据狄奥尼修斯（Ⅱ，8；参看普卢塔克《罗慕洛传》，XⅢ）说，｛部落｝**贵族阶级在元老院建立以前**就形成了；这个阶级是由一些在勇敢、门第（！）和财富方面出众的人组成的。据此，在一些氏族中还有一大类人**不是｛部落｝贵族**。

西塞罗（《论国家》，Ⅱ，12）说："罗慕洛的这个元老院**是由最贤明的人组成的**，罗慕洛本人对他们十分崇敬，希望他们被称为**父老**，他们的**子女被称为｛部落｝贵族**，当这个元老院企图……**等等**"。

李维（Ⅰ，8）说："他们被称为父老，当然是由于尊贵，**他们的后裔则被称为｛部落｝贵族**"。

元老院由氏族酋长组成，这一点仅仅意味着当选者是**家庭的家长**——而且**一个氏族的许多家庭中**只有**一个家庭有自己的家长在元老院中**，——可见只有这些人是**父老**，只有**他们的后裔是｛部落｝贵族**，而不是每一氏族的**所有成员**，从而也**不是全体国人**（和平民对立）都是｛部落｝贵族，像尼布尔所推断的那样。① 在勒克斯和共和国时代，政府把｛部落｝贵族的称号赐给个别的人。

韦莱·帕特库尔（Ⅰ，8）说："这100人被选举出来称为父老，组成类似公务会议的组织；｛部落｝贵族这一名称的起源就是如此。"

虽然可能在**一个氏族里个别家庭**是｛部落｝贵族家庭，而在另一个氏族里**个别家庭**是**平民家庭**

‖［注意：这是后来当氏族社会被消灭的时候］，‖

但不可能有**贵族氏族**和**平民氏族**。**法比氏族**的全体成年男子306人都是｛部落｝贵族；他们或者能追溯其**世系出自元老**，或者是他们**的祖先曾由某项公开法令而擢升至**｛部落｝贵族。

在**塞尔维乌斯·土利乌斯**以前，罗马人已被分成**国人**和**平民**。后来，特别是在**李奇尼乌斯立法（公元前367年）**（这次立法使国家的一切职务向每一个公民开放）以后，一切自由的罗马人分为**两个阶级：贵族**｛aristocracy｝**和庶民**｛commonalty｝。第一阶级包括**元老及其后裔**以及曾任**三公（执政官、大法官和大营造官）**之一的人及其后裔。所有庶民现在都成了罗马公民。氏族组织已经衰落，旧时区分已不能维持下去了。**先前时期属于国人的人，后一时期则属于贵族**｛aristocracy｝，而**不是**｛部落｝贵族，｛patricians｝。**克劳狄乌斯**和**马尔策卢斯**是克劳狄氏的两个家庭；前者是｛部落｝贵族（他们能把自己的世系追溯到**亚庇乌斯·克劳狄乌斯**），**后者是平民**。

｛部落｝**贵族阶级**的人数很多；一有空额，就选出**新元老补充之**；｛部落｝贵族的称号授予元老的后裔；另外还有一些人有时由于国家法令而成为｛部落｝贵族（**李维，Ⅳ，4**）。

但旧时国人和平民之间的差别的阴影仍然残留着："平民在国人同意下将此事委托于执政官"（**李维，Ⅳ，51**）。

---

① 以上这段话不见于摩尔根《古代社会》。——译者注

罗慕洛的继承者**努马**（公元前 **717—679** 年），企图撇开**氏族**（像提修斯那样）把人民按职业分为 8 个阶级。

普卢塔克（《努马传》第 17 章）说："努马当时认为：固体的东西本来是不能结成一体的，但是把它们**捣碎**和**磨碎**后就能结成一体，因为细小的部分容易溶合在一起。因此，他决计把全体民众分成**更多的部分**，并规定出新的差别，可以说把他们分为更小的部分，以此来消灭以前的显著的差别。于是他把人民**按照职业**分为笛师（αύλητῶν）、金匠（χρυσοχόων）、木匠（τεκτόνων）、染色匠（βαφέων）、皮鞋匠（οκυτοτόμων）、皮匠（οκυτοδεφων）、铁匠（χαλκέων）和陶工（κεραμεων）。他把其余的手工业合并在一起并**把他们合组成一个行会**。借助于他给每一个行会按其本分而分别规定的联合、集会和敬神仪式，他得以在罗马**完全消除了萨宾人和罗马人之间、塔齐乌斯的公民和罗慕洛的公民之间的差别，结果，这种划分便引起了普遍的结合和混合**"。但是由于这些阶级没有被赋予氏族的权利，所以这一措施便失败了。

▎但是按照普卢塔克的叙述，所说的是"罗慕洛的**公民**"（拉丁人）和塔齐乌斯的**公民**（萨宾人）；这样就会使**氏族**具有主要是**手工业组织**的性质！至少是使那些住在**罗马城**中的氏族如此。▎

塞尔维乌斯·土利乌斯时代（公元前 **576—535** 年）紧接着梭伦时代（公元前 **596** 年）而在**克利斯提尼时代**（公元前 **509** 年）以前。塞尔维乌斯·土利乌斯的立法是仿效梭伦立法的；它在共和国建立时（公元前 509 年）正在**实际施行**。借以**排除氏族**和建立**政治社会**的主要变革是：（1）按照个人财产而形成的**阶级之建立**；（2）以**百人团大会**作为新的人民大会以代替**库里亚大会**、氏族会议；（3）**设置四个市区**，各有划定的边界，各有其作为**地域单位**的名称，其中的**居民必须登记入籍**并登记自己的财产。塞尔维乌斯把**全体人民按财产的价值分为 5 个阶级**，其结果是把各不同氏族中最富有的人集中于一个阶级中。第一阶级

财产资格是 **100000** 阿司，第二阶级是 **75000** 阿司，第三阶级是 **50000** 阿司，第四阶级是 **25000** 阿司，第五阶级是 **11000** 阿司（**李维，Ⅰ，43**）。狄奥尼修斯又加上一个第六阶级，这个阶级包括**一个百人团，有一票**；这个阶级是由那些**完全没有财产、或虽有财产但不足以归入第五阶级的人**组成的；这些人不纳税也不服兵役（狄奥尼修斯，Ⅳ，20）。（狄奥尼修斯和李维之间也还有一些其他的分歧。）**每一阶级又分为若干百人团**，其数目是任意决定的，并不问每一阶级的人数是多少；**每一个百人团在大会中有一票投票权**。例如，**第一阶级由 80 个百人团**组成，**在百人团大会中有 80 票**；**第二阶级由 20 个百人团组成，另加两个手工业者百人团**，有 22 票；**第三阶级由 20 个百人团组成，有 20 票；第四阶级由 20 个百人团**组成，另加两个**号角手和喇叭手百人团**，有 22 票；**第五阶级由 30 个百人团**组成，有 30 票。此外，还有**骑士阶层由 18 个百人团**组成，有 18 票。因此，**管理权**，就人民大会即**百人团大会**对政府所能发生的影响而言，是控制在**第一阶级和骑士手中**的；他们共有 **98 票**，即占多数。**每一个阶级的百人团都分为老年百人团和少壮百人团两种**，前者由 55 岁以上的人组成，负责保卫城市，后者**由 17 岁至 54 岁**的人组成，担负对外作战的任务（**狄奥尼修斯，Ⅳ，16**）。每个百人团参加百人团大会时，**分别统一本团的意见**；在对任何公共问题**表决**时，先传骑士表决，其次传**第一阶级**。如果他们两者意见一致，那末问**题就由此决定**了，就**不再传其余百人团投票了**。如果他们两者未能取得一致，那就传第二阶级投票，依此类推。

  库里亚大会的权利，以稍稍扩大的形式，转归**百人团大会**。百人团大会根据元老院的提名选举一切公职行政人员；**通过或否决**元老院所提出的**法案**；根据元老院的提议废止现行法令，如果它认为这是必要的话；它根据元老院的建议对外宣战，但元老院缔结和约并不征询它的同意。凡是涉及人的生死的案件都可上诉于百人团大会；它没有监督国家财政的权力。支配政府的是财产而不是人数。

  百人团大会每年在玛尔斯广场举行一次，以选举公职人员，需要时也在其他时间举行。开会时，人民按百人团和阶级集合，由自己的官长率领，组织得俨如一支军队（exercitus）；百人团和阶级之设置，就是为了成为既是**军事**又是**民政**的组织。在塞尔维乌斯·土利乌斯举行第一次检阅时，有**8万武装公民**聚集在玛尔斯广场，每人都列在自己的百人团中，每个百人团都列在自己的阶级中，每一阶级都分别聚集在一处（**李维**，Ⅰ，44；**狄奥尼修斯**，Ⅳ，22 记载武装公民的人数为 84700 人）。

百人团的每一个成员，现在都是罗马公民了；这是主要的成果。

根据**西塞罗**的记载（《论国家》，Ⅱ，22），塞尔维乌斯·土利乌斯从居民大众中指派骑士（挑选最富有的人），并把其余的人分为五个阶级。

各有产阶级的有益作用在于打破了氏族，因为氏族已成为排斥大批居民的**闭塞团体**。——五个阶级一直存在到共和国末期，其间仅投票方法有一些改革。**塞尔维乌斯·土利乌斯**据说还设立了**部落大会**，这是每一个**地区部落**或市区单独举行的大会，其主要任务在于**估定和征收赋税**，以及征集**军队**。后来这种大会还选举**保民官**。

塞尔维乌斯最初的设施之一，便是建立财产资格制度。"的确，他建立了财产资格制度，这对于未来的大帝国来说是**极有益的措施**，目的在于，无论战时或平时，都不是**按人**而是**按财产来履行义务**"（李维，Ⅰ，42）。每个人必须在他所居住的**市区**注籍，并登记自己的财产数额；这些事都是在监察官面前办理的；**籍册编写完毕，便有了组成阶级的依据**。同时，还**设立了 4 个市区**，各有一定边界和自己的名称；这种**罗马市区是一个地域单位**，有登记公民及其财产的制度，有地方的组织，有一个保民官和其他由选举产生的公职人员以及大会。但是罗马的市区**和阿提卡的德莫**不同，后者**同时也是政治团体**，有充分的自治权、选举产生的行政官员、法庭和祭司。

罗马的市区更像较早的雅典的**诺克拉里**，很可能就是模仿它而建立的。**狄奥尼修斯**（Ⅳ，14）说：塞尔维乌斯·土利乌斯用**一道城垣**围起 **7 个山丘**以后，就把**城市分为 4 部分**：（1）**帕拉丁纳**，（2）**苏布拉**，（3）**科林纳**，（4）**埃斯奎林纳**（以前城市由 3 部分组成）。这 4 部分现在应该不是按血缘关系的原则（φυλὰς τὰς ενἱκας）组织起来的部落，而是按地域原则（φυλὰς τὰς τοπικάξ））组织起来的部落；他给**每一部落任命了一个指挥官，即部落长或区长**，他命令他们把各家的居民登记入册。据蒙森说，这4个征集区的每一个区必须提供**1/4 的兵力，不仅按全部兵力计，而且按其中的每一支部队的兵力计**；这样，在每一个百人团中，都有从**各区征召来的同等数目的兵员**，其目的在于将**氏族性质的和地方性质的一切差别消灭在一个统一的共同体中**，并借助于军事精神的影响而把**外来人和公民溶合为一个民族**。

隶属于罗马的**周围地区，也按同样方式组成** tribus rusticae ｛乡区｝，其数目有一些作者认为是26，另一些作者认为是31；再加上4个市区，则按前一种说法为30，按后一种说法为35。**就参加管理的意义上来说，这些乡区并没有成为国家的组成部分**。

君临一切的罗马市政府是国家的中心。

新的政治制度建立以后，**库里亚大会还保留着**

‖（除了库里亚的宗教垃圾即‖

为某些祭司举行就职典礼以外）向一切高级行政官员授予执行权的权利；随着时间的推移，这单纯成为一种形式。在第一次布匿战争以后，库里亚大会便丧失了任何意义而迅速被人遗忘；**库里亚的情况也是如此；两者与其说是被废除，不如说是自行消失的**；氏族作为**一种世系族谱**在帝国时代还保持很久。

在为时较短的文明时期中在很大程度上统治着社会的**财产因素**，给人类带来了**专制政体、帝制、君主制、特权阶级**，最后，带来了**代议制的民主制**。

第二编　第十四章
世系从女系到男系的转变

（1）**女系：一位女性始祖、她的子女（儿子和女儿）、她的女儿的子女以及世世代代按女系计算的女性后裔的子女。**（她的儿子的子女和她的按男系计算的**男性后裔的子女，则被排除在外**）。原始氏族的构成就是这样。

（2）**男系世系**：氏族包括**一位假想的男性始祖**和他的子女，连同他的儿子的子女以及世世代代按男系计算的**男性后裔的子女**。

在世系由（1）转变为（2）时，一切现有的氏族成员仍然是本氏族的成员，但此后，只允许本氏族男子所生的**子女保留在本氏族中和使用本氏族的姓氏，而女性成员的子女则被除外**。这种情形并不会破坏或改变氏族成员之间现有的亲属关系，但是从今以后，保留在氏族里的是早先被排除出去的那些子女，而被排除出去的则是早先保留在氏族里的那些子女。

当世系按女系计算时：（1）氏族内禁止通婚，因此子女与他们的挂名父亲分属不同的氏族；（2）财产和酋长职位在本氏族内继承，因此，子女**不得继承他们的挂名父亲的财产或职位**。——当生活条件改变（特别是由于个人财产和专偶制家庭的发展）到相当程度，以致这种排除子女继承父亲情况被认为"**不公正**"时，世系从女系到男系的转变就实现了。〔牛羊群的私有；此后，耕作又导致房屋和土地的私有。〕随着财产的大量积聚和具有永久性，随着私有财产的比例日益扩大，**按女系计算的世系**〔为了继承权〕必然被推翻。**世系转变到按男系计算，遗产仍保留在氏族内**，和以前一样，但子女则属于父亲的氏族，并且居于父方宗亲之首。

可能在**世系转变为按男系计算**以后或者更早一些，氏族的动物名称就被废弃，而代之以个人的名字。自此以后，**这个命名的祖先就成为可变的人**。

比较著名的希腊氏族曾经改变过姓氏；他们保留了其始祖的母亲的名字，而把其始祖的诞生归诸她与某位神祇的交合。例如，阿提卡的欧摩尔皮达氏的命名始祖欧摩尔普斯据说就是尼普顿和希俄娜的儿子。

希罗多德（公元前**440**年）在谈到吕西亚人（当他叙述他们来自克里特岛，并在萨尔佩登率领下来到吕西亚以后）时说："他们的风俗习惯一部分是**克里特人的，一部分是卡里亚人的**"。"他们有一种奇怪的不同于**世界任何其他民族的风俗**。当你问一个吕西亚人**他是谁**的时候，他会向你回答**他自己的本名，他母亲的名字和女系其他人的名字**。更有甚者，如果他们的一个**自由妇女**同一个**男奴隶**结了婚，那么**她所生的子女都是自由公民**；而如果**一个自由男子**同一个**外邦妇女**结了婚，或同一个**妾妇同居**，那么，即使这个男子是国内的头号人物，**他的子女也不得享有任何公民权**"。

比较：如果**一个塞讷卡－易洛魁男子**同一个**外族部落的女子**结了婚，他的子女就被认为是**外族人**；如果**一个塞讷卡－易洛魁妇女**同一个**外族部落的男子或易洛魁部落的奥嫩多加人的男子**结了婚，**她的子女就被认为是塞讷卡部落的易洛魁人**并属于**其母亲的氏族和胞族**。妇女把**她的族籍和她的氏族传给其子女**，不管他们的父亲是谁。

从希罗多德著作的这个地方可以作出结论：**吕西亚人组成为氏族**（古老形式的），**世系按女系计算**。

克里特岛（干地亚）的**土著**是**皮拉斯基人、闪米特人和希腊人的部落**，他们按地区分别居住。萨尔佩登的兄弟米诺斯被认为是克里特岛皮拉斯基部落的首领；**吕西亚人**在希罗多德时代已经完全希腊化了，而且他们**在亚细亚的希腊人中间**也以先进著称。他们是在传说时代迁移到吕西亚的，在此以前，**他们的祖先在克里特岛上与外界隔绝**，这一点可以说明为什么他们**把女性世系保持**到如此晚近的时期。

"**伊特剌斯坎人**［根据克拉默的《记古代意大利》（他所引用的是**兰齐**的著作）］，就像我们从他们的文物上了解的那样，允许他们的**妻子**参加庆典和宴会；他们**陈述其世系和家族时**总是**提母亲而不提父亲**。这两种习惯，希罗多德指出在小亚细亚的吕西亚人和考尼亚人中也有。"

库尔齐乌斯（《希腊史》）在谈到吕西西人、伊特剌斯坎人和克里特人按女系计算世系时说：这根源于**原始的社会状态**，当时专偶婚制尚未完全确立，没有足以肯定**父方世系**的确证。因此，这种风俗习惯的范围远远超出**吕西亚人的地区**；**印度**到现在还有这种风传习惯；**古埃及人**中间也有；**桑霍尼亚顿**提到过这一点（奥雷利版第 16 页），在**伊特剌**

斯坎人和克里特人中间也出现过这种风俗习惯,他们称其祖国为"**母国**"

▍[至今人们还说:**母语** {Mutterzunge},祖国 {fatherland};**语言仍然属于母亲**]。▍

希罗多德著作的有关地方只是指明:世系按女系计算的风俗习惯,在所有与希腊人有亲属关系的各民族中,只有吕西亚人保持得最久……当生活变得更正常的时候,这个办法即被取消,子女姓氏随父亲的风俗习惯就通行于希腊了。参看巴霍芬:《母权论》,1861 年斯图加特版。

巴霍芬(《母权论》)搜集并研究了吕西亚人、克里特人、雅典人、莱姆尼亚人、埃及人、奥乔美尼亚人、洛克里亚人、莱斯比亚人以及东亚各民族之间存在着母权制和妇女统治的证据。但这要以古老形式的氏族之存在为前提,这才使母方氏族在家户中占优越地位。当时大概已经达到了对偶婚形式的家庭,但仍然被属于更早状态的婚姻制度的残余所包围。这种家庭——包括一对结婚的配偶及其子女——和各个有亲属关系的家庭一同生活在一个公共住宅中,各个母亲和她们的子女属于同一氏族,而这些子女的挂名父亲则属于另一氏族。共同占有土地和共同耕种,必然导致公共住宅和共产制生活;妇女统治是以世系按女系计算为前提的。妇女在具有公共储藏的大家户中很有势力,她们的氏族在这个大家户中在人数上占优势。当世系由于专偶制家庭的产生而转变为男系世系的时候,公共住宅便被取消了,并在一个纯粹的氏族社会中让妻子和母亲住在单独住宅里,使她和她的同氏族亲属分离开来。

巴霍芬在谈到克里特岛的利克托斯城时说:这座城市被认为是拉西第梦人①的殖民地,也被认为与雅典人有亲属关系;这两种情况都只涉及母方,因为只有母亲们是斯巴达人。而它与雅典人的亲属关系则可上溯到那些据说被皮拉斯吉族的狄伦尼安人从布劳隆地岬拐来的雅典妇

---

① 拉西第梦人即斯巴达人。——译者注

女。——摩尔根中肯地指出，**如果世系按男系计算**，就不会再提起**妇女的系谱**；但如果世系按女系计算，那么**殖民者就只能从女方叙述他们的系谱了**。

在**希腊人**中间，在他们达到**野蛮时代高级阶段**之前大概还没有产生**专偶婚制**。

‖从下面一段话可以看到，甚至巴霍芬这位真正德国的学究是如何实用主义地对待这个问题的：‖

"的确，在**塞克罗普斯**时代以前，**子女只知有母，不知有父**；**他们只有一个亲系**。妇女不专属于一个男子，因此她所生的只是**私生**（！）子女。**塞克罗普斯**（！）**结束了**（！）这种状态；**他把两性非法的**（！）**结合引回到**（！）**专偶婚，他给予子女一父**（！）**和一母**（！），从而使他们由**单系改为双系**"

‖（使他们实行**男系世系的单系**！）。‖

波利比乌斯（Ⅻ，片断Ⅱ）说："**洛克里亚人**自己（**意大利洛克里亚人**的 **100 个家庭**）向我证明，关于他们本族的传说，亚里士多德的记载要比蒂梅乌斯的记载更为真实。在这方面，他们提出了下列的证据……他们当中的**名门贵族**统统**出自女系**，而**不是出自男系**。只有系出这 **100 个家庭**的人才是贵族；这些家庭在洛克里亚人**迁来之前**就是洛克里亚人当中的贵族；实际上，这就是根据神托所的指示用抽签办法选出 100 个处女送往特洛伊城的那些家庭"。

这里提到的**称号**（贵族）大概与**氏族酋长**的职位有关，而**氏族中某一家庭**的一个成员获得这一职位，这个家庭即成为贵族。这种情况是以**不论在确定世系方面或在职位继承方面都按女系计算世系**为前提的。酋长的职位在**氏族内继承**，在古时是从氏族的男性成员中选举产生。在世系**按女系计算**时，这一职位是**兄终弟及**和由**舅父传给外甥**（**姊妹之**

子)。但无论是哪种情况,这个职位都是按女系继承;候选人是否合格取决于**他母亲的氏族**,是**母方决定了他和氏族的关系**以及他和他所要继任的已故酋长的关系。凡是**职位和称号按女系继承**的地方,都**必须以世系按女系计算**来加以说明。

传说时期的希腊人的情况:**萨尔摩纽斯和克雷修斯是嫡亲兄弟**,都是**伊奥拉斯之子**。前者把他的女儿蒂罗嫁给了她的叔父。若世系按男系计算,克雷修斯和蒂罗属于同一氏族,因此不能结婚;若世系按女系计算,蒂罗属于**她母亲的氏族**,而不是**她父亲的氏族**。萨尔摩纽斯和克雷修斯也属于**不同的氏族**;因此,结婚是合乎氏族习惯的。上面所说的人物虽然是神话中的人物,但这一点并不重要,因为**传说是正确反映氏族习惯的**;从而表明,在远古(希腊人中)世系是按女系计算的。

梭伦时代以后,兄弟可以**娶其同父异母姊妹为妻**,但不得**娶同母异父姊妹为妻**。在世系按女系计算时,他们属于**不同氏族**;但如果**世系按男系计算**——这种世系实际上在那时也存在——,他们就属于同一氏族,因而就禁止结婚。[由此可见,这是在世系转变为男系以后还保存着的旧制度的残余。]西门娶了他的同父异母的妹妹**埃尔皮妮卡**为妻;他们出自一个父亲,但却出自不同的母亲。在狄摩西尼《反驳欧布利得》中,欧克西蒂乌斯说:"我的祖父娶其妹为妻,因为她和他不是一个母亲生的"。参看《反驳欧布利得》,24。

世系按女系计算,是以按氏族确定血统为前提的;这样的计算世系的办法[而且,既然已经判明这是**古老的制度**,就不需要任何进一步的历史证据]是拉丁人、希腊人以及其他希腊-意大利氏族的古代法制。

假定梭伦时代注籍的雅典人数为60000人,平均分配于**阿提卡的360个氏族**中,那么每一个氏族平均有160人。**氏族是由有亲属关系的人组成的大家庭**

‖(可以名之为 *Geschlechterfamilie* {氏族家庭}),‖

有共同的宗教祀典、公共的墓地,通常都有共同占有的土地。氏族内部禁止通婚。随着转变为男系世系，随着专偶婚制和子女独占继承权的产生，随着女继承人的出现，便逐步为开放的婚姻开辟了道路，这种婚姻不以氏族为转移，只把一定等级的近血亲除外。**婚姻最初是群婚**；在一群人中，除子女以外，所有男子和女子都是共同的丈夫和共同的妻子；但是**丈夫和妻子分属不同的氏族**；最后，建立了单偶婚，实行**独占的同居**

▌（形式上）。▐

土兰尼亚式亲属制（在亚洲、非洲和澳洲）［相当于**美洲的加诺万尼亚式**］，当希腊人和拉丁人部落处在同一发展阶段的时候，也必然在他们中间流行。**这种亲属制的特点之一是**：兄弟的子女互为**兄弟姊妹，因此不得通婚**；**姊妹的子女**也是同样的亲属关系，所以**也禁止通婚**。

▌［如果巴霍芬认为这种普那路亚婚姻是"非法的"，那么，那一时代的人也许要认为今日从兄弟姊妹或表兄弟姊妹之间**结婚**，近的和远的，**大多数都是血亲婚配**，正如亲兄弟和亲姊妹之间结婚一样。］▐

这可以解释关于**丹纳士诸女**的传说（**埃斯库罗斯**把这个传说作为他的悲剧《**求援女**》的主题）。

丹纳士和埃吉普图斯是兄弟，是阿尔戈斯的伊娥的后裔。**丹纳士**的妻子们生有 **50 个女儿，埃吉普图斯有 50 个儿子**；后者的男儿们求婚于前者的女儿；按照**土兰尼亚式亲属制**，他们彼此是**兄弟姊妹**，因而不得结婚。如果当时**世系**已是男系，那么他们就属于**同一氏族**，这又是一重结婚的障碍。**丹纳士的 50 个女儿**为了避免不合法的和乱伦的婚姻，从**埃及逃到阿尔戈斯**。普罗米修斯曾把这个事件向伊娥预言过（**埃斯库罗斯**《**普罗米修斯**》，853）。

在**埃斯库罗斯的《求援女》**中，丹纳士诸女对她们（在阿尔戈斯的）自己的**亲族阿尔戈斯人**说，她们不是从埃及被驱逐出来的：

....

"我们离开了神圣的与叙利亚相邻的国土而逃走；我们不是由于凶杀而被人民判处驱逐，而是要逃避和我们同一氏族的男人，拒绝与埃吉普图斯的儿子们缔结那亵渎神灵的婚姻"（埃斯库罗斯《求援女》，诗行第5及以下）。

这个地方看来**在文法上是不正确的**；见许茨：《埃斯库罗斯》，第2卷第378页。

阿尔戈斯人听了求援者的申述以后，就在会议上决定对她们加以保护，这说明存在着对于这种婚姻的禁令，说明她们的反抗有理。当这个悲剧在雅典的舞台上演的那个时代，**雅典的法律是容许兄弟的子女之间的婚姻的**，而在事关**女继承人**或孤女的情况下，法律甚至要求这种婚姻，虽然法律看来只限于这些例外的情况。

第二编 第十五章
人类其他部落中的氏族

雅利安族系（印度的雅利安人除外）的克尔特人分支保持**氏族组织**比任何其他各分支都久。**高地苏格兰的苏格兰人的克兰组织**：结世仇和**血族复仇**、按氏族分住、土地共同耕种、克兰成员对自己酋长的忠诚和彼此互相忠实。——爱尔兰的塞普特。在克尔特人那里——**法国封建领地中的庄户**（*villein*）公社。还有，阿尔巴尼亚人的菲司（*phis*）或弗拉拉（*phrara*）；达尔马戚亚和克罗地亚的家庭公社。

梵文中的"*ganas*"（"氏族"）。

日耳曼人：当罗马人最初接触到他们的时候，他们处于**野蛮时代高级阶段**；他们的政治管理观念，未必能比罗马人和希腊人初次为人所知时更为发达。

塔西佗《日耳曼尼亚志》第2章："自古相传的歌谣是日耳曼人传述历史的唯一方式，在他们的歌谣中，颂赞着一位**大地所生的图伊斯科神和他的儿子曼努斯**，他们被奉为全族的始祖和创业者；据说曼努斯有

3 个儿子，按照他们的名字，**住在滨海地区的部落叫做印格伏南人，住在内地的叫做赫米诺南人，其余的叫做易斯卡伏南人**。由于事涉远古，有些人便任意附会，给图伊斯科神增添了一些儿子，从而**多出了一些部落的名称**——马昔人、甘卜罗威夷人、苏维汇人、汪达尔人。相反地，'日耳曼人'这一名称则是新的，是最近才使用起来的，用这个名称首先是称呼那个最先越过莱茵河的部落，这个**赶走了高卢人**的部落现在被称为佗古累人，而当时则被称为**日耳曼人**（意即 *Wehrmann*, *guerriers* ｛战士｝）。这个名称逐渐**占了优势**，成了**不是一个部落**，而是**全民族**的名称 ｛*ita "nationis" nomen, non gentis evaluisse paulatim*｝；先是被战胜者出于恐惧这样称呼所有日耳曼部落，后来这些部落自己也采用日耳曼人这个新名称了"。［在这段话中，"*natio*"一词的意思应当是**部落联盟**；每一个**部落**都是一个分为几个氏族的 *gens* ｛氏族｝。"**苏维汇人**占有日耳曼尼亚的大部分地区，**同时分为各个** *nationes*，**各有不同的名称**"（塔西佗《日耳曼尼亚志》第 **38** 章）；这里所说的 *nationes*，是一些有比较近的**亲属关系的部落**，或者就是部落（举例来说，就像塞讷卡—易洛魁人等等一样），无论如何决不是氏族。］

利普西乌斯对此是这样解释的：

"那些最先越过了莱茵河的人，正是现在被称**为佗古累人**的民族，而当时则被称为**日耳曼人**。这个名称（即 *Germani*）本来**只是一个** *natio* 的特殊名称，逐渐被施之于全体。"

他认为，情况恰好相反：

"*ita nationis nomen, non gentis evaluisse paulatim*"意思是：这个名称逐渐流行，成为**不是一个氏族**［这里是指扩大了的氏族即部落］，而是整个"*natio*"的名称，这里的"*natio*"是指整个德意志民族，所有部落加在一起。

关于**自古相传的歌谣**是他们唯一的**历史记录**（"*memoriae*"）和**编年史**，这种情况**西班牙人**在村居印第安人中也发现了。

爱金哈特在《查理大帝生平》中说："他记录了蛮族的那些歌颂古代国王事业的古代歌谣，并作为历史传下去。"

约尔南德在《哥特人的历史》中说："在他们的歌谣中，故事是作为真实的历史纪录而叙述的。"

塔西佗在《编年史》**第2卷**中讲到阿尔米纽斯时说："直到今日，蛮族人仍然在歌唱着他。"

尤利安的《安条克的演说》把这些歌谣称之为"像尖叫的鸟声一样的农村歌谣"。

塔西佗在《日耳曼尼亚志》**第3章**讲到他们的**战歌**时说："他们也有歌谣（用**呼唱**的方式以壮胆）。"这里用"**拔底吐**"一词来**代替**"**拔力吐**"｛baritus｝，这个词来自古日耳曼语 *bar*，*baren*，意即高声呼叫。塔西佗把战斗呼叫同战歌弄混了。

塔西佗《日耳曼尼亚志》**第5章**有如下的描述："这个地方……**森林使人恐怖，沼泽使人厌恶**；……其土地可丰产谷物，而不宜于果木；牲畜繁殖得很多，但大部分矮小；甚至**役畜**（犍牛）也没有什么美观，无角可看；他们喜爱有许多牲畜，这是他们的唯一的财富，最受他们珍视……他们不像我们，没有那种**占有**或**享用**｛金银｝的欲望。在他们那里可以看到银器，那是他们的使节或首领收到的礼物，被轻视如同粘土制成的东西。固然，和我们接近的（居近罗马边境的）人，由于通商的关系而重视金银，能认识和辨别我们的某些钱币，愿意要这些钱币，但是居住在内地的人却保持着以货易货的淳朴古风。他们比较喜欢早就为人所共知的边缘为锯齿形或铸有两马拉车图案的旧币。同时，他们重视**白银**胜于黄金，这不是由于他们嗜好白银，而是由于**银东西**（argentei numi，银币）对于购买普通廉价物品的人来说，使用起来较为方便"。

塔西佗《日耳曼尼亚志》**第7章**："*Reges*（部落酋长）是由他们按照出身的显赫（即从氏族的最杰出的家庭和最著名的氏族中）选举出

来的，而选拔'duces'（军事酋长）则以**勇武**为标准（就像**易洛魁人**那样）。'Reges'并没有无限的和独断专行的权力，'duces'也不是以权力，而是以表率作用……以他们所享有的尊敬来领军的。"

同上书，第11章："小事由首领们商议，**大事则由全体人民议决**，等等"（并见以下）。

同上书，第12章："在这种会议上也提出控诉和宣判死刑……在这种会议上也选举一些首领，负责在各区和各村处理诉讼案件。每一个首领有100名人民陪审员，他们使决定具有权威性。"

同上书，第20章："舅甥的关系是和父子的关系相等的。有些部落把舅甥关系看得更神圣和更密切，而在接受人质时宁愿以舅甥关系为对象，认为这种关系对家庭的利益牵连最广。但是，每人的继承者还是自己的子女，而无须立遗嘱。如果身后没有子女，则继承者依次为兄弟、伯叔父、舅父。"

凯撒《高卢战记》第6卷第22章："他们对农耕不怎样热心，他们的食物中间，绝大部分是乳、酪和肉类，也没有一个私人拥有数量明确、疆界分明的土地，公职人员和首领们每年都把他们认为大小适当、地点合适的田地分配给集居一起的氏族和亲属，一年之后，又强迫他们迁到别处去。对于这种做法，他们列举了许多理由：怕他们养成习惯，从而把作战的热情转移到务农上去；怕他们从此孜孜追求大片田地，势力大的会把弱小的逐出自己的田地；怕他们从此为了避寒避暑，热心地大兴土木；还怕他们从此引起爱财之心，因而结党营私，纷争起来；他们的目的是要使普通人看到自己所有的，跟最有势力的人所有的完全相等，感到心满意足。"

同上书，第23章："享有最大荣誉的是这样的部落，它蹂躏许多邻近地区，从而使自己周围有着尽可能广大的荒地。他们认为邻人被逐出自己的土地，再也没有人敢靠近他们居住，是部落勇武的表现；同时，他们也相信，这样他们便高枕无忧，再没有遭到突然袭击的可能。当部落进行防御战或攻击战时，总是选举出握有生杀大权的首领来指挥战争，在和平时期，就没有公共的政府，但各区和部（pagi）的首领在那里建立法庭，调停纷争。""区和部的首领"——酋长——不是**军事领袖**，而是**民事领袖**，就像印第安人那样；选举首领来**领导战争**，就像印第安人那样。[凯撒时期就是这样。]

凯撒在上面谈到"**集居一起的氏族和亲属**"。耕地每年由首领重新分配。

塔西佗《日耳曼尼亚志》第 7 章谈到军队的组织："骑兵队（*turmam*）或楔形步兵队（*ceneum*）并不是偶然结合的人群，而是按家庭和血缘关系编制的"；这里"*familia*"（家庭）已被提到首位，但是在凯撒的著作中这种"家庭"却被定为氏族。

塔西佗《日耳曼尼亚志》第 26 章："他们对于贷款生息和重利盘剥的事情一无所知，这是比禁止这种行为更为有效的保障。土地是公社共有的，公社土地的多少，以**耕者**口数为准；公社之内，再按贵贱分给各人

‖（在凯撒的记载中还是平均分配的）；‖

由于土地广大，分配较易进行。他们每年交换耕地，但他们的**土地**还是**绰绰有余**；因为他们并**不种植果园、圈划牧场和灌溉菜圃**，并不用这些方法来榨取土地的肥沃资源；**他们所求于土地者唯有播种谷物而已**"。

马尔克和部（*pagus*）大概是为了军事的征调而联合起来的各村结成的集团；它们是由氏族制度向政治制度的**过渡阶段**；居民的结合仍然建立在血缘关系的基础上。

根据凯撒的**记述**，日耳曼人的家庭看来是**对偶制家庭**。

卡·马克思写于 1880 年底—1881 年 3 月初，第一次用俄文发表于《马克思恩格斯文库》1946 年版第 IX 卷，原文是英文、德文、古希腊文和拉丁文。

节选自《马克思古代社会史笔记》，北京：人民出版社 1996 年版，第 122—366 页。

第五部分　附　录

附录Ⅰ　研究文献精选

关于《摘要》的许多研究成果都值得肯定。但正如前面分析的那样，这些研究成果不但在切入点上存在差异，研究内容上有所侧重，而且由于研究者的学术兴趣等因素，它们所呈现出来的形式以及对马克思主义的推进作用都有所不同。这里我们选取了5篇有代表性的研究文献，希望通过编译它们而能够对我们进一步研究《摘要》以及马克思主义的人类学、民族学思想有所助益。

一　〔美〕劳·克拉德:《马克思和恩格斯在民族学著作方面的比较》(节选)[①]

1. 马克思和恩格斯在民族学方面的著作

恩格斯的著作再没有比《家庭、私有制和国家的起源》更著名的了。这部著作的产生与马克思的一部依据同样资料来源（摩尔根的《古代社会》）的著作有密切的关系。马克思的摩尔根著作摘要笔记手稿的历史、恩格斯研究马克思的资料和摩尔根的著作的情况以及恩格斯关于这个问题的著作分别于摩尔根和马克思的著作之间的关系的形式方面，在《卡尔·马克思的民族学笔记》的前言中已作了说明。根据上

---

① 劳伦斯·克拉德是美国著名人类学家，本文是他在马克思晚年人类学笔记研究方面最重要的著作之一，最初发表在阿姆斯特丹《国际社会史评论》杂志第18卷（1973年）第223—275页上。莫立知译，选自《马列主义研究资料》1989年第3辑，第180—196页，其中部分注释依据2009年出版的《马克思恩格斯文集》。

世纪80年代的民族学研究状况，可以对马克思和恩格斯的著作进行一些比较。

马克思在上世纪40年代站在哲学人类学的行列中：他的博士论文、研究、黑格尔俱乐部中的活动、他发表的著作、与阿·卢格的通信等，是这点的证明。马克思关于哲学人类学写的东西比这多得多，一部分是作为对黑格尔、费尔巴哈、蒲鲁东等人的论战写出的，其中只有少数在他生前发表了。但是，不管它们是发表了还是未发表，都对我们后来在他的著作中可以看到的提法产生了影响。莫斯科和柏林的《马克思恩格斯全集》编辑部最近重版的马克思的《剩余价值理论》，使这点变得很明显。

最近发生了关于马克思的生平和学说是否有连续性的争论。有些人，如科尔纽，认为1845—1846年的经济学著作标志着断裂点，因为这是"历史唯物主义形成"或者说马克思和恩格斯制定历史唯物主义的时候。《全集》的编者们认为这两人的著作在1845—1846年以前的时期同等地创造了辩证唯物主义和历史唯物主义的前提，在1845—1846年期间同等地进行了对它的系统制订；他们在这时创立了科学共产主义。阿尔都塞以明确的语言表述了同样的思想："从1845年起，马克思同一切把历史和政治建立在人的本质之上的理论彻底决裂。"这颇有点权威声明的味道。

我们将从马克思的著作中既有连续性又有间断性的前提出发。包括民族学、史前史、人类生物学及有关学科在内的经验人类学，马克思在世时就开始发展了。他在19世纪40年代以当时的哲学人类学方式表述的许多提法，在他后来的包括民族学笔记在内的著作中都可以看出来。

马克思的摩尔根著作笔记占B146号笔记本的98页，菲尔著作笔记占26页，梅恩著作笔记占38页；拉伯克著作笔记占B150号笔记本的8页。梅恩著作笔记与其他几个笔记不同，马克思在摘要过程中加了大量的评论和论战性意见。马克思的字写得很细，有许多省略语、缩写式，一部分是通用的、一部分是自造的。他对摩尔根的著作摘得很全，在不同的地方加了许多评论。恩格斯到1883年的某个时候才看到这个笔记本。他在1883年11月7日准备付排《资本论》第一卷第三版时，还没有好好了解这个笔记本的内容。恩格斯给第三版加的注提到Stamm,①而根据他在《家庭的起源》中的概念，在这种场合本来是会用gens的，他在给《共产党宣言》1888年版加的注中就是这样用的。恩格斯在1884年1月初开始寻找摩尔根的原书。由于找不到，他根据马克思的笔记为该书编写了一个梗概，当伯恩施坦1884年2月底3月初在伦敦逗留时，曾把它读给伯恩施坦听。在1884年3月下旬他找到了一册摩尔根的原书，由于掌握了摩尔根的书、马克思的笔记、他自己编写的梗概，再加上渊博的背景知识，他接着用两个月的时间就完成了他的小册子。恩格斯在那个时期的通信中没有提到在B146号笔记中也包含有的菲尔或梅恩的著作；他在一封给考茨基的信中，后来又在一封给保·拉法格的信中提到莫尼的书，在给拉法格的信中提到了梅恩的名字，但是没有提到他的任何著作。② 马克思作过摘记的民族学领域的其他著作，有约·拉伯克爵士的《文明的起源》（1870），对这本书他是在1882年才进行研究的。此外，马克思还对俄国社会学家柯瓦列夫斯基的一部著作作了详细摘要，并且加了评论。

马克思在哲学人类学方面进行工作的时候就开始研究经验人类学了。那时他已经读了沙尔·德·布罗斯、克·迈纳斯及其他研究原始民族的学者的著作。他定居伦敦后不久，又重新开始了民族学的研究。1851年，他对W. C.泰勒的《野蛮和文明状态中的社会的自然史》（1840）一书作了摘要。从那时起，他非经常地研读民族学方面的书籍，到上世纪70年代末80年代初，他又在这个领域进行紧张的工作。有时，他要他的朋友为他作的书刊摘要，恩格斯按照马克思的请求读了H. H. 班克罗夫特的《太平洋国家的土著人种》（1874—1876）一书的一些章节。

马克思是由于他的"学术朋友"柯瓦列夫斯基的推荐而对摩尔根

---

① 《马克思恩格斯全集》第45卷，北京：人民出版社1985年版，第389—390页。Stamm一般指"部落"，这里中译者按照恩格斯后来的概念，把它和gens一样译为"氏族"。

② 《马克思恩格斯全集》第36卷，北京：人民出版社1975年版，第112、194页。

的书发生兴趣的。摩尔根的书所根据的材料一部分是他自己在易洛魁人当中的研究以及他的一些朋友和通信者在大洋洲的研究，还有一部分是摩尔根对古希腊罗马人以及在较少程度上对希伯来人的研究。关于北美洲和大洋洲的民族学，马克思对摩尔根没有什么可以补充，但是在古代和中世纪的民族学方面，他补充了许多自己的资料。恩格斯在写《家庭、私有制和国家的起源》时，除了摩尔根和马克思的资料和论据以外，又补充了一些他自己的东西。

恩格斯在该书的序言中写道，这"在某种程度上是实现遗愿"，马克思曾打算"联系他的——在某种限度内我可以说是我们两人的——唯物主义的历史研究所得出的结论来阐述摩尔根的研究成果"。恩格斯提到马克思写在摩尔根一书的详细摘要中批语，然而说他的书只能"稍稍补偿"马克思未完成的工作。①

恩格斯接着说道："根据唯物主义观点，历史中的决定性因素，归根结底是直接生活的生产和再生产。但是，生产本身又有两种。一方面是生活资料即食物、衣服、住房以及为此所必需的工具的生产；另一方面是人自身的生产，即种的繁衍。"② 恩格斯这句话受到亨·库诺夫、伯恩施坦以及苏联和民主德国的《马克思恩格斯全集》的编者们的批判。社会中的生产和在生产应该和生物学上冠有同样名称的过程区分开来。

曼亨-赫尔芬把促使恩格斯没有区分生物学上的生产和社会经济生产的观念追溯到《德意志意识形态》。如果是这样的话，那么《德意志意识形态》这部著作或有关的章节就必定离开了历史中的经济因素的领域。的确，恩格斯力求区分原始社会和先进社会；在前者中，经济因素让位于亲属关系的因素。然而，曼亨-赫尔芬在《德意志意识形态》中指出的证据不是很明确的。马克思在那里写道："人们用以生产自己必需的生活资料的方式，首先取决于他们得到的现成的和需要再生产的

---

① 《马克思恩格斯文集》第4卷，北京：人民出版社2009年版，第15页。
② 同上书，第15页。

生活资料本身的特性,这种生产方式不仅应当从它是个人肉体存在的再生产这方面来加以考察。"① "人们用以生产自己必需的生活资料的方式"是"生产方式"(社会中和社会的经济中的),它"不仅应当从它是个人肉体存在再生产这方面来加以考察"。个人肉体存在的再生产,与两性配偶或类的肉体存在的再生产并不是同一回事。正像库诺夫等人指出的那样,再生产这个词既可指两性的过程,也可指社会经济过程。马克思在这里是不是除了指经济的再生产,还指生物学上的再生产,并不清楚。

2. 马克思论自然规律、原始社会和文明社会

马克思在他的摩尔根笔记中在许多地方谈到早期人的生活中的经济和社会因素问题。他把等级制度[②]完全看做一种服从社会规律的社会现象,而在《资本论》的论述分工和手工业的那一章中他写道:"种姓和行会由以产生的自然规律,就是调节动植物分化为种和亚种的那个自然规律。不同的只是,种姓的世袭性和行会的排他性发展到一定程度会当做社会法令来颁布。"③ 马克思在这里区分社会的不同发展阶段;一方面,支配等级的世袭性等等的规律与自然规律是一样的;另一方面,它们又服从人类的法令。这个提法中模棱两可的地方是,按照一种解释,古代社会的等级制度被理解为完全是一种自然现象;按照这种解释,一种服从社会法令的完全不同的规律在人类社会的另一个发展阶段起作用。按照第二种解释,古代规律中的世袭因素是自然的,正如在动植物中一样;它们被作为社会法令颁布的事实既不改变在较后发展阶段上的世袭性的自然内容,也不取消在较早发展阶段上的世袭性的社会内容。马克思的摩尔根著作摘要中那段论述等级制度的话把这种模棱两可澄清了,只能按照第二种解释来理解。恩格斯在《家庭的起源》中选择了第一种解释所提出的立场。这种历程不是从一种关于人的完全社会的概念中产生出来的,或者说是与这种概念不一致的。马克思在1844年的

---

① 《马克思恩格斯文集》第1卷,北京:人民出版社2009年版,第25页。
② 《马克思恩格斯全集》第45卷,北京:人民出版社1985年版,第470—471页。
③ 《马克思恩格斯文集》第5卷,北京:人民出版社2009年版,第394页。

《经济学哲学手稿》和《关于费尔巴哈的提纲》中提出了这种概念,在50年代末的著作《政治经济学批判大纲》和《〈政治经济学批判〉序言》中又有进一步的论述。《剩余价值理论》,特别是其中的第三卷对它又有进一步的发展。马克思在《资本论》中补充新的资料和见解,继续完善他对这种立场的论述。从马克思根据摩尔根的《古代社会》和梅恩的《早期制度史》作的摘要和笔记可以看得很清楚,马克思认为社会生活中的经济影响无论在人的文明生活还是早期生活中都是首要的因素。恩格斯对经济因素在人的原始生活和文明生活中的作用所作的区分,并不符合马克思自己在关于摩尔根的评论和对梅恩的批驳中所表达的结论。马克思关于加拿大育空河地区的库钦部落写道,他们有"三个社会等级,或阶级",它们都是在等级之外通婚的单位。马克思就此评论道:"而以氏族原则加征服这样的方式,不会使氏族逐渐形成为等级吗?"接着他补充说:"**一旦在氏族的血缘亲属之间产生等级之分,这就同氏族原则发生冲突**,而氏族就会僵化为自己的对立面即**等级**。"① 在这里,等级不是继氏族之后、而是与氏族同时发生的,是氏族的对立物;它被看做是社会的文明组织的一部分。这样,原始人和文明人之间又一条分界线被马克思排除了。

3. 社会通过各种阶段和亚阶段的演进

亚里士多德认为人类社会的演进是从野蛮走向政治生活的。人的社会生活的第一种形式是家庭,但是村子的出现在国家之先,国家是相当大量的村子的结合,几乎或完全能自给自足。亚里士多德所说的国家是 polis,这是希腊人喜爱的一种社会生活形式,但是当时其他许多民族并不喜爱。亚里士多德把人按其本性称作 zoon politikon。但是这个本性(Physis)不是在每一个人类社会中都实际存在的,因为他提到有些人并不生活在 polis 中。所以,我们的结论是,polis 是人类生活的状况,它是一些人的实际本性,另一些人的潜在本性。某些亚里士多德的评论家,如圣托马斯,在这方面并不作实际和潜在的区分。黑格尔采用亚里

---

① 《马克思恩格斯全集》第45卷,北京:人民出版社1985年版,第471页。

士多德的概念；在他的《逻辑学》第二版前言中，黑格尔引用亚里士多德的意见说，只有在生活必需品得到保障以后，埃及人才转向哲学。亚里士多德后来补充说："数学在埃及很早得到发展，是因为教士阶级很早就处于有闲暇的地位。"

黑格尔提出了由低级向高级发展的思想，并且把它应用于人类的历史和社会。李奇曾提醒人们注意黑格尔的发展概念是一种思维过程。华莱士指出，黑格尔不是生物学的进化论者，但是他是社会的进化论者。除了这里提到的个别观点以外，黑格尔的总的体系如何有助于十九世纪类型的进化论，已由费舍尔以及在后的卡西勒尔所说明。达尔文这样谈到结构的不变和变之间的辩证关系："我现在承认，在我的《物种起源》的前几版中，我也许过分注意自然选择或适者生存了。我对《物种起源》的第五版作了修正，把我的看法局限在结构的适应性变化上；但是我根据最近几年的经验确信，许多现在看来无用的结构以后将显得有用，因此会进入自然选择的范围。不过，我以前没有充分考虑到存在着既不有益也不有害的结构，我认为这是我这部著作中至今发现的最大的疏忽之一。"达尔文所表达的结构和适应性变化的相互关系，是具体化的存在和形式之间的辩证的相互关系，而它曾被黑格尔潜在地作为这种关系、实际地作为一种抽象的潜在性表达过。马克思发展了黑格尔的这一方面。他与达尔文的关系已由他们两人共同持有的自然界的反目的论所确定。达尔文反对关于自然选择引起物种中的变异的概念，反对关于自然选择意味着有意识的选择的概念。达尔文说："我说自然，只是指许多规律的总的行动和产物，而规律只是指我们所弄清的事件发生的顺序。"马克思在给恩格斯的一封信中说，达尔文的《自然选择》一书"为我们的观点提供了自然史的基础"。[①] 而在一封给拉萨尔的信中，马克思说："虽然存在许多缺点，但是在这里不仅第一次给了自然科学中的'目的论'以致命的打击，而且也根据经验阐明了它的合理的

---

① 《马克思恩格斯全集》第30卷，北京：人民出版社1974年版，第131页。

意义。"①

马克思在《德意志意识形态》、《共产党宣言》、《政治经济学批判》、《资本论》、《剩余价值理论》等著作中，对人从动物王国发展出来的理论以及人作为人发展的理论有大量的阐述。他密切注视生物学上的发展。然而，他把达尔文的自然哲学与他的社会哲学区分开来。例如，他批评达尔文接受马尔萨斯关于人口和人类社会的思想，但是并不改变他对作为生物学家的达尔文的评价；他赏识的是作为自然哲学家的达尔文。

另一方面，恩格斯对生物学进化理论的立场给予了表述。恩格斯并没有考察达尔文后来得出的物种的保持和变异的相互关系，如果恩格斯对它进行了考察的话，他也许会把它表述为辩证的对立和转化。恩格斯只是考察了重复的个体变异的原因，他指责达尔文忽略了这一点。② 恩格斯的《自然辩证法》表达了同样的观点。着重点通篇放在形成上，完全撇开与存在的关系。而且，在后一部著作中，恩格斯把讨论引进了社会达尔文主义的领域。但是恩格斯对这种学说提出的批评是很不够的，因为他写道："把历史看做一系列的阶级斗争，比起把历史单单归结为生存斗争的差异极少的阶段，就更有内容和更深刻得多了。"③ 这的确只是对社会达尔文主义的形式方面的温和攻击。内容方面完全没有触及。不是社会达尔文主义在历史观方面比阶级斗争学说更贫乏和肤浅，而是它与阶级斗争学说完全不同，因为它们在人和社会的本性以及人和社会的相互关系方面是从不同的前提出发的。

在恩格斯的著作中，包括社会进化在内的人类进化学说，无论在其直接的还是附带的发展方面，都只是部分地和科学唯物主义、或者在具体形式上和辩证唯物主义有关。恩格斯采取了单线的发展观点，而且在这一点上比摩尔根更严格。摩尔根偶尔还有关于多线发展的一些考虑。例如，新大陆和旧大陆在他的描述中是按不同的线索发展的，因为

---

① 《马克思恩格斯全集》第30卷，北京：人民出版社1974年版，第575页。
② 《马克思恩格斯全集》第3卷，北京：人民出版社1960年版，第109页。
③ 同上书，第573页。

他发觉新大陆在被发现以前不曾有过对动物的驯养。因此他寻找在两个半球之间相等的形式。马克思对这一方面没有补充任何自己的东西，但是把它摘抄下来了。摩尔根偶尔提到一条发展线索对另一条发展线索的横向影响，马克思摘抄了这些情况，并且以赞许的口气补充了一些他自己的资料。这些思想线索在恩格斯的《家庭、私有制和国家的起源》中是看不到的。

家庭的起源无疑是恩格斯这部著作的最薄弱的方面。库诺夫第一个对它提出了批评。顿凯尔采取了与库诺夫同样的观点。马克思从摩尔根那里把家庭体系接过来，只表达了少数几点不同看法。摩尔根把古希伯莱人和罗马人的父权制家庭看做是离开家庭发展主线的例外情况，从而反对亨利·梅恩的看法，反过来又受到马·柯瓦列夫斯基的反对。恩格斯采纳了家庭从母权制到父权制的简单发展体系，像在摩尔根的著作中一样不考虑希伯莱和罗马的变形。在《家庭、私有制和国家的起源》的第四版中，恩格斯吸收了柯瓦列夫斯基关于家长制家庭的资料，① 但是将第一版和第四版加以比较可以看出，恩格斯并没有根据柯瓦列夫斯基的著作改变他的的观点。他并没有把摩尔根和柯瓦列夫斯基的相反体系一起来。

顿凯尔批评恩格斯对家庭发展的立场，然而赞扬他对国家发展的描写。相反，卢卡奇在他的早期著作中没有发现恩格斯关于家庭的阐述有什么错误，但是评判他对雅典国家形成的描写。恩格斯认为雅典国家的产生乃是一般国家形成的一种非常典型的例子，他的理由是，它是在没有受到任何外来暴力的干涉下以纯粹的方式进行的。卢卡奇反对这种观点，认为这是"不完全确切的，而且对这个发展阶段的过渡说来是完全不典型的"。对恩格斯的指责又是简单化。恩格斯所要解决的是一个比较复杂的问题，需要进行详尽的阐述，可是恩格斯对它的说明却太简略了。通过征服形成国家的理论在当时为许多人所相信；不久之后 L. 古姆普洛维茨和 F. 奥本海默就从这个立场来论述国家的形成，这导致了暴力论。

---

① 《马克思恩格斯全集》第 4 卷，北京：人民出版社 1958 年版，第 52 页。

恩格斯在他的《反杜林论》中就已对这种理论进行了批判。恩格斯清楚地证明了，国家形成过程中的内部暴力是经济性质的，外部因素则使情况变得不清楚和很复杂。卢卡奇提出的简单化的指责一部分是有道理的，但是显然情况比他所说的更复杂，他也犯了简单化的毛病。

在库诺夫、伯恩施坦、顿凯尔、卢卡奇对国家和国家的起源的讨论中，恩格斯所设定的中项没有被看到。柯瓦列夫斯基的文章没有什么不同，因为他关心的是恩格斯著作的"理论"和"政治"方面，而不是经济因素在古典古代社会研究中的作用。恩格斯对私有制起源的论述分散在他对其他题目的讨论当中：在简略地概述了史前的蒙昧和野蛮文化阶段之后，他把他的书分成以下各章：家庭、易洛魁人的氏族、希腊人的氏族、雅典国家的产生、罗马的氏族和国家、克尔特人和德意志人的氏族、德意志人国家的形成、野蛮时代和文明时代。各章的标题把读者的注意力引向家庭、氏族和国家的制度，各个文化发展阶段和被论及的民族同样被突出来，但是所有权制度无论在各章的标题和小标题中都看不到，除了在书名中提到以外，在内容中是分散到各处的。另一方面，摩尔根在《古代社会》中用第四编专门论述"财产观念的发展"。马克思在他的笔记中改变了在摩尔根著作中的顺序，把这第四编放在第二编里使得他根据这一编作的摘要在整体中所占的比例大于在摩尔根著作中的比例。

然而，恩格斯把所有制问题当成中心问题。他写道，对出生自一定的父亲的社会承认"之所以必要，是因为子女将来要以亲生的继承人的资格继承他们父亲的财产"。① 在希腊的英雄时代，氏族制度已开始衰落；这点的证据是父权制、财富在家庭内部的积累、财富的不平等分配及其反作用、世袭贵族的最初萌芽；新获得的财富；私有财产的神圣化；国家被发明出来保障财富以及社会分裂为有产阶级和无产阶级的永久化，等等。② 这些段落阐述了国家形成的客观方面和财产及其在私人手中的积累等等的中心作用。

---

① 《马克思恩格斯选集》第 4 卷，北京：人民出版社 1995 年版，第 57 页。
② 同上书，第 104 页。

摩尔根详细讨论了这些过程,特别是在《古代社会》的第二编第十章中。他在这里阐述了据认为是提修斯进行的改革,他认为提修斯不是一个人,而是代表一个时代;他提到阿提卡社会被划分为三个阶级:"这一**阶级划分**不仅是承认**财产**和**贵族分子**在社会管理中的地位,而且也是一次**直接反对氏族掌权的行动**。"马克思在摘抄这一段后补充道:"普卢塔克所说的'**卑微贫穷的人欣然响应提修斯的号召**',以及他所引用的**亚里士多德**所说的提修斯'**倾向于人民**'这些话,和摩尔根相反,显然表明**氏族酋长**等人由于财富等等已经和**氏族的群众**处于**内部冲突**之中,这种情况,在存在着与**专偶制家庭**相联系的**房屋**、**土地**、**畜群**的**私**有制的条件下,乃是不可避免的。"①

摩尔根在这一点上没有援引普卢塔克或亚里士多德,这是由马克思连同他对摩尔根的反对意见作为一种插入的评论加进来的。恩格斯在这个问题上完全按照摩尔根的阐述,略去了马克思的这些考虑。但是马克思提出的问题,除了他在一夫一妻制家庭和私有财产之间所作的联系以外都是很重要的。第一,他在氏族的领袖和群众之间的关系问题上与摩尔根争论。第二,争论的内容不仅涉及财产和管理关系的客观和公开方面,而且涉及领袖和群众之间的利益冲突。马克思在此处并没有详谈利益问题,但是在对亨·梅恩著作的摘要中他又回到这个问题上来。他在这里清楚地说明了,利益问题有一个客观方面和一个主观方面,这两个方面是相互关联的。②

马克思写道,国家在社会发展的一定阶段是社会的赘疣,当那个阶段不存在了,国家就消失了。至于这一过程的开始:"先是个性摆脱最初**并不是专制的桎梏**〔……〕,**而是群体**即原始共同体的**给人带来满足和乐趣的纽带**——从而是**个性**的片面发展。"③ 至于后者的真正性质,它只有在我们分析内容即这个"个性"的利益时才会显露出来。马克思把这个个性放在引号中,把它看做某种不是或不完全是所

---

① 《马克思恩格斯全集》第45卷,北京:人民出版社1985年版,第516—517页。
② 同上书,第581、586、609、612页。
③ 同上书,第646页。

显露出来的那种样子的东西。个性既是属于个人的，同时又不仅是属于个人的。利益有内外两面，就像个人的内容与形式的关系一样。这个个性的内容就是利益，利益在一方面是人类个体的主体性。马克思接着写道："那时我们就会发现，这些利益又是一定的社会集团共同特有的利益，即阶级利益等等，所以这种个性本身就是阶级的个性等等，而它们〔阶级、个性、利益〕最终全都以经济条件为基础。"① 这样，个性的内在的、主体的内容就变成了个人的外在的、社会的关系，而这就是社会经济阶级。形式变为内容同时就是个人利益变为它的另一面即集团利益，主体性变为客体性，以及内在性变为外在性。这些是以其相互关系表现出来的，这些相互关系本身是复杂的，因为它们一方面是对立面，另一方面是个人和社会阶级的组成成分。对立面又是社会阶级之间的、阶级内部的个人之间的。最后，利益是个人内部的对立面。

恩格斯则提出卑劣的贪欲作为历史的主观因素，他认为这种贪欲"是文明时代从它存在的第一日起直至今日的动力"。② 一方面，恩格斯关心的不仅是人的外表，而且还有他的内部生活。另一方面，这个意见的实质还和历史中的客观影响有相互关系。

恩格斯虽然只是偶尔积极从事民族学研究，但是他有这个领域的发展观念，这一点比马克思强。恩格斯写道，摩尔根所提出的分期法只能暂时被接受，它只有在没有重要的新资料补充到这门发展的科学中来时才是有效的。③ 正像通常可以预期的那样，他的分期法并未能维持很久。然而这种对问题的观念是纯粹理论上的，因为《家庭、私有制和国家的起源》的一般理论概念从 1884 到 1891 年并未因此发生任何变化。在那段时间里，除了被恩格斯评论过的著作以外，还出版了 F. 波阿斯论爱斯基摩人、波·道金斯论史前史的著作，以及 G. 德莫尔蒂耶、A. H. 兰福克斯、S. 雷纳赫、A. H. 骚瑟、F. 西波姆、W. 罗·斯密斯等

---

① 《马克思恩格斯全集》中文第 1 版第 45 卷第 647 页。
② 《马克思恩格斯选集》第 2 版第 4 卷第 173 页。
③ 同上，第 17 页。

人的书。恩格斯主要在他的《论德意志人的古代历史》的文章中探讨了道金斯的著作。

马克思的摘要是根据1870至1880年之间出版的书籍作的。当时有许多活动,但是在英国有关领域中的主要人物是查·达尔文和赫·斯宾塞。马克思给这两人赠送了他的《资本论》,他们已经就人和社会的研究表达了自己的立场。达尔文对拉伯克的影响是众所周知的。当达尔文的著作最初问世时,马克思密切注视着发展情况,因为他在当时给恩格斯和拉萨尔的信中以及在《资本论》的脚注中都评论了达尔文。后来,达尔文的著作如何影响拉伯克、E.雷·兰卡斯等人的情况,马克思没有评论。恩格斯的著作谈到了各种资料、对这些资料的理解和理论之间的相互关系,对民族学来说是一个具有决定意义的贡献。

二 〔美〕凯文·安德森:《马克思关于非西方和前资本主义社会的晚期著作》[1]

1. 对马克思晚年笔记摘录的整体介绍

在1871年巴黎公社失败之后,马克思再次关注西欧和北美阻碍资本发展的社会形式。[2] 在他最后十年(1872—1883)左右的时间内所撰

---

[1] 本文选自美国学者凯文·安德森的论著《页边上的马克思》(Kevin B. Anderson, *Marx at the Margins*: *on Nationalism*, *Ethnicity*, *and Non-Western Societies*, Chicago: The University of Chicago Press, 2010)的第六章("Late Writings on Non-Western and Precapitalist Societies")。安德森是MEGA2编辑小组的成员,主要负责MEGA2第四部分(即读书笔记部分)的第27卷,该卷主要收集的是马克思晚年的人类学笔记,其中包括《路易斯·亨·摩尔根〈古代社会〉一书摘要》。

[2] 强调解放的神学家巴斯蒂安·卫兰格(Batiaan Wielenga)牵强地论证道,在这里,马克思对那些非西方社会的农民问题产生的兴趣不断更新是一个因素,在巴黎公社的成员及其拥护者不能再把革命运动推向法国农村,他们的命运也就因此改变无疑了:"基于后者'活生生的利益和现实的需要',巴黎公社导致了这样一种看法,工人阶级需要与农民结成联盟。"Batiaan Wielenga, "Indische Frage", in *Historisch-kritisches Wörterbuch des Marxismus*, Vol. 6: 2, 2004, SS. 904 – 917.

写的著作中，有三条线索表明他的研究转向，即转而研究农业的非西方社会。整体而言，这意味着一种新的转向，是马克思自 19 世纪 50 年代晚期以来思想上正在逐渐发生的一部分变化。我们能够在他的《资本论》法文版序言中发现第一条思想变化的线索。

第二条线索能够在下文即将讨论的 1879—1882 年左右所做的关于非西方和前资本主义社会的笔记摘要中找到，其中有些摘要至今仍未以任何语言发表，它们大概有 3 万余字。① 对其他著作家（其中大多数是人类学家）的研究成果所做的摘要囊括了范围极广的社会形态和历史时期，其中包括印度史和村社制度；荷兰殖民主义和印度尼西亚的村社经济制度；美洲土著居民和古希腊罗马以及爱尔兰的性关系和亲属模式；以及在阿尔及利亚和拉丁美洲的公有制和私有制问题等等。②

从 1877 年到 1882 年关于俄国的一组短小精悍的文本群构成了马克思晚期著作的第三条主线。1869 年，他开始学习俄语；随着

---

① 即将出版的 MEGA2 第四部分的第 27 卷（MEGA2 IV/27）会收录所有这些笔记，其中大部分会在马克思即将出版的著作中发表，它们并非是马克思在 1879 年至 1882 年所做的仅有的笔记摘要。但是它们具有特殊意义，因为它们展示了马克思是如何开拓新的研究领域的。正像格朗让（Jacques Grandjonc）和罗扬（Jürgen Rojahn）在他们有关 MEGA2 的复杂的编辑报告中指出的那样，关于这些主题的这些笔记摘要也只是在 1879—1882 年期间出现过。仍没有发表的摘要在下面的 MEGA2 的书单中会收录进去：MEGA2 第四部分的第 28 卷（MEGA2 IV/28）收录马克思关于俄国和法国历史的研究，尤其是农业关系，还有恩格斯关于土地所有制历史的研究，二人的研究都是 1879—1882 年间的成果；MEGA2 第四部分的第 29 卷（MEGA2 IV/29）包括马克思关于世界历史的著作年版，其中包括 1879—1882 年间的研究成果；MEGA2 第四部分的第 30 卷（MEGA2 IV/30）包括马克思 1863、1878 和 1881 年所做的数学手稿、马克思的化学研究，以及已经出版的恩格斯关于自然科学和历史的研究。Jacques Grandjonc and Jürgen Rojahn, "Aus der MEGAArbeit. Der revidierte Plan der Marx-Engels-Gesamtausgabe". *MEGAStudien* 2（1995）：62 – 89.

② 因此，很多笔记涉及农业社会。正像美国人类学家克里斯汀·沃德·盖利（Christine Ward Gailey）所认为的那样，"不能因为这些笔记汇总热衷于研究农民问题，就都假定马克思对农民表示轻蔑，认为它们只不过是愚昧的和反革命的（代表）……"参见盖利的《卡尔·马克思的〈人类学笔记〉中的共同体、国家和社会进化问题》，载《平等主义的政治学：理论与实践》，第 38 页。Christine Ward Gailey, "Community, State, and Questions of Social Evolution in Karl Marx's *Ethnological Notebooks*." in Jacqueline Solway ed., *The Politics of Egalitarianism*: *Theory and Practice*, New York: Bergahn Books, 2006, p. 38.

1872年《资本论》第一卷俄文版的出版,引发了广泛的讨论,而这些讨论进一步引起了他对这个社会的兴趣。在他给俄国流放者维拉·查苏利奇的通信和其他一些地方,马克思开始提出这样的建议,俄国的农业公有制村社能够成为社会主义转型的起点,人们可能能够避免资本原始积累的野蛮过程。然而,他之所以对俄国村社公有制感兴趣,是因为它可以是一种革命的发生地,而不是追求那种农业(社会)自给自足的理论;他坚持认为,社会主义要想取得胜利,俄国首先需要与西方的科学技术相结合,而且发展与西方劳工运动之间的互惠关系。

截至1883年他64岁去世之前,除了和他的合作者恩格斯一起发表了简短的《共产党宣言》1882年俄文版序言,马克思再也没有发表过他对非西方和前资本主义社会研究的任何新成果。

在他最后十年,他发表的东西很少,这可以从他没有完成的《资本论》第2卷和第3卷(这两卷也是恩格斯在马克思死后编辑出版的)中得到证实。这一时期马克思最著名的文章是1875年发表的《哥达纲领批判》,这也是在他死后出版的。很多关于马克思生平和思想的研究表明,1879年之后,马克思失去了进行正规学术著作研究的能力。马克思(著作)的编撰者大卫·梁赞诺夫是《马克思恩格斯全集》历史考证版第1版(MEGA1)的发起人,当他写道"任何困难一些的学术著作对他过于疲惫的大脑来说都是一种难以逾越的困难"时,他也表达了同样一种态度,这是由于他的"突然死亡"(shattered death):"1878年(马克思这一年已经60岁了!)之后,他被迫放弃了关于《资本论》的所有工作",但是"他还能做一些笔记"。① 在本章考察其他内容时,梁赞诺夫提到了这些笔记,这几乎是毫无疑问的。而且在1925年他为MEGA1而作的一次报告中,梁赞诺夫把这些笔记摘要看做是"难以忍

---

① David Rianzanov, *Karl Marx and Friedrich Engels: An Introduction to Their Lives and Work*. New York: Monthly Review,〔1927〕1973, pp. 205-206.

受的充满迂腐气"的范本。① 这表明，马克思对幅员辽阔、内容差异极大的地域、文化和历史时期进行了多方位的考察，这些考察与无疑具有欧洲中心主义（如果不是性别歧视）特点的政治经济学批判少了不少思想上的严肃性。保留下来的马克思信件并没有直接证明这些晚期著作与未完成的《资本论》之间的关系；但是，有一种可能性梁赞诺夫没有考虑到，那就是马克思想要拓展其政治经济学批判的地理适用范围。

近来，越来越多的关于马克思晚年著作的讨论已经开始挑战观念，认为马克思的最后几年最显著的特征就是思想衰退，尽管它保留着主导地位。② 1972 年，劳伦斯·克拉德以《卡尔·马克思的民族学笔记》为名出版了一个不错的誊抄本。这个开拓性的、多语种的卷次包含几百页马克思在 1880 年至 1882 年所做的笔记，这让非西方和前资本主义社会的内容及其深度都有了进一步扩展，而且这些内容显然在首次出版的《马克思恩格斯全集》（Collected Works）的英文版和德文版中都没有被收录进去。克拉德出版的马克思的笔记所囊括的内容包括路易斯·亨利·摩尔根关于美洲土著居民和古希腊罗马的研究、亨利·萨姆纳·梅恩关于古爱尔兰社会关系的研究、约翰·菲尔关于印度村社的研究以及约翰·拉伯克关于大量原始社会的研究等人类学家的著作。③ 但是，克拉德的《卡尔·马克思的民族学笔记》这一版只包括马克思 1879 年至 1882 年关于非西方和前资本主义社会所做笔记的大约一半内容。剩下

---

① 杜娜叶夫斯卡娅让人们注意到这个伟大的马克思文本的编辑者的失误，她揭示出"梁赞诺夫对这些成为马克思终身工作的划时代笔记摘要所表现出来一种肤浅的态度"。Raya Dunayevskaya, *Rosa Luxemburg*, *Women's Liberation*, *and Marx's Philosophy of Revolution*. 2nd ed，Urbana：University of Illinois Press，［1982］1991，p. 178. 梁赞诺夫还作了一个不利的决定，那就是，把这些笔记摘要全部排除出了 MEGA1。

② 比如，在另一个关于马克思传记的词条中，艾瑞克·霍布斯鲍姆是这样写的，19 世纪 70 年代"他的理论工作走向了终结"。参见 *Oxford Dictionary of National Biography*，Vol. 37，s. v. "Marx, Karl Heinrich"。

③ 由于前现代的没有国家和不存在阶级的社会通常是以克兰（clan）为基础的，因此我们通常会用"没有文字的"（preliterate）这个术语来取代"原始的"（primitive）和"部落的"（tribal），在当代，一般认为后两者具有轻蔑之意。另外一种可能性是"第一批人"（first peoples）。

的部分（其中一部分还没有以任何语言发表）所涉及的内容包括马克思的以下诸多笔记：俄国人类学家马·柯瓦列夫斯基对美洲、印度和阿尔及利亚的公有制的研究；殖民地文员罗伯特·休厄尔关于印度史的著作；德国社会历史学家卡尔·比歇尔（Karl Bücher）、路德维希·弗里德伦德尔（Ludwig Friedländer）、路德维希·朗格（Ludwig Lange）、鲁道夫·耶林（Rudolf Jhering）和鲁道夫·佐姆（Rudolf Sohm）关于罗马和中世纪欧洲的阶级、地位和性别的研究；英国律师莫尼（J. W. B. Money）对印度尼西亚（爪哇）的研究；一些有关体质人类学（physical anthropology）和古生物学（paleontology）的最新研究成果；关于农业国俄国的一些俄语研究成果；最后还有就是19世纪80年代英国人向埃及的移民活动。包括此前克拉德出版的那些内容，所有这些笔记加起来总计超过了800多页。①

在分析这些笔记摘要的过程中，克拉德在亚细亚生产方式及其在人类学思想中的贡献等方面强调了它们与马克思早期著作之间的关系。② 出版了马克思1879年所著的柯瓦列夫斯基《〈公社土地占有制，其解体的原因、进程和结果〉（第1册，1879年莫斯科版）一书摘要》的德国历史学家汉斯－彼得·哈斯蒂克更倾向把马克思的这些笔记视为新起点："马克思把注意力从欧洲的事务……转向了亚洲、拉丁美洲和北非。"③ 杜娜叶夫斯卡娅强调了它们对性别问题的关注，以及马克思对摩尔根一书摘要和恩格斯《家庭、私有制和国家的起源》之间的差

---

① 他们打算采用原文的多语种形式在 MEGA2 IV/27 中全文发表它们，它们通常是德语和英语的混杂在一起，还有一部分拉丁语、西班牙语和俄语。MEGA2 IV/27 的编辑小组包括凯文·安德森（美国，Kevin B. Anderson）、格奥尔基·巴加图利亚（俄国，Georgi Bagaturia）、大卫·诺尔曼·史密斯（美国，David Norman Smith）和后来的诺赖尔·特尔－阿科皮扬（俄国，Norair Ter-Akopian）。囊括了来自 MEGA2 IV/27 但克拉德并没有将其收录到《人类学笔记》中的素材的全英文版本也收录在这本著作中。

② L. Krader, Introduction of *The Ethnological Notebooks of Karl Marx*, by Karl Marx, 1 - 93. 2nd ed. Assen: Van Gorcum & Company B. V. - Assen, The Netherlands, 1974; L. Krader, *The Asian Mode of Production: Source, Development and Critique in the Writings of Karl Marx*, Assen: Van Gorcum, 1975.

③ Hans-Peter Harstick ed. , *Karl Marx über Formen vorkapitalistischer Produktion*. Frankfurt: Campus Verlag, 1977.

异。① 杜娜叶夫斯卡娅的著作引起了女性主义诗人阿德里安娜·里奇的注意，而且首次让《人类学笔记》得到更多人的关注。②

尽管它们是用一种不成熟、有时甚至是不合语法的形式写成的，而且还是英语、德语和其他语言相间其中，但这些并非是草草完成的手稿，而是一些马克思下工夫完成的笔记，是马克思对自己研究的著作进行的摘录或概括总结。但是，它们不仅仅是对其他著作的一些总结，正像杜娜叶夫斯卡娅所暗示的那样，这些笔记"让我们听到了马克思在思考"。③ 首先，它们把马克思表现为一名"读者"。它们不仅包含着他对其研究的作者的结论或假设或直接或间接的批判，而且还表明他是如何在他正在阅读的著作中把那些研究主题和问题结合在一起，或者根据需要将它们拆分开的。其次，它们表明，他是如何将他发现的主题和素材与他对非西方和前资本主义社会的让人信服的发现联系在一起的。一句话，当马

---

① Raya Dunayevskaya, *Rosa Luxemburg, Women's Liberation, and Marx's Philosophy of Revolution.* 2nd, Urbana: University of Illinois Press, [1982] 1991; Raya Dunayevskaya, *Women's Liberation and the Dialectics of Revolution: Reaching for the Future*, Atlantic Highlands, NJ: Humanities Press, 1985. 彼得·胡迪思 (Peter Hudis) 把这些笔记与马克思对第三世界的论述联系起来，而富兰克林·罗斯蒙德 (Franklin Rosenmont) 认为它们与美洲土著有关，但是大卫·诺尔曼·史密斯则把它们与罗莎·卢森堡的著作联系在一起，帕雷શ·查托帕迪亚 (Paresh Chattopadhyay) 在更广的意义上认为是马克思为女性辩护的一种立场。Peter Hudis, *Marx and The Third World.* Detroit: News & Letters, 1983; Franklin Rosenmont "Karl Marx and the Irpquois". In *Arsenal: Surrealist Subversion*, Chicago: Black Swan Press. 1989. pp. 201 – 213; David Norman Smith, "The Ethnological Imagination", In *Ethnohistorische Wege und Lehrjahre eines Philosophen. Festschrift für Lawrence Krader zun 75. Geburtstag*, ed. Dittmar Schorkowitz, New York: Peter Lang, 1995, pp. 102 – 119; Paresh Chattopadhyay, "Review Essay: Women's Labor under Capitalism and Marx". *Bulletin of Concerned Asian Scholar*, 1999, 31, no. 4: 67 – 75.

亦参见 Norman Levine, "Anthropology in the Thought of Marx and Engels". *Studies in Comparative Communism* 1973, 6, nos. 1 & 2: 7 – 26; Narihiko Ito, "Überlegungen zu einem Gedanken beim späten Marx". In *Materialien zum Historisch-Kritischen Wörterbuch des Marxismus*, ed. Frigga Haug and Michael Kratke, 38 – 44. Berlin: Argument Verlag, 1996; Vileisis Danga. 1996. "Engels Rolles im 'unglücklichen Verhältnis' zwischen Marxismus ud Feminismus". *Beiträge zur Marx-Engels Forscheung.* Neue Folge 1996: 149 – 179.

② Adrienne Rich, "Raya Dunayevskaya's Marx", in *Arts of the Possible: Essays and Conversations*, New York: Norton, [1991] 2001, pp. 83 – 197.

③ RayaDunayevskaya, *The Power of Negativity: Selected Writings on the Dialectic in Hegel and Marx.* Ed. Peter Hudis and Kevin B. Anderson. Lanham, MD: Lexington Books, 2002.

克思似乎转向了新的研究领域时，它们提供了一个了解他的思想的独特窗口。

2. 易洛魁人、荷马时期的希腊人和其他无文字社会中的性别和社会阶层

由于恩格斯的《家庭、私有制和国家的起源》一书的原因，马克思对路易斯·亨·摩尔根的《古代社会》所做的摘录笔记是他1879年至1882年间所做的关于非西方社会和前资本主义社会的笔记中名气最大的。在他开创性的研究著作中，恩格斯对性别平等进行了非同寻常的详细论证，不仅对一般人的观点，而且对社会主义的观点提出了挑战，因为像蒲鲁东这样的人物对妇女的权利表现出一种肆无忌惮的敌视。而且，恩格斯为自由主义的女性主义者提供了另外一种选择，因为他把妇女的从属地位带入经济领域，认为只要仍然存在着阶级统治，就不可能完全实现妇女解放。同时，正像他在下文中所论证的那样，恩格斯的著作承担起了决定论的框架，而将之归结为马克思是不公平的，因为在他对摩尔根所做的摘要中表现出了一些与之不同的思想。

在他的名著中，恩格斯把美国人类学家摩尔根视为马克思主义意义上的实实在在的唯物主义者，他是一个"在美国，以他自己的方式，重新发现了40年前马克思所发现的唯物主义历史观"的人，是"在主要点上得出了与马克思相同的结果"的人。① 而且，恩格斯并没有提供什么证据就这样写道，马克思"曾打算……阐述摩尔根的研究成果"。②

正像摩尔根所分析的那样，在对大量的无文字、无国家的社会（从易洛魁人到早期希腊人、罗马人和日耳曼人）进行研究之后，恩格斯论证道，国家是一种新的、短暂的人类处境："所以，国家并不是从来就有的。曾经有过不需要国家，而且根本不知国家和国家权力为何物的社

---

① 轻易地将马克思与一位与之类似的人物进行对比，对恩格斯来说已经不是第一次了。1883年，他在他朋友的墓前讲话中，恩格斯没有注意到马克思在《资本论》第1卷中对英国生物学家查尔斯·达尔文的责难，就已经对二人进行了比附。

② 本段的引文均出自《马克思恩格斯文集》第4卷，北京：人民出版社2009年版，第15页。

会。"① 摩尔根在大量的无文字的文化中发现的，氏族，或者说部落（"克兰"）构成了社会。（马克思、恩格斯和摩尔根都用了"gentes"、"gens"、"gentile"等以罗马语为基础的术语来取代"clan"［部落］，这种习惯用法沿用至今。②）当恩格斯展望在地平线上即将出现的无国家的社会主义社会时，他在《家庭、私有制和国家的起源》中得出的结论就是它引用的摩尔根预测的观点，即"这将是古代氏族的自由、平等和博爱的复活，但却是在更高级形式上的复活"③。通过一个卢梭式的注释，恩格斯坚持认为，人类学的新材料已经最终证明，当人们充分考虑整个人类的存在史，那些伴随着阶级、财产和性别等级的所谓的文明，只不过是一种规范人类事务的非典型方式，而且它是隐晦的、非自然的。而且，恩格斯与卢梭不同的是，他把性别平等置于了核心位置。

恩格斯坚持认为，由于他们落后的经济和技术发展水平，这些早期的平等社会"注定要灭亡"④。像私有制、社会阶级、国家和父权制家庭等这样的新制度迟早会颠覆它们。就像触发一种黑格尔式的对性别关注，恩格斯得出了这样的结论，即：与母权制社会的衰落一样，随着女性参与政治决策活动的日渐消失，这些等级制度的兴起标志着"女性的具有世界历史意义的失败"⑤。恩格斯论争道，既然私有制、国家和父权制构成了一个整体，它们同样只需要一个整体的社会主义的转型就能够被克服。总体来说，资本主义经济的发展和强大的工人社会主义运动，二者会一起扭转女性具有世界历史意义的失败，它们差不多是以一种自然而然的方式发生的，正是根据这一点，恩格斯进行了一种经济决定论的论证。

《家庭、私有制和国家的起源》已经逐渐成了马克思主义关于性别和国家的经典论述。但在 20 世纪中叶，一些女性主义思想家开始批判这本书的经济决定论，而且他们通常把它与马克思也联系了起来。例

---

① 《马克思恩格斯文集》第 4 卷，北京：人民出版社 2009 年版，第 193 页。
② "gentes"，"gens"和"gentile"在《摘要》中都被译为"氏族"。——编者注
③ 《马克思恩格斯文集》第 4 卷，北京：人民出版社 2009 年版，第 198 页。
④ 同上书，第 112 页。
⑤ 同上书，第 68 页。

如，存在主义的女性主义者西蒙·德·波伏娃为了反对恩格斯的观点，她坚持认为，"没有明显的证据表明私有制度必然与妇女的奴役搅合在一起"①。结果是，恩格斯的错误就在于"他如何把这种性别对立化约为阶级冲突"②。他对马克思的这种批评尽管非常有力，但他也显示出了一些不足。因为正像很多来自于马克思主义和结构主义所提出的那些批评一样，当反对经济和社会环境时，存在主义赋予个人的主观性和选择的权重太大了。③

1972 年出版的马克思关于摩尔根著作的笔记被收录在克拉德的《人类学笔记》中，它为厘清当时固有的争论奠定了基础。④ 无疑，恩

---

① Simon Beauvior, *The Second Sex*. Trans. H. M. Parshley. New York：Vintage，[1949] 1989，p. 56.

② Ibid，pp. 56，58.

③ Herbert Marcuse, "Sartre's Existentialism." In *Studies in Critical Philosophy*, Boston：Bacon Press，[1948] 1972，pp. 157 – 190；Raya Dunayevskaya, *Philosophy and Revolution：From Hegel to Sartre and From Marx to Mao*. New York：Columbia University Press，[1973] 1989；Pierre Bourdieu, *Outline of a Theory of Practice*. Cambridge and New York：Cambridge University Press，1977.

④ 虽然我们会在下面讨论，但马克思绝没有写过关于性别的著作，他在 1880—1882 年的《人类学笔记》中确实对性别和家庭给予了大量关注。马克思对性别和家庭投入了大量精力的另一个时期是 19 世纪 40 年代，那时他正在论述他的辩证唯物主义和历史唯物主义的核心概念，我们能在《1844 年经济学哲学手稿》、他鲜为人知的论文（关于 1846 年以来自杀问题的译文）以及他与恩格斯合作完成的一些文本（1845 年的《神圣家族》、1846 年的《德意志意识形态》和 1848 年的《共产党宣言》）的一些段落中发现相关内容。在 19 世纪 50 年代，马克思在《纽约每日论坛报》上发表的一些文章也关注到英国工人阶级和中间阶级的妇女遭受的压迫，而在《资本论》第 1 卷中的一些段落也讨论了工人阶级妇女的状况，同时注意到资本主义导致的家庭巨变。为了对马克思关于性别的著作进行概述，已经有人注意到与恩格斯的比较。Raya Dunayevskaya, *Women's Liberation and the Dialectics of Revolution：Reaching for the Future*. Atlantic Highlands, NJ：Humanities Press，1985；Raya Dunayevskaya, *Rosa Luxemburg, Women's Liberation, and Marx's Philosophy of Revolution*，[1982] 1991；Adrienne Rich，"Raya Dunayevskaya's Marx"，in *Arts of the Possible：Essays and Conversations*，[1991] 2001；Maximilien Rubel，"L'Emancipation des femmes dans l'oeuvre de Marx et d'Engels." *In Encyclopédie politique et historique des femmes*，ed. Christine Faure，Paris：Presses Universitaires de France，1997，pp. 381 – 403；Paresh Chattopadhyay，"Review Essay：Women's Labor under Capitalism and Marx"，1999；Kevin B. Anderson，"Marx on Suicide in the Context of His Other Writings on Alienation and Gender". In *Marx on Suicide*，ed. Eric A Plaut and Kevin Anderson，Evanston, IL：Northwestern University Press，1999，pp. 3 – 27；Claudia Leeb，"Marx and the Gendered Structure of Capitalism." *Philosophy & Social Criticism*，2007，33，no. 7，pp. 833 – 859.

格斯充分利用了马克思对摩尔根所做的摘要和评论，而且，正像他在《家庭、私有制和国家的起源》序言中所坚持的那样，他的工作只不过是在他自己的著作中对这些"批判性注释进行再创作"。但在《人类学笔记》首次出版前，几乎没有人认识到马克思对摩尔根所做的笔记的复杂性，没有人认为它几乎与恩格斯的著作同等重要。一个简单的例子是，在出版马克思关于摩尔根的著作所做的笔记时，还出版了马克思对其他一些人类学家的著作所做的笔记，这些著作中非西方社会（尤其是印度）占了很大的比重，但克拉德指出，有一些东西恩格斯并没有在他的著作中全部采用：可能原因是，马克思在1880—1882年所做的笔记中没有对遥远过去的社会等级制进行过多关注，就像他没有对当代社会在资本主义全球化影响下的社会关系给予过多关注一样。

在他的笔记中，马克思似乎接受了摩尔根以部落为中心的研究方法，尤其是部落要远早于家庭这一观念。而且，他似乎同意下面的观点，由于家庭是冲突部落制度而发展出来的，因而它就像在罗马一样具有多种统治形式。在一个恩格斯也曾引用了的简要评论中，马克思是这样对上述观点进行勾勒的："现代家庭在萌芽时，不仅包含着**奴隶制**（servitus），而且也包含着**农奴制**，因为它从一开始就是同田野耕作的**劳役**有关的。它**以缩影的形式**包含了一切后来在社会及其国家中广泛发展起来的对立。"①

在一定范围内，马克思也把摩尔根以部落为中心的研究方法与他的唯物主义方法联系了起来。此外，关于早期部落社会相对的性别平等，马克思似乎与摩尔根的观点基本上是一致的。然而，在摩尔根和恩格斯仅仅关注到部落社会的崩溃并将之视为男性统治、阶级社会和国家起源的地方，马克思的笔记却表现出了这个研究框架存在着的更加微妙的、

---

① 《马克思恩格斯全集》第45卷，北京：人民出版社1985年版，第361页；《马克思恩格斯文集》第4卷，北京：人民出版社2009年版，第70页。除了其他特别注明，来自马克思笔记摘要中的黑体字都表示他强调的内容。马克思在第一句中使用的"现代"（modern）这个术语意义并不明确，但似乎指的是最近三千年，它是与漫长的史前史相对而言的。这段特殊的段落完全是德文，但马克思的很多评论（和摘要）都是德文和英文相互掺杂，有时候甚至完全是英文。

辩证的研究方法。无疑，就像在下面这段摘录的文字中一样，马克思似乎对摩尔根的观点（即在易洛魁社会中妇女大量掌权）比较欣赏：

> **在塞讷卡人**中当了多年传教士的**阿瑟·莱特牧师** 1873 年就这个问题写信给摩尔根说："……**妇女在克兰里，乃至一般在任何地方，都拥有很大的权力**。在必要的时候，她们可以毫不犹豫地——用他们的话来说——从酋长头上'**摘下角来**'，把他贬为普通的战士。**酋长的最先提名权总是操在她们手中。**"①

但马克思并非总是如此。正像杜娜叶夫斯卡娅所断言的那样，与恩格斯不同，马克思看到了那些部落社会中妇女享有自由的类型所具有的"局限性"。② 她挑出了马克思对摩尔根著作的一段评论，也是对易洛魁人的一个说明，其中认为妇女只有发言权而没有决定权："**妇女可以通过她们自己所选出的演说人陈述自己的愿望和意见。决议则由会议作出。**"③

马克思还采纳了摩尔根的另外一个核心观点，并通过对易洛魁人部落社会的分析，对古希腊罗马社会进行了重新解释。下面选择的引文主要是一段摩尔根关于古希腊社会中男性统治的论述，它包含着马克思加了两个方括号的句子，它们把那里的男性统治视为一种矛盾现象，至少它包含着抵制这种现象的暗示。

> 在希腊人中，在男子中间自始至终流行着一种蓄意的自私自利的原则，极力降低对妇女的尊重，这种情况在**蒙昧人中是罕见的**……维持了许多世纪的这种习惯，在希腊妇女的心灵上打上了自卑感的烙印。
>
> ‖ [[而对**奥林帕斯山的女神们**的态度，则反映了对妇女以前

---

① 《马克思恩格斯全集》第 45 卷，北京：人民出版社 1985 年版，第 361 页。
② Raya Dunayevskaya, *Rosa Luxemburg*, *Women's Liberation*, *and Marx's Philosophy of Revolution*, p. 182.
③ 《马克思恩格斯全集》第 45 卷，北京：人民出版社 1985 年版，第 436 页。

更自由和更有势力的地位的回忆。朱诺有权力欲，智慧女神是从宙斯脑袋里跳出来的，等等。]]① |

这可能是这个种族为了能从对偶婚制上升到专偶婚制所必需的。希腊人在文明鼎盛时期在对待女性方面仍然是**野蛮人**；她们所受的教育是肤浅的，与异性的交往被禁止，妇女低人一等作为一种原则被灌输给她们，直到**她们自己也承认这是事实为止**。妻子不是她丈夫的平等伴侣，而是处于**女儿的地位**。参看贝克尔《**哈里克尔**》。②

与恩格斯和摩尔根著作中关于古希腊男性统治的非常单薄的描述不同，马克思括号中插入的内容让这一段文字更加辩证，它表明，古希腊的性别意识形态是被一种断裂生生分开的。

紧跟着的内容是，马克思在他的笔记中加进了一段很长的内容，其中关注的是罗马妇女相对更加自由的地位：

家庭之母（mater familias）是家庭的主妇；她能在街上自由活动而不受她丈夫限制。经常同男子一起出入剧院并赴节日宴会。在家里也不把她关闭在特殊的房间里，也不把她排除在男子的饭桌之外；因此，罗马妇女的个人尊严和独立性要比希腊妇女大；但是**结婚**却把她置于**夫权**（in manum viri）之下；她被视为丈夫的女儿；他有权惩罚她，如果发生通奸，他有权将她处死（经她的氏族会议同意）。③

在上面这两段文字中，马克思在笔记中的论述与恩格斯（当部落社会消亡并被阶级社会和国家形式所替代时）"女性的具有世界历史意义的失败"的论述似乎完全不同。不但希腊女神提供了关于女权统治的另一种视角，而且即使是在罗马社会晚期，尽管它受到很多严格的限制，但妇

---

① 在这里用两个方括号表示这是马克思自己加的括号，用单的方括号表示笔者的解释。
② 《马克思恩格斯全集》第45卷，北京：人民出版社1985年版，第368页。
③ 同上书，第477—478页。

女的地位也在某种程度上得到了提高。①

在某种程度上与摩尔根和恩格斯的不同之处还有，马克思关注对早期部落社会中的阶层等级制的说明。正像摩尔根的传统解释说明一样，早期古希腊统治者提修斯的传说试图侵蚀部落制中的平等主义，在它完全坍塌之前经历了很长一段时间。摩尔根认为，提修斯试图建立一种等级制，但在那个时代的部落社会，由于缺少社会基础而失败了。他写道，结果是，在提修斯的统治下，实际上并不存在氏族的权力移交现象。马克思不同意摩尔根的这一观点，认为早期部落社会的结构本身就是社会不平等的根源：

> [普卢塔克所说的"**卑微贫穷的人欣然响应提修斯的号召**"，以及他所引用的**亚里士多德**所说的提修斯"**倾向于人民**"这些话，和摩尔根相反，显然表明**氏族酋长**等人由于财富等等已经和**氏族的群众**处于内部冲突之中，这种情况，在存在着与**专偶制家庭**相联系的**房屋、土地、畜群的私有制**的条件下，乃是不可避免的。]②

杜娜叶夫斯卡娅把马克思关于提修斯的说明看做是这样一种内在含义，即存在着没有阶级的社会分层和等级的可能性：

> 马克思证明，在原始公社解体之前很长一段时间，就已经在平等的公社内部出现了等级问题。这是向它的对立面（即从氏族转变为种姓）的发端。也就是说，在平等的公社形式内部出现了它的对立面的一些要素——等级、贵族和不同的物质利益。③

这与马克思在他对摩尔根所做笔记的另外一处专门讨论等级的做法

---

① 马克思在他1879年对兰格（Ludwig Länge）的《古罗马》（Römische Alterthümer）所做的笔记中已经非常详细地讨论了妇女地位的改变问题，这些内容也将在MEGA2的第四部分第27卷出版。

② 《马克思恩格斯全集》第45卷，北京：人民出版社1985年版，第517页。

③ Raya Dunayevskaya, *Women's Liberation and the Dialectics of Revolution: Reaching for the Future*, p. 214.

是一致的。

[而以氏族原则加征服这样的方式，不会使氏族**逐渐形成为等级**吗？……一旦在**氏族的血缘亲属之间**产生**等级之分**，这就同**氏族原则**发生**冲突**，而氏族就会僵化为自己的对立面即**等级**]①

恩格斯关注的是私有制的起源，因而遗漏了这样一种可能性，即将私有制最小化之后的集体主义的主导形式也能够产生非常明显的社会等级制度。

就像马克思那么翔实一样，恩格斯也使用了摩尔根论述阿兹特克人的内容，但对他来说，他们之间的区别已然十分明显。随后恩格斯可能没有根据美洲土著部落社会中"奴役异族部落的事情，照例也是没有的"②这样的观点作为证据进行写作。由于阿兹特克人的联盟是一种集体主义的部落社会，因此摩尔根提出了"军事民主制"这个术语，这是对大量附属部落的一种统治。

三 〔苏〕古拉姆·科拉纳施维利：《摩尔根对马克思的影响：亚细亚社会问题》③

前资本主义社会经济形态问题的重要之点在于理解马克思和恩格斯对东方亚细亚社会的看法，特别是他们了解到路·亨·摩尔根关于部落组织的一般理论之后观点变化的程度。然而，众所周知，在这个问题上存在巨大的观点上的分歧，而这显然大大地影响了我们对世界历史中前资本主义阶段的特性和顺序的理解。毫无疑问，对于摩尔根理论的了解改变了马克思和恩格斯对前资本主义社会进化的看法；但是，问题在于这些变化涉及的是他们对亚细亚社会的基本观点呢，还是仅仅牵涉到他

---

① 《马克思恩格斯全集》第45卷，北京：人民出版社1985年版，第471页。
② 《马克思恩格斯文集》第4卷，北京：人民出版社2009年版，第111页。
③ 译自《辩证人类学杂志》1980年第5卷第3期。参见《马克思主义来源研究丛刊》第15辑。

们观点的某些方面。

各种著作均以不同的途径讨论了这些情况。有些作者（例如：B. H. 尼基福罗夫、B. Ф. 波什涅夫、H. B. 卡恰诺夫斯基和 T. M. 佳科诺夫）认为，马克思和恩格斯研究了摩尔根理论之后，抛弃了他们早先关于东方社会基本上是原始的、共产主义的"假说"；这样，关于亚细亚生产方式的整个概念就失去了其合乎逻辑的历史基础。这些作者认为，马克思和恩格斯在放弃关于亚细亚社会的特殊性观点的同时，接受了依照西欧历史中已知的那种前资本主义阶段形态为模式的社会进化论。为了证实他们的看法，这些观察者们以恩格斯著《家庭、私有制和国家的起源》和恩格斯为《英国工人阶级状况》美国版所作的序为依据。①

另外有些作者（如 F. 托凯、E. C. 瓦尔加、H. Б. 特尔－阿科皮扬、Л. C. 瓦西里、H. A. 斯图切夫斯基、Л. C. 加马尤诺夫、E. 霍布斯鲍姆、Sh. 阿维赖里等人）认为，马克思和恩格斯在了解摩尔根关于部落制度的理论之后，并没有改变原先对亚细亚社会的看法。但是，上面列举的这些作者为了他们得出的结论默默地回避开解释上一世纪 80 年代的历史唯物主义权威著作的这个难题（这些权威著作为 B. H. 尼基福罗夫和 B. Ф. 波什涅夫等人所引用）。

M. 戈德里埃和 J. 莠雷－坎奈里认为：恩格斯在写《家庭、私有制和国家的起源》时，改变了他认为东方社会具有特殊性质的观点，因为他当时（受到摩尔根的错误影响）把亚细亚社会划归军事民主的标题之下了。

L. 克拉德认为，恩格斯在《反杜林论》中的立场和在写作《家庭、私有制和国家的起源》这段时期中所持的立场根本不同。在后一时期，恩格斯早先所作的关于农村公社、私有制（土地方面）和国家（东方

---

① 应当注意，A. B. 叶菲英夫在原先的讨论中认为"东方社会"等于"部落共产主义"。参见他所著《马克思、恩格斯的经济形态观念和他们对东方社会结构的观点》，原载《马克思主义唯物学家》，俄文版第 16 期（1930 年）。还应当注意当时 B. B. 司徒卢威把"东方社会"看做一种特殊的形态，并于 1965 年重申了这种观点。参见该作者所著《亚细亚生产方式概念》一文，载《亚非人民》杂志，俄文版 1965 年第 1 期。

专制主义形式）的起源及其延续时间的推论被搁置一边了。因此，克拉德得出结论：马克思与恩格斯对亚细亚社会的最终看法彼此背离，有着巨大的差别。但是，克拉德在提及马克思始终没有改变其关于亚细亚生产方式的基本观点的时候，并没有详尽论述马克思关于东方社会可变性的问题，而这一点马克思在给维拉·查苏利奇的复信草稿（下面将要谈及）中曾提到过。

据 K. A. 魏特夫看来，马克思和恩格斯首先提出过以亚细亚生产方式为基础的东方社会的理论，然后又把它放弃了，因为他们担心专制国家会在未来的共产主义社会中再生，并断言那个社会也会像亚细亚国家那样实行生产资料公有制。①

在上述几种见解当中，我将要批判 В. Н. 尼基福罗夫、В. Ф. 波什涅夫、Н. В. 卡恰诺夫斯基和有关学者的观点。② 众所周知，摩尔根的《古代社会》一书主要适用于部落制度，从基本的社会经济观点来看，那种社会的基础是共同生产、平均分配、没有剥削，一句话，是一种没有国家的社会。但是，摩尔根没有谈到以农村公社为基础、通过政治从上层"联合"成一体的亚细亚社会。人们一定会怀疑这位美国人类学家提出的部落组织理论怎么会引起马克思和恩格斯历史观点如此剧烈的变化，竟使他们否认了他们早先关于亚细亚社会突出特点的概括论述，并且得出结论认为，东方进化过程中的社会经济形态（在东方多数有着悠久文明特点的主要社会之内）和西方的一致。马克思和恩格斯根据摩尔根提出的部落组织理论根本不可能得出如此断然的结论。因为摩尔根的著作没有提供找出亚洲历史上奴隶制的或者封建社会经济形态的根据。不仅是历史学家在摩尔根的著作中找不到这种观点的根源，而且在东方历史资

---

① E. 康斯坦斯"补充"了魏特夫的这种观点（参见她在"国际人类学与民族学第七次代表大会"上的演讲，莫斯科 1967 年版第 5—6 卷，第 460—461 页。）按照她的看法，摩尔根对于古代原始共产主义条件下的部落组织的发现再次肯定了马克思和恩格斯的主张，即**在未来发达的共产主义社会里有可能恢复原始共产主义社会的民主制度**。因此，魏特夫和康斯坦斯认为这说明马克思和恩格斯把人类未来想象成为一个辩证的过程。

② 我的观点在题为《马克思和恩格斯对资本主义以前形态的看法》的专著中阐述了（格鲁吉亚的第比利斯 1979 年 1 版）。

料中也找不出这种根据。从摩尔根理论中真正抽取出来的要点是关于（包括东方历史上古时期在内的）部落制度具有普遍性的概念。

现在，我将集中论述马克思晚年的情况，从他1881年3月8日写给维拉·查苏利奇的复信草稿开始。有必要强调的是：这篇表达马克思思想的文献在帮助我们理解亚细亚社会基础方面绝对胜过恩格斯所著的《家庭、私有制和国家的起源》。如果说恩格斯在《家庭、私有制和国家的起源》这本书中的论点是从部落制度直接过渡到阶级社会、奴隶制和封建制，并且涉及部落公社的解体（当然，所有这些全部按照西欧的模式）；那么马克思在他写作上述草稿时则详细论述了成为亚细亚社会基础的农村公社内部所表现出来的特别稳定的情况。

当时，马克思看清了公社不平衡的特性，即："农业公社"不是原始形态，在它之前还有一种更为原始的公社。① 后者的基础是广泛的亲属关系、公有财产、共同生产和平均分配。与此相反，在农业公社中，亲属关系的准则已经被打破，物质生产归属于单独的家庭。公有财产方面也出现了分裂：房屋和庭院成为家庭财产，但是农田还像以前一样归公社所有，时而在农民社员中间重新划分；而森林和草原则继续确定为公共财产。可是，生产的个体化已经造成了财产和产品占有方面实际上的不平等以及消费和积累的不平等。

按照马克思的意见，"农业公社"这种最初的双重性有可能成为巨大活力的源泉。土地公有制和与之直接相关的社会关系——私人房屋、小片土地的耕作、产品的私人占有、广泛家族关系的瓦解和个体社会的出现使农业公社具有一种矛盾的稳定性。但是，正是这种双重性在社会进一步发展的过程中却变成了社会分裂的根源。动产（牲畜、奴隶、农奴、农民、货币）的积累及其后来对农业生产的影响成了破坏经济和社

---

① 马克思于1880年10月至1881年2月间作了摩尔根著作的笔记。有必要注意的是，"东方社会"的结构对马克思和恩格斯说来并不是一种**原始**条件，他们早在《德意志意识形态》一书中就论述过更原始的经济和社会结构了。参见《马克思恩格斯全集》第3卷，北京：人民出版社1960年版，第25、70页；《马克思恩格斯全集》第46卷上册，北京：人民出版社1980年版，第472—474页。在这方面，摩尔根的概念对于马克思和恩格斯来说并不新鲜。

会平等的因素。在公社内部发生了利害冲突,并导致公有牧场变成私有财产,私人占有森林和其它财物。

正因为如此,"农业公社"在各处看起来似乎成了"最新"类型的古代社会形态。但是,无论在古代或者近代,农业公社只是在西欧(泛泛地讲从中世纪开始)才有这样转变。①

马克思在其关于前资本主义经济形态的著作中更加具体地论述了农业公社结构解体的过程。按照本书的概念,有利于农业公社——人类"原始公社"解体的先决条件包括有:有利的地理环境(有利于农业生产的个体化),某些历史因素和人口的增长。②

因此,马克思认为"农业公社"是从公有制向私有制过渡的一个阶段,同时,也是从"原始"形式向"次生"形式过渡的一个阶段,但是,这种过渡仅只限于西欧这个历史地区之内。

在这里,马克思举了日耳曼人的例子。在凯撒时期,日耳曼人生活在以广泛的亲属关系为基础的原始、部落公社中。在古罗马塔西佗时期,这种公社进化成为"农业"形式。正如马克思得出的结论所说的那样:日耳曼人没有从亚细亚照搬现成的"农业公社"形式,相反,农业公社是当时自发发展的产物,日耳曼民族迁徙之后,这种农业公社又被私有制社会所取代。与这种变化相对照,十九世纪"农业公社"在印度则普遍存在。③ 马克思还认为,在十九世纪,俄国和阿富汗也属于那些"农业公社"依然构成其广泛社会基础的国家。④ 在马克思看来,其他的政治制度也一样。与外界隔绝的公社"这种局部的小天地"带来了一种

---

① 参见《马克思恩格斯全集》第 19 卷,北京:人民出版社 1963 年版,第 431、438、439、443 页。

② 参见《马克思恩格斯全集》第 46 卷上册,北京:人民出版社 1980 年版,第 493—494 页。

③ 按照尼基福罗夫的观点,印度后期只保留了农村公社的残余。参见尼基福罗夫:《东方与世界历史》,莫斯科 1975 年出版。但是马克思认为印度社会到了十九世纪的前半叶,依然代表着农村公社的制度。此外,马克思和恩格斯还从东方农村公社的现实中,分析抽象出印度和东方其它国家中以国家和宗教形式出现的专制形式,即特殊的亚细亚社会的专制形式。通过阅读 M. K. 库德里亚夫采夫所著的《印度斯坦的社会和种姓》(莫斯科 1971 年出版),我们可以很容易地核对出尼基福罗夫的提法是多么不真实。

④ 马克思在列举这些国家的时候,把自己局限在印—欧民族范围之内。

集中化的专制主义政体，也就是凌驾于公社之上的政治上层建筑。

马克思所有这些论述并非基于《古代社会》，而是基于他个人与恩格斯（和其他人）早先关于亚细亚社会、特别是关于印度的观点。在解释这些问题的时候，摩尔根的思想所起作用不大。当时流行的"东方社会"这个概念在欧洲哲学、历史编纂学和政治经济学领域系属常见，但摩尔根却不大熟悉。

因此，"农业公社"没有统统进化成为一种"更高级"的形态。如果说在西欧历史上，这种进化曾两度发生：那么在东方，这样的公社甚至到了资本主义文明出现的时期依然还维持着其统治地位。可见，"农业公社"的进一步发展并没有按照西欧进化的同一方向预先确定。"农业公社"的结构形式允许有变化：不是私有制的因素战胜公有制，就是相反。但是，在现今的历史条件下，可能性并非仅止于此。发达的资本主义历史环境使得"农业公社"有可能直接过渡到最高形式的集体所有制（用不着否定之否定法则硬性起作用）。如果这种过渡在被征服的印度受到阻碍，那么，按照马克思的意见，它可以在俄国——一个具有独立政治制度的国家——更迅速地实现。

这就是马克思在研究了摩尔根著作之后对于部落制度的看法。今天，当我们显然如此需要一种关于部落制度解体和阶级社会出现的具体观念的时候，这种马克思主义的争论问题依然很活跃。但是，无论马克思主义者关于部落制度的观点经历了什么变化，他们却并没有废弃亚细亚生产方式的概念，也没有支持下列观点的提法，即认为亚细亚历史上出现了与西欧历史发展中同型的阶段。马克思非但没有承认亚细亚历史中的奴隶制和封建制形态，反而开始使用"古代"或者"原始"形态这样一些新概念，其最后阶段就是以农村公社为基础的古代亚细亚社会。后来，这种形式从外部被建立在私有制基础上的"次生形态"（古代的、奴隶制、封建和资本主义社会）[①] 所改变。

[①] G. A. 巴加瑟丽亚把资本主义划归"次生形式"里是正确的（参见作者1968年在莫斯科《马克思历史学家》丛刊上发表的论文）。

1881年4—6月，马克思在对英国作者约翰·菲尔爵士的著作《印度和锡兰的雅利安人村社》作笔记摘要的时候严厉批评了作者关于印度存在着封建主义的假说。这再次证明马克思在对印度历史的理解中一再肯定他的亚细亚社会概念（参见马克思晚年编撰的印度史编年稿）。另外一个证据是马克思并没有修改《资本论》第二、第三卷手稿这一事实（值得注意的是，恩格斯在出版这些著作的时候作了修改）。

　　因此，我的结论是：马克思在研究了摩尔根关于部落制度的著作之后，觉得没有理由对他本人已经得出的关于东方社会的观点作出大的改动。的确，马克思在参照了摩尔根的著作之后，更加清楚地看到了"东方社会"在世界进程中所占的真正位置。按照他的看法，部落制度的出现在东方、古代（"西方"奴隶制）和日耳曼民族进化之前。这样一来，在部落制度理论的影响下，马克思并没有改变他对东方社会——以国家专制主义形式进行剥削的时期——的看法，而是改变了关于部落国家时期的观点。① 马克思与西方的很多作者相反，他与古代社会单线论阶段发展模式的观点是格格不入的。

四　〔英〕莫里斯·布洛赫：《马克思主义与人类学》（节选）②

1. 马克思转向人类学研究的背景及原因

　　当马克思论述到资本主义时，很自然地，是从解释决定工人阶级的社会制度的内在机制及其历史演变开始的。……然而，为了解释资本主义的

---

① 格·瓦·普列汉诺夫在所著《马克思主义的基本问题》中正确地指出部落制度既是东方又是古代社会的最初基础，但是，这种部落制度的发现就无法再把奴隶制和封建的社会经济形态移植到东方历史之中。此外，普列汉诺夫认为亚细亚和古代社会对于马克思来说是并存的社会形态。应当注意这些社会形态只是在历史年代的意义上并存：在逻辑意义上，亚细亚社会是古代社会（奴隶制）的前身。

② 本文选自莫里斯·布洛赫的《马克思主义与人类学》，译文有调整。参见〔英〕布洛赫：《马克思主义与人类学》，北京：华夏出版社1988年版。为了更好地了解编译的内容，文中加上了能够突出作者意图的小标题。

本质，他一开始就不得不指出，资本主义并非像某些经济学家所认为的那样，是基于某些永恒真理的结果，而是人类漫长历史发展的产物。……他否认那种认为资本主义是文明社会自然发展必经的、唯一可能的制度的言论，并且以这种方式向资本主义的基本信条提出了挑战。马克思对资本主义的挑战形成了一整套基本理论，其中包括对决定人类历史的社会基本力量的论证；对历史进程如何演化出各种制度的论证……这一切导致他涉足于历史学和人类学领域，把分析的眼光追溯到人类社会演进的过去。……他与其他人最大的不同，首先表现在他的主要目的总是政治性的。

由于马克思、恩格斯将历史学和人类学上的重新分析视为其政治行动不可缺少的内容，因而他们极为重视对前资本主义社会的考察。随着这项工作的开展，他们开始涉及到有关人类古代社会的争论，并一步一步深入到人类学领域。最初，在《德意志意识形态》和《共产党宣言》这两部早期著作中，他们的兴趣主要集中于封建社会这一欧洲历史上与资产阶级直接相连的历史时期。当时，他们还未注意到氏族社会。然而，到《共产党宣言》发表十年后的1858年，他们的历史眼界已经扩展到更远的时期。马克思接着便为《资本论》准备详细提纲，并以《政治经济学批判大纲》为名在英国出版（1873年）。这是英国《前资本主义经济丛书》中的一部重要的单行本。书中比较重视对古代社会、东方社会和氏族社会的考察，并以极长的篇幅加以论述。从那时起，在马克思和恩格斯的著作中，有关前资本主义制度的研究资料引用得越来越多。但是，他们两人真正以极大的精力研究氏族社会，实际上是从马克思接触到美国人类学家路易斯·亨利·摩尔根的著作时才开始的。

马克思生涯的最后三年以及恩格斯从那时起的大量著作，几乎都受到人类学观念的影响。我们知道，马克思在对各个人类学家的著作进行精深研究的过程中，作了大量笔记，其中一部分已经由 L. 克拉德编辑成《卡尔·马克思的民族学笔记》一书公开出版（1972年）。①……
…………

---

① 〔英〕布洛赫：《马克思主义与人类学》，北京：华夏出版社1988年版，第2—4页。

摩尔根的两部主要著作都对他们后来的研究起了决定性的影响。

摩尔根是一位美国法学家，他对人类学理论的发展处在他逐渐增长的、美国印第安人的政治和人类学的兴趣。他意识到印第安人亲属制度的重要性，并了解到印第安人是怎样通过谁是谁的儿子、谁与谁结婚来确认他们之间的主要社会关系。他被这种由血亲关系所决定的有条不紊的组织秩序强烈地吸引住，促使他着手将凡能从周围世界所发现的各种不同类别的亲属制度，以及"堂兄"、"伯父"等等亲属称呼做了大量的比较研究。这项巨大的工作为他的第一部重要著作《人类家庭的血亲和姻亲制度》（1870年）奠定了基础。他后来的又一部更为伟大的著作《古代社会》（1877年）也是这项工作的体现。这部著作划分了人类社会发展的几个阶段，认为每一阶段都以不同的生产技术为基础……（它）力图用许多事实说明一个阶段为什么会转化为另一个阶段及其转化的过程。这成了马克思恩格斯重视摩尔根的决定性因素。……摩尔根成了19世纪唯一一位像马克思一样，对社会制度转换的原因、旧制度崩溃的原因感兴趣的人类学家。……马克思和恩格斯在摩尔根的社会发展思想中，为自己有关社会演变的基本理论找到了论据，这或许就是他们重视摩尔根的著作，并吸收其关于人类早期历史的大量资料的重要原因所在。摩尔根的著作向马克思、恩格斯提供了导致资本主义产生的早期社会历史的发展情况，并使他们意识到，从人类社会之初，就存在着共同的历史进程，因而建立一门科学的历史学是完全可能的。人类学和摩尔根的著作被他们用来完成重写历史这样的政治任务。①

…………

《资本论》不断地阐述《资本主义生产以前的各种形式》②中的论题。在《资本主义生产以前的各种形式》所包含的有关部落社会、东方社会和古代社会的讨论中，已经拟划了《资本论》中著名的第五章的内容，即劳动从"生活之一部分"的阶段转变到资本主义阶

---

① 〔英〕布洛赫：《马克思主义与人类学》，北京：华夏出版社1988年版，第8—10页。
② 在《马克思主义与人类学》的中译本中，《资本主义生产以前的各种形式》被翻译为《人类学笔记》，这显然是不恰当的。本文根据相关文献对其进行了校正。——编者注

段。……马克思感到，在他能够完成一部有关前资本主义社会的著作之前，他不得不对这种社会及其转变做更多的探索。在他生命的最后几年里，马克思详细地研究了历史学家和法律学家论及欧洲或亚洲传统农民公社的内容，尤其是研究了他那一时代的人类学家论及原始社会的著作。

…………

在一封致俄国社会主义者维拉·查苏利奇的著名信件中表示得很清楚。在这封信的第二稿中，马克思写道："古代的社会组织解释了若干不同的类型，这些类型揭示了时代的差异和连续的特征……"马克思继续把一个全美知名作者作为这一论点的权威作者之一，这个作者就是路易斯·亨利·摩尔根。在这样一封信里提到他，这表明马克思对人类学的关注是怎样成为他学术研究的中心的。

马克思对人类学的关注，直到他生命的终结。就像通常那样，这种关注将政治和学术融为一体。马克思对人类学家著作的详细研究，显然打算以此为依据，日后写一部著作。虽然恩格斯的《家庭、私有制和国家的起源》一书——该书实际上建立在马克思有关笔记的基础之上——是马克思计划写而未能去写的著作，事实上他的逝世使其壮志难酬。既然马克思从来也没有撰写过这种人类学著作，所以，过多评价马克思与恩格斯在人类学中的作用如何不同，是毫无益处的。

我们确实知道《家庭、私有制和国家的起源》一书中马克思有关材料的来源所在。因为我们掌握了马克思看过的一些人类学著作的读书笔记，其中包括后来被恩格斯在其著作中引用的有关段落。这些笔记主要是摩尔根的《古代社会》和亨·萨·梅恩的《古代法制史讲演录》两书的摘要和注释……这些笔记大多是摘要，只有有限的一小部分是注释。L. 克拉德令人佩服地对这些笔记进行了编辑整理。尽管这些笔记还有难以避免的一些不尽如人意之处，可是它们确实揭示了一些重要的观点。

首先，这些笔记最显著的一个方面就是马克思对于详细的民族志描述表现出的极大兴趣。值得注意的是，这一兴趣甚至扩展到了那些与他研究的主要课题无关的内容上。其次，这些笔记表明马克思对摩尔根著作的热情。在这点上尤其值得注意：马克思严厉地批驳了梅恩、菲尔和拉伯克这三人思想中任何与摩尔根观点的相悖之处。马克思特别批驳了他们关于群婚和氏族具有历史首要地位的观点，因为他们三人都以不同的方式追随摩尔根的对手麦克伦南。他们拒绝接受摩尔根关于氏族和群婚是早期人类社会特征这一推断。与摩尔根一样，马克思认为，氏族是所有成为历史前的一种公有群体。很清楚，在马克思看来，关于氏族的"发现"，可能是摩尔根对人类学最重要的贡献……对摩尔根来说，氏族是其后发展起来的亲属制度和政治制度的滥觞。马克思认为，氏族的最重要之处在于，它是一个完全建立在公有原则基础上的群体，不存在个人利益和自私，私有财产也尚未萌生。①

…………

2. 马克思与恩格斯的思想差异

马克思更加强调氏族的重要性，强调政治组织原则的存在（尤其指财产）的重要性。因为这一点与资本主义的特征大相径庭。马克思似乎想表明，氏族实际上与事实上的家族集团和固定的性关系是共存的，可是这种家族集团并不是政治组织和经济组织的基础，所以，部落仍残留着公有的"结构"。这就是马克思所表述的观点。他对摩尔根所假设的原始人杂交一说持谨慎态度。十分有意思的是，马克思的这一见解比起摩尔根和恩格斯的观点来说，更易为现代人类学家所接受，而摩尔根和恩格斯都着重强调了氏族中性的方面。②

…………

恩格斯这本著作在很多重要方面似乎追随了马克思的《摘要》中的观点，但二者仍存在着一些不同之处。……在笔记中，马克思解释了世系群体（即氏族）和家族在本质上的不同。马克思认为，早期的家族属于私有领域而非公有和政治范畴。只有在过了一段时间之后，制定

---

① 〔英〕布洛赫：《马克思主义与人类学》，北京：华夏出版社1988年版，第49—50页。
② 同上书，第51页。

了家族以私有财产和奴隶制为基础的原则,家族即与社会及其民众发生冲突。也就是说,只有当家族开始进入政治领域之际,这种冲突才发生。马克思对这种冲突原则——即家族和世系群这两种制度同时并存所具有的冲突原则——的推动力内涵予以极大重视。而对于摩尔根所强调母系氏族与核心家庭是两个不同的阶段这一进化序列几乎不予注意。它所关心的是这个两个阶段合并所产生的冲突。与此相反,恩格斯不仅在使用摩尔根体系的术语上,而且也在使用马克思体系的术语上,都与摩尔根更为接近。

马克思的笔记和恩格斯的《家庭、私有制和国家的起源》在概念上一个截然不同之处是,就笔记而言,摩尔根的理论框架整个被驾驭在马克思的广阔视野之内。而在《家庭、私有制和国家的起源》里,我们得出这样的印象,即书中大量篇幅实际上是恩格斯承袭摩尔根的。这就使恩格斯有可能满腔热忱地分享相当专业性的材料,诸如重要的亲属称谓,或者澳大利亚土著社会的各种详细材料——这正是马克思曾大量舍弃不用的。正如我们将看到的,在这一点上有点反常,即恩格斯对人类学的热情以及对摩尔根的信任,这就使得他的著作中许多不为今天的人类学家所接受的观点有了源头,这也是他的理论招致某些激烈非议的原因。

就全面比较而言,我们从马克思那里只得到有关摩尔根的不太明确的一般印象,而恩格斯似乎对摩尔根更有热情。马克思主要是把摩尔根的著作作为有关异域各种社会的材料来源。一方面,在给查苏利奇的信中,马克思虽然摘录了摩尔根对未来社会的希望——即放弃对私有财产的占有欲——然而,同时他又清楚地表示,他并不认为摩尔根是一位社会主义者或革命家。另一方面,恩格斯在《家庭、私有制和国家的起源》第一版前言中写道:"摩尔根在美国,以他自己的方式,重新发现了40年前马克思所发现的唯物主义历史观,并且以此为指导,在把野蛮时代和文明时代加以对比的时候,在主要点上得出了与马克思相同的结果。"① 的确,这是恩格斯对摩尔根的高度评价,但这并不意味着在

---

① 《马克思恩格斯文集》第4卷,北京:人民出版社2009年版,第15页。

马克思自己所写的任何一本著作里对摩尔根的理论地位有同样程度的认可。①

....

现在提出的第一个问题，是关于进化顺序的特殊性质问题。……这种新资料通常都涉及到他们明显感到很难确知和把握的非西欧社会。比如，当马克思了解了印度、中国以及秘鲁之后，他便着手介绍起他所理解的东方或亚洲的历史进程来。由于阅读了摩尔根以及其他人类学家的著作，马克思和恩格斯对原始社会有了更多了解之后，便修正了自己在那一领域的观点。同样清楚的是，在某些地方，至少马克思似乎更乐意设想那些更为基本的限制条件，例如，他设想进化路线未必就只有一条。关于这一点，我们已在《资本主义生产以前的各种形式》中看到了。但是恩格斯在《家庭、私有制和国家的起源》中或多或少地告诉我们：那种被揭示出来的进化法则不可能被新的发现所改变。他向我们提供的仍是一种极为严格的直线进化理论。②

3. 摩尔根对马克思恩格斯的误导

必须注意一个方法上的重要问题。马克思、恩格斯与他们同时代的所有人——包括人类学家、考古学家，尤其是摩尔根——一样，都认为那些至今仍依赖于简单工艺而生活的现代民族的资料，是理解依赖同样工艺而生活的史前人类的社会制度的依据。……然而这种推理方法由于一系列原因是值得怀疑的。……反对意见暗示着工艺技能不能成为社会其他方面的指导，换句话说，在工艺技能与社会其他方面之间不存在一种必然的联系。③……

亲属关系、婚姻和妇女地位的演变是这部著作所揭示的一个特殊主题。这是一个由于摩尔根给马克思、恩格斯的错误印象以至于他们更加错误的领域，与此同时，这也是他们最好地利用了人类学的领域。他们认为，应该"通过对语言的绝对区别来推导我们的世界"。……但是，

---

① 〔英〕布洛赫：《马克思主义与人类学》，北京：华夏出版社1988年版，第53—54页。
② 同上书，第107页。
③ 同上书，第74页。

由于亲属称谓往往是同一个"类"的亲属，因此，在麦克伦南等人看来，亲属称谓就没有任何社会意义了。虽然摩尔根、马克思和恩格斯都曾嘲笑这种观点，但现在流行的看法是，即便亲属称谓体系与社会体制有着紧密的社会联系，这种联系也并非像摩尔根指出的那样简单。用一个词汇来称呼几种不同的亲戚，并不意味着不能区别他们。①

．．．．．．．．．．．

在某些方面，摩尔根导致了马克思和恩格斯一些更加不可挽回的错误。摩尔根认为，真正的血缘群体是母系的，母系血缘群体（氏族）在组织方面与血统按父系一方来计算的社会有着根本的不同。他指出，在父系血缘群体中，个体家庭和私有制是显而易见的，而且公有制已经消失。事实上，父系群体与母系群体在这方面并没有差别。摩尔根、马克思和恩格斯正确地强调了血缘群体组织的公有性，但血统无论依母系计算还是按父系计算，所有血缘群体都具有这种公有特性。②

五 〔美〕拉娅·杜娜叶夫斯卡娅:《马克思的晚年著作》③

从1917年的俄国革命到1949年的中国革命，发生的这一系列革命都是建立在研究马克思早期丰富（理论）遗产基础上的（现在著名的文献是《1844年经济学哲学手稿》），这不仅是马克思主义研究史上是一个重大事件，而且也是关于马克思总体哲学的新观点。后来，《1857—1858年经济学手稿》（*Economics Notebooks*，这是《资本论》的第一手稿，马克思死后出版时命名为《国民经济学批判大纲》[*Grundr-*

---

① 〔英〕布洛赫：《马克思主义与人类学》，北京：华夏出版社1988年版，第75—77页。
② 同上书，第82页。
③ 本文编译自杜娜叶夫斯卡娅的《罗莎·卢森堡、妇女解放与马克思的革命哲学》一书的第12章，全称实为《马克思的晚年著作——不绝如缕的发展道路（直至20世纪80年代）》。Raya Dunayevskaya, *Rosa Luxemburg, Women's Liberation, and Marx's Philosophy of Revolution*, New Jersey: Humanities Press, 1982.

isse〕）的出版显示出，经济学和哲学的有机融合，让人们不可能再认为只有青年马克思才是一位"哲学家"。《大纲》揭示了资本主义生产以前的各种形式，尤其是"亚细亚生产方式"，这让如下事实变得非常清楚，即认为马克思只关注西方是多么错误，同时，马克思最伟大的著作《资本论》与他曾打算完成的"六册计划"相比优势多么的"不完整"。最后，随着第三世界的兴起以及全新的妇女解放运动的出现，马克思的晚期著作《人类学笔记》这部手稿出版了。

....

最让人吃惊的是像德国的梅林和俄国的梁赞诺夫这种水准的革命者和学者们的态度，他们不是深入到马克思晚年未出版的笔记中，而且在研究它们之前就纵心所欲地对其进行批判。

大卫·梁赞诺夫是马克思恩格斯研究院最著名的学者。他计划出版两组相互平行独立的文献集：其一是马克思"未完成的"著作，其二是片段性的手稿。但是，梁赞诺夫在整理出版马克思早期著作中做了很多工作，塑造出了一个作为完整的人出现的马克思，而不仅仅是以经济学家身份出现的马克思，然而，他却没有对马克思最后十年的著作表现出多少兴趣。毫无疑问，梁赞诺夫受到了梅林的影响，后者在他写的《马克思传》中将马克思的最后十年称为"慢性死亡"（a slow death）。①当梁赞诺夫向社会主义研究院说拥有丰富的遗产（尤其是马克思的《人类学笔记》）时，他还适合进行这样的评论吗？

> 这种方法论的和系统的处理方式，马克思一直保留到了他生命即将结束的时候。如果在1881—1883年他没有能力再进行高强度的、独立的学术创造，但即使如此，他仍未失去研究的能力。有时候在重新思考这些笔记的时候，就出现了这样一个问题：他为什么会浪费这么多时间来做这种系统性的、基础性的摘要，或者到了1881年，他花这么多精力研究地理学情况，并一章一章地进行摘

---

① 〔德〕梅林：《马克思传》。See Franz Mehring, *Karl Marx* (New York: Covici, Friede Pub., 1935).

抄。在他63岁时，这是十足的迂腐。这里另外一个例子是他在1878年收到了摩尔根的著作复印件。98页密密麻麻的小字（你应该知道，这一页相当于印刷体的2.2页之多），是马克思对摩尔根的著作所作的摘要。马克思老年著作就是这样一种的态度。①

梁赞诺夫对这些让马克思一生的著作丰满起来的划时代笔记所表现出来的肤浅态度，不但与他对待其他大量未出版手稿的态度形成了对比，而且与他对待马克思发现的革命和思想形成了对比。

…………

当恩格斯发现马克思对摩尔根所做的笔记并意识到马克思早在几年前曾想让他读一读《古代社会》时，这两本书（《家庭、私有制和国家的起源》和《资本论》）都没有被认为是恩格斯所谓的马克思的"遗愿"。"不是别人，正是卡尔·马克思曾打算联系他——在某种限度内我可以说是我们两人的——唯物主义的历史研究所得出的结论来阐述摩尔根的研究成果，并且只是这样来阐明这些成果的全部意义"，这就是恩格斯在《家庭、私有制和国家的起源》的序言中表达的观点。②

毫无疑问，马克思要做的一切就是解释出摩尔根著作的"全部意义"。但与此同时，到现在为止非常不幸的是，他认为恩格斯再现了马克思的"**抽象**"（Abstract）。恩格斯所做的一切体现出来的思想，在1883年8月30日写给倍倍尔的信中能够看到，它与马克思的著作是多么的贴近："你问，怎么会连我也不知道该书完成的程度？很简单，要是我知道的话，就会使他日夜不得安生，直到此书写成并印出来为止。这一点，马克思比谁都知道得更清楚，但是他也知道，万不得已时（现在正是这样），手稿会由我根据他的精神出版的，这一点他跟杜西也谈过。"③

---

① In *Bulletin of Socialist Academy*, book 6, October-December 1923 (Moscow and Petrograd: State Pub. House, 1923), pp. 368 – 369.
② 《马克思恩格斯文集》第4卷，北京：人民出版社2009年版，第15页。
③ 《马克思恩格斯全集》第36卷，北京：人民出版社1974年版，第57页。

马克思的"精神"在多大程度上在恩格斯自己的著作《家庭、私有制和国家的起源》中有所反映，他认为这就是马克思的"遗愿"？现在我们有了马克思的《人类学笔记》纂写本，我们可以自己来寻找。这不仅是一个量的问题，尽管马克思关于摩尔根的摘录和评论不止98页，而恩格斯从这组抽象的数字中只不过引用了几段文字而已。这样不是恩格斯是否忽略了其他人类学家——比如梅恩、菲尔和拉伯克——的著作的问题。更重要的是，在恩格斯的《家庭、私有制和国家的起源》与马克思的《人类学笔记》之间是否存在着尖锐的对立，是不是论述的是原始共产主义、男女关系以及对待达尔文的态度问题。

1. 不为人知的《人类学笔记》

马克思显示出，正是在转型时期，你能够看到这种对立一开始就呈现出来的二重性，而恩格斯总是将对立看做是结果，似乎阶级社会的出现源自于共同体形式的破坏和私有制的建立。**而且对于马克思来说，从一个阶段向另一个阶段的辩证发展过程与新的革命爆发是联系在一起的，但恩格斯却将之视为一种单线的发展。**

…………

马克思是否研究过共同体形式或财产的专制主义形式，对于他来说，个人与社会和个人与国家之间的关系是至关重要的。另一方面，尽管他在《家庭、私有制和国家的起源》中分析原始共产主义时忽略了对东方共同体问题的分析，恩格斯当然同意马克思对亚细亚生产方式的分析。相反，马克思表明，一般性的压迫因素，特别是女性要素，在原始共产主义中就产生了，这种原始共产主义不仅与"母权制"的变化有关，而且始于等级制的建立和经济利益的出现。……马克思不但不把摩尔根视为一位"历史唯物主义者"，马克思在他给查苏利奇复信的第一草稿中强调说：摩尔根"这位作家是不可能有革命倾向的嫌疑的，他的研究工作曾得到华盛顿政府的支持"……

马克思承认摩尔根在氏族理论和它早期平等社会方面的伟大贡献，但它并没有像恩格斯在《家庭、私有制和国家的起源》1891年第四版序言——"确定原始的母权制氏族是文明民族的父权制氏族以前的阶段这个重新发现,对于原始历史所具有的意义,正如达尔文的进化理论对于生物学和马克思的剩余价值理论对政治经济学的意义一样。"① ——中那样,把这种理论与从母系社会向父系社会过渡联系起来。马克思拒绝了摩尔根生物学主义。

马克思并没有对摩尔根关于易洛魁人社会的发现提出异议,而且特别指出了其中妇女的地位。但他并没有在这里止步。他还关注到了其他社会以及其他人的分析,而且通过自己在《人类学笔记》中的新评论提出了对普卢塔克的新解释:"普卢塔克所说的'**卑微贫穷的人欣然响应提修斯的号召**',以及他所引用的**亚里士多德**所说的提修斯'**倾向于人民**'这些话,和摩尔根相反,显然表明**氏族酋长**等人由于财富等等已经和**氏族的群众**处于**内部冲突**之中,这种情况,在存在着与**专偶制家庭**相联系的**房屋、土地、畜群**的**私有制**的条件下,乃是不可避免的。"②

马克思论证到,在原始共同体解体很久之前,就在平等的共同体中出现了等级制问题。这是向其对立面变化的开始,是从氏族公社向国家过渡的开始。也就是说,在平等的共同体形式内出现了它的对立因素——等级制、贵族制和不同的物质利益。而且,这些并不是前后相继的发展阶段,而是与共同体形式中**共存的**。马克思发现了这样一个时期,他们通过改变孩子的名称来保证父权而不是母权:"借更改名称以改变事物,乃是人类天赋的诡辩法,当实际的利益十分冲动时,就寻找一个缝隙以便在传统的范围以内打破传统!"③

总之,尽管马克思确实把专偶制家庭与私有财产联系了起来,但对他来说重要的是首领和群众之间的关系。

这就是为什么当马克思指出易洛魁妇女享有的自由要比"文明"社会中的妇女多得多时,他还指出其中的局限:"**妇女可以通过她们自**

---

① 《马克思恩格斯文集》第 4 卷,北京:人民出版社 2009 年版,第 28 页。
② 《马克思恩格斯全集》第 45 卷,北京:人民出版社 1985 年版,第 517 页。
③ 同上书,第 467 页。

己所选出的演说人陈述自己的愿望和意见。决议则由会议作出。在**易洛魁人中**,**决议**需要一致通过,这是**一个根本法则**。**军事行动**通常都是采取志愿的原则。"①

此外,非常重要的一点是,在 1941 年,当他们根据摩尔根翻译马克思的文本时,俄国人太过随意了。自然,恩格斯不可能谴责这种误译。俄国人也不可能找这样的借口——为了鼓励人们使用"私有"和"神圣"这种来自恩格斯的词。下面是恩格斯摘录的摩尔根著作的一部分内容:

> 当田野耕作的发展已证明**整个地球表面都能成为单个人的财产对象**,并且**家长**成了**财产积累的自然中心**的时候,人类财产发展的**新历程**便于此发端,——到**野蛮时代末期结束以前**就已充分完成。财产对**人类心灵**产生了巨大**影响**,并唤醒人的性格中的新的因素……②

下面是摘自摩尔根的原始稿:

> 土地耕种证明整个地球表面均可产生归个人所有的财产,家长已成为财产积累的自然中心,到了这时,人类财产就开始了**新的历程**。这种情况在低级野蛮社会之末就已经充分完成了。稍事回顾便会使任何人相信,到了这时财产已开始给人类的头脑产生强烈的影响,财产必然导致的人类性格上新因素的大觉醒。③

下面是俄国人的解读:

> 土地耕种证明整个地球表面均可产生归独立的个人所有的财产,家长已成为财产积累的自然中心,这时,人类就走向了**新的神圣的私有财产之路**。这种情况在低级野蛮社会之末就已经充分完成

---

① 《马克思恩格斯全集》第 45 卷,北京:人民出版社 1985 年版,第 436 页。
② 同上书,第 392—393 页。
③ 〔美〕摩尔根:《古代社会》(下册),北京:商务印书馆 1977 年版,第 550 页。

了。**私有**财产对人类的头脑产生了强烈的影响，唤醒了人类性格中的新的因素。①

我们看到，俄国人已经有了具体的阶级（国家资本主义阶级）利益，它促使他们把"财产……历程"翻译成了"私有财产"，而且重复了两次。

2. 马克思生命最后十年发现的革命的哲学—历史概念的新节点

马克思的最后十年并不是一种"慢性死亡"，事实是，马克思尽管忍受着缠身的疾病和家庭悲剧，但他还是写出了复杂的著作并开始了新的征程。……就像希望把马克思狭隘化为一个"单一原则"的知识分子也不能摆脱这种难以否认的事实，马克思是一个革命者；马克思主义者也不能摆脱马克思与革命本身联系在一起的事实，这种革命就是辩证法，就是马克思把黑格尔在哲学中的革命转化为革命的哲学。

让我们从三个时间段来考察马克思生命最后十年的著作：

首先是巴黎公社的影响……

其次，另外一部重要的著作是1875年写的《哥达纲领批判》……

第三，马克思的最后著作《人类学笔记》是一个重要的决定因素……随着他对原始社会的研究，就像摩尔根的《古代社会》一样，马克思专注于研究人的发展，从不同的历史时期和最基本的男女关系等角度进行了研究。……这并不是简简单单地从哲学的角度转移到了经验的、科学的和人类学的视角。毋宁说，作为一个革命者，马克思对资本主义的殖民主义的敌视情绪越来越强了。问题是如何彻底根除现存社会以及如何处理这种理论与实践之间的关系。这些研究让马克思（是马克思而不是恩格斯）看到了新的社会关系的可能性，不是通过简单地改进

---

① 原文为："When field agriculture had demonstrated that whole surface of the earth could be made the ***object*** of property of separate individuals and the head of the family became the natural center of accumulation of wealth, mankind entered the new ***hallowed path of private property***. It was already fully done before the later period of barbarism came to an end. ***Private*** property exercised a powerful influence on the human mind, awakening new elements of character…"

就像在易洛魁人中原始共产主义的性别平等，而是马克思意义上的平等，这种平等源自于一种新的革命类型。

《人类学笔记》只是一本笔记，而不是一本为了出版而经过加工润色的书。要把握马克思讲述的内容，需要克服大量的困难。对我们来说，没有办法知道马克思将会如何完善所有内容，但毫无疑问会涉及很多有意义的、革命的和前后一致的视野。

附录 II 延伸阅读书目

一 研究《摘要》首先应该对它的具体内容和版本有所了解

1. L. Krader, Introduction of *The Ethnological Notebooks of Karl Marx*, Van Gorcum & Company B. V. – Assen, 1974. (especially Section 1, 5, 6, 7)

之所以将此英文版本置于首位,是因为它是目前最能体现《摘要》原貌的著作。而且,克拉德的《导言》有相当一部分已经翻译过来了。读者可以关注中央编译局《马列主义编译资料》等文献中的克拉德的系列论文。

2.《路易斯·亨·摩尔根〈古代社会〉一书摘要》的各个中文版本,尤其是《马克思恩格斯全集》第 45 卷(北京:人民出版社 1985 年版);《马克思古代社会史笔记》(北京:人民出版社 1996 年版)。

将《摘要》的各个版本列为进一步阅读书目,目的是为了让读者充分了解其翻译和传播情况,让读者分析各个版本存在差别的原因(比如时代、理解甚或是政治因素的干扰等)。

3.《马克思恩格斯文库》第 9 卷(俄文版)。

这一版本作为《摘要》首次公开出版的版本应该受到重视。但这个版本所存在的一些问题也妨碍了人们对《摘要》的理解。

二 理解《摘要》,必须同时了解该笔记所摘录的对象,即摩尔根的《古代社会》。此外,马克思所摘录的内容中还包括其他人的大量著作,了解它们将有助于更全面地对《摘要》的思想来源和资料来源进行分析

1. 摩尔根:《古代社会》,杨东莼、马雍、马巨译,北京:商务印书馆 1983 年版。

2. L. H. Morgan. *Ancient Society or Researches in the Lines of Human Progress from Savagery, through Barbarism to Civilisation.* London, 1877.

3. L. H. Morgan. *League of the Ho-de'-no-sau-nee, or Iroquois.* Rochester, 1854.

4. T. Mommson. *The History of Rome.* Tran. by W. P. Dickson. In four volumes. Volume I. New York, 1870.

三 除了上述文献之外，对《摘要》进行研究的重要文献应该得到重视

1. Kevin B. Anderson, *Marx at the Margins: On Nationalism, Ethnicity, and Non-Western Societies*, The University of Chicago Press, 2010. (Especially Chapter 6 "Late Writings on Non-Western and Precapitalist Societies")

该书主要从前资本主义社会角度来分析传统与现代资本主义社会之间的关系。由此，该书对马克思的《摘要》进行了现代化解读，探讨了东方公社向资本主义和社会主义过渡的问题。

2. Christine Ward Gailey, "Community, State, and Questions of Social Evolution in Karl Marx's *Ethnological Notebooks.*" In Jacqueline Solway ed., *The Politics of Egalitarianism: Theory and Practice*, New York: Bergahn Books, 2006.

格雷在这篇文章中较好地分析了《摘要》所涉及的政治思想，尤其是分析了共同体与国家之间的辩证关系。

3. Thomas Patterson, *Karl Marx, Anthropologist*, Oxford: Berg, 2009.

该书主要介绍了社会、文化与历史形式之间的辩证互动关系，对马克思的晚年思想进行哲学考察，认为马克思是从经验人类学的角度来分析亚细亚生产方式与社会发展形式的。

图书在版编目（CIP）数据

马克思《路易斯·亨·摩尔根〈古代社会〉一书摘要》研究读本 / 李义天，田毅松编著. —北京：中央编译出版社，2013.6
（马克思主义经典著作研究读本 / 杨金海，李惠斌主编）

ISBN 978-7-5117-1787-0

Ⅰ.①马…　Ⅱ.①李…　②田…　Ⅲ.①马克思著作-单行本-研究　Ⅳ.①A811.24

中国版本图书馆 CIP 数据核字（2013）第 228643 号

马克思《路易斯·亨·摩尔根〈古代社会〉一书摘要》研究读本

出 版 人：刘明清
责任编辑：苗永姝
责任印制：刘　慧
出版发行：中央编译出版社
地　　址：北京西城区车公庄大街乙 5 号鸿儒大厦 B 座（100044）
电　　话：（010）52612345（总编室）　　（010）52612335（编辑室）
　　　　　（010）52612316（发行部）　　（010）52612317（网络销售）
　　　　　（010）52612346（馆配部）　　（010）55626985（读者服务部）
传　　真：（010）66515838
经　　销：全国新华书店
印　　刷：北京文昌阁彩色印刷有限责任公司
开　　本：710 毫米×1000 毫米　1/16
字　　数：238 千字
印　　张：17.25
版　　次：2013 年 6 月第 1 版
印　　次：2018 年 6 月第 2 次印刷
定　　价：55.00 元

网　　址：www.cctphome.com　　邮　箱：cctp@cctphome.com
新浪微博：@中央编译出版社　　　微　信：中央编译出版社（ID：cctphome）
淘宝店铺：中央编译出版社直销店（http：//shop108367160.taobao.com）　　（010）52612349

本社常年法律顾问：北京市吴栾赵阎律师事务所律师　闫军　梁勤
凡有印装质量问题，本社负责调换。电话：（010）55626985